JN021480

ライブラリ 経営学コア・テキスト=1

# コア・テキスト
# 経営学入門

## 第2版

高橋　伸夫

新 世 社

# 編者のことば

　経営学は常識の学問である。経営学はいまや現代人にとっての基本的なリテラシーの一部である。最新ニュースのほとんどに企業や組織がからみ，この世のほとんどすべての問題は，経営の問題として読み解くことができる。経営学はまさに現代社会の常識なのである。

　経営学は常識の学問である。経営学は科学であり，個々の理論やモデルが正しいかどうかはデータと事実が決める。しかもその検証作業は，一部の研究者たちだけの占有ではない。広く一般の人々も日々の実践の中で検証を繰り返し，その結果生き残った経営理論だけが，常識として広く世の中に定着していく。

　経営学は常識の学問である。経営学は常識にもかかわらず，学問としての体系をもっている。そこが普通の常識とは異なる。体系的に学び，体得することができる。実際，現代ほど学問として体系的な経営学の教科書が渇望されている時代はない。高校生から定年退職者に至るまで，実に多くの人から「経営学の良い教科書はどれか」と質問される。

　それでは，良い教科書の条件とは何か。第一に，本当に教科書であること。予備知識のない普通の人が，順を追って読み進めば，体系的に理解可能な本であること。第二に，学問的に確からしいことだけが書かれていること。もちろん学問には進歩があり，それまで正しいとされていたものが否定されたり，新しい理論が登場したりすることはある。しかし，ただ目新しくて流行っているというだけで根拠もなく取り上げるビジネス書とは一線を画する。そして第三に，読者がさらに学習を進めるための「次」を展望できること。すなわち，単体として良い本であるだけではなく，次の一冊が体系的に紹介され，あるいは用意されていることが望ましい。

　そのために，このライブラリ「経営学コア・テキスト」が企画された。経営学の「核となる知」を正しく容易に理解できるような「良い教科書」群を体系的に集大成する試み。そのチャレンジに，いま 21 世紀を担う新世代の経営学者たちが集う。

　　　　　　　　　　　　　　　　　　　　　　高橋　伸夫

# はしがき

「人間は考える足である」

　これは，ある大手企業の企画部で活躍中の営業出身のサラリーマン氏の言葉である。17世紀のフランスの数学者，物理学者，哲学者，思想家，宗教家であるパスカルの『パンセ』の中の有名な「人間は考える葦である」をもじったこのフレーズを私はいたく気に入っている。意味からすると「人間は足で考えるものである」とでもすべきところだが。

　このサラリーマン氏，もともと地方で，アポなしでセールスして回るいわゆる「どぶ板営業」を長くやってきたような人だった。そんな営業に明け暮れる日々の中で，お客さんの愚痴や希望を繰り返し繰り返し聞いているうちに，あるとき，ある商品の企画を思いついた。それを売り出してみると，これが当時，その地方ではちょっとしたヒット商品になった。その成功に目をつけた東京の本社の企画部から引き抜かれ，華やかな（？）企画の世界へ。ところが企画部に来てみてびっくり。部内の会議はほとんどがカタカナで，英語，フランス語……エトセトラ。思い余って「日本語で話そうよ」と提案したとか。

　それもそのはず，企画部の会議では，毎回毎回，海外の流行や同業他社の動向，さらには最新の理論やらビジネスモデルやらが，実にきらびやかに報告されていたのである。確かに報告の質は高く，良い勉強にはなる。ところが，一流大学出ばかりを集めたそんなハイ・レベルな企画部なのに，一向に企画らしい企画が出てこない。そのうち，自分がなぜ企画部に呼ばれてきたのか，その理由もなんとなく分かってきた。

　そこでこのサラリーマン氏，昔のようにお客さんのところを回り始めた。

もちろん営業時代とは目的が違うのだが，自分のような人間は，結局，足で稼ぐしかないと心得，毎日のように営業よろしく顧客回りを続けたのだ。するとそのうち，顧客の多くが，共通のIT系の悩み・不満を持っていることに気がついた。もっともご本人もITの話はチンプンカンプンだし，話しているお客さんの方も，ITには詳しくないのでモヤモヤとした愚痴と願望を繰り返しているだけ。しかし，その愚痴と願望を何度も何度も繰り返して，まるで頭を殴られるようにして聞いているうちに，なんとなく顧客の欲しているIT系サービスの内容が見えてきた。そこで社内の若手IT技術者に相談してみると，あっさり「できますよ」の答。「えっ！　できるの？」こうしてヒット商品が誕生した。

「やっぱり，企画は足で考えないとね。」

企画は会議室で生まれるんじゃない。現場で生まれるんだ。

　私の知る限り，経営の問題に対する答は，ほぼ100％ケース・バイ・ケースである。会社，部門，あるいは時期によっても問題や答は異なるのが当たり前だろう。好調を続ける日本を代表するような大企業には，ゼロから自分の頭で考えたような企画書以外は，そもそも上司が読んでくれないというところもある。そして「耳から血が出るくらい考えた」という企画だけが日の目を見ることになる。だからこそ，その会社は強い。理論や他社のケースは，ヒントや参考にはなっても，決して答にはならない。だいいち，何が問題なのかもよく分かっていない場合がほとんどなのだから。

　結局，自分の会社で何が問題なのかは，自分の目線で切り出すしかないし，答は自分の頭で考え出すしかないのである。だから，『経営学入門』として，私はこの本を書いてみた。大事なのは，入学したての大学生や入社して間もない若いサラリーマンでも絶対にもっているはずの「自分の目線」なのである。身近な小集団であれ，見上げるような巨大なグローバル・カンパニーであれ，経営を見つめる自分の身の丈に合った目線の高さが大切なのである。問題を探し，答を考えるヒントは，確かに学問としての経営学がそれなりに蓄積してきている。しかし，それはあくまでもヒントでしかない。

そこで，本書の各章は，まずはできるだけ身近な日常のエピソードから始めることにした。経営学の素人さんには，とても経営の話題には見えないかもしれないが，これがすべて立派な経営の話題なのである。少なくとも私のような職業の人間には，この世のあらゆることが経営の問題に見えてしまう。そして，私の目線で見えてくる「課題」と，それに対して学問としての経営学が貢献できる「課題のヒント」が続く。できれば「課題のヒント」に挙げてある経営学の本を1冊でもいいから読んでみてくれれば，自分の頭で一生懸命考えることの奥深さと面白さ，そして読者のすぐ脇，手を伸ばせば届くところに学問が横たわっていることにも気がつくはずである。

　本書はもちろん自学自習用にも使うことはできるが，私が講義で使う場合には，まずはエピソードの部分を事前に学生に読んできてもらって，授業では「課題のヒント」で取り上げている経営学説を丁寧に解説することを中心にする。レポートとして課題の一つを指定してもいいし，ゼミであれば，いくつかの課題について学生に自由にディスカッションさせてもいい。

　告白しよう。私は当初，ごく簡単な課題を設定して学生にディスカッションさせようとしていた。そうでなければ，今の大学生には無理だろうと高をくくっていたのである。しかし，私の予想は見事に裏切られた。学生たちは，私の設定した課題よりも，はるかに高いレベルの課題へと昇華させ，調べ，考え，そして堂々と議論を戦わせているではないか。一経営学者として聞いていて，ハッとさせられる斬新な切り口とモデルにも何度か遭遇した。本書に掲載されている課題には，あえてその痕跡を残すことにしたが，これでもレベルが低すぎるのではないかと懸念している。

　大切なことは，経営学説を覚えることでも，キー・ワードの用語解説ができるようになることでもない。本書の目的はただ一つ。自分の目の前の問題を自分なりに経営の問題としてとらえることができるようになり，自分の頭で答を出そうとする姿勢と作法を身につけることである。感受性の鋭い学生時代であればこそ，たとえ初期知識量が少なくとも，それができるようにな

ることをいまや私は確信している。そして，それができる人間だけが，企業
とこの国を救う。

2007 年 7 月

高橋　伸夫

　ありがたいことに，本書は増刷を続け，その間，私自身も何度か大学のゼミ
のテキストとして本書を採用してきた。初版から 10 年以上たっても，自分で
使ってみて，本文はほとんどアップデートする必要性を感じなかった。しかし
その一方で，経営学は次々と多様な問題をつきつけられてきている。そこで，
ディスカッションの課題の部分は，扱うテーマを広げて，より現代の「経営学
入門」らしく増補することにした。

2020 年 8 月

高橋　伸夫

# 目　次

# 序章：この本の狙い

## 0.1　自分の周りのことしか分からない

### ○　あまりに巨大な組織の中で

　テレビでも新聞でもインターネットでも，最近のニュースは経済ニュースがやたらと多い。いや，正確に言えば，どこかに企業が関係しているニュースがやたらと多いのである。しかし考えてみれば，これは当たり前のことかもしれない。日本の国民の大多数が民間企業で働き，公務員だって，民間企業を相手に仕事をしていることが多い。しかも，私たちがマスコミ等でよく見聞きする日本の大企業は，表 0.1 のように，今や普通に数万人の従業員を抱えているし，関連企業まで含めた企業グループで考えると数十万人の人が働いている企業もたくさん存在しているのである。その家族まで含めれば，百万人の政令指定都市並みの人口を養っている大企業が，日本の中にもいくつもあることになる。これだけ存在が大きくなると，目立つのは当たり前だし，どんなニュースでも，元をたどっていくと，どこかに企業の名前が登場することに何の不思議もない（⇨課題 0.1）。

　しかしそれは同時に，大企業の全体像を把握することが，いかに難しい作業であるかということの裏返しでもある。本当の大企業ともなると，部長や課長といった管理職であっても，一人の人間が知っている範囲は，大きな企業の中のほんのごく一部でしかないからだ。何しろ，新しく部長になった人

1

## 表 0.1　大企業の従業員数の例

| 会　社　名 | 2007 年 3 月 31 日現在 | | | 2019 年 3 月 31 日現在 | | |
|---|---|---|---|---|---|---|
| | 従業員数 | | 株主数 | 従業員数 | | 株主数 |
| | 本　体 | 連　結* | | 本　体 | 連　結* | |
| トヨタ自動車㈱ | 67,650 | 299,394 | 384,876 | 74,515 | 370,870 | 511,048 |
| ㈱日立製作所 | 38,069 | 349,996 | 286,897 | 33,490 | 295,941 | 267,311 |
| 東京電力ホールディングス㈱ᵃ | 35,984 | 52,584 | 563,623 | 8,309 | 41,086 | 438,551 |
| 三菱重工業㈱ | 32,552 | 62,940 | 290,843 | 14,534 | 80,744 | 234,378 |
| 日産自動車㈱ | 32,489 | 165,729 | 186,719 | 22,791 | 138,893 | 558,086 |
| ㈱東芝 | 32,309 | 190,708 | 352,446 | 2,672 | 128,697 | 227,918 |
| 日本電気㈱ | 22,602 | 154,786 | 230,559 | 20,252 | 110,595 | 142,672 |
| 日本製鉄㈱ᵇ | 14,346 | 47,257 | 368,845 | 26,570 | 105,796 | 343,657 |
| 日本電信電話㈱ | 2,872 | 199,733 | 1,134,306 | 2,562 | 303,351 | 637,155 |

（資料）　各社の有価証券報告書。
＊親子会社のような支配従属関係にある複数企業からなる企業集団を単一の企業体とみなしたときの数字。
a　2007 年時点では東京電力㈱。
b　2007 年時点では新日本製鐵㈱。

のための部長研修の参加者が，毎年 100 人近いなんていう会社まであるのだ。

　かつて不祥事で連日のように従業員から逮捕者を出して，マスコミをにぎわし続けていた会社に関する嘘のような本当の話。そこの A 部長は私の顔を見るなりこう言った。

「何か質問したそうな顔をしてますね。私も毎日忙しいんですよ。できれば後にしてくれませんか。」

「何がそんなに忙しいんですか？　テレビのニュースで見ましたけど，逮捕者続出で，書類の類も段ボール箱でごっそり検察にもっていかれちゃって，ほとんどの仕事はストップしているらしいじゃないですか。」

「まあね。私なんて毎朝，出勤時に，駅の売店で新聞を買いまくって，会社に着くと，すべての新聞を片っ端から読み漁るところから一日が始まるわけ

ですよ。昨日は誰が逮捕されて，今日は誰が逮捕されそうでとか……，そもそもうちの会社が一体どんな悪いことをしてきたのか……なんてことを新聞で調べておかないとね。不安になって電話してきたり，訪問してきたりするお客さんにきちんと説明しなくてはいけないんです。本当にもう朝早くから夜遅くまで，こんなことの繰り返しですよ。」

「えっ？　それって新聞を読まないとＡさんも事情が分からないっていうことですか？」

「当たり前ですよ。私が知っているようなら，私が逮捕されちゃうわけだから。」

まあ確かにそうだ。

　実際，多くの会社員は，自分の会社の話を新聞ではじめて読んだ，インターネットやテレビではじめて見たという経験をもっているはずである。社内ではそのような話は聞いたことがなかったし，実を言えば，他部署の話はほとんど興味もなかったという人も多い。

　それどころか，会社のビルの同じフロアにある隣の部署の部屋ですら，中に入って見たことがないという人も結構多い。あるときに一緒に仕事をすることになって，隣の部屋にミーティングで入ると，いきなりコーヒーの匂いが鼻に飛び込んできて，うちの部屋にはないコーヒー・サーバーが入り口に置いてあってうらやましかった。しかも，机の配置の仕方からしてまったく違っていてびっくりしたなどという話も聞く。

## ○ 知ったかぶりをするよりも，まずは自分の頭で考える

　こんな状態だから，大企業の全体像を扱うのは，学問としてはとても難しい。不可能ではないけれど，入門書でそれをやるのは無謀かもしれない。それに，巨大な組織を論じるためには，法的な制度の話や，さまざまな会社独自の制度・システムの話，さらには業界の事情も知らなければいけないはずである。大きな会社ともなると，その会社の仕組みの起源は，江戸時代くら

いまでは平気でさかのぼることになる。さらに色々な仕組みや制度は，特定の理論やモデルに基づいて設計されていることも多く，その原理を理解しようと思ったら学説史も学ぶ必要がある。

　確かに，マスコミをにぎわすような巨大企業，ビッグビジネスのことを題材にすると，いかにも格好いいのだが，たとえば，学生に大企業のケースを与えてディスカッションさせると，結局のところ，「私はこんな細かいことまで知っている」でも「君は知らない」だから「私が正しい」という屁理屈がまかり通ることになってしまう。これは，学問以前にまったく論理的ではない。まずは，「知っていること」が事実なのかどうかを確認するところから議論を始めなくてはいけないし，事実を基礎にして「論理的に」論理を組み立てていかないと，まさに砂上の楼閣そのものになってしまう。

　そもそも，実際には，その会社の人間だって，他の部署のことや会社の全体像については分かっていないのである。知っているのは，せいぜい自分の身の回りのことだけ。社外の人間が，「私はこんな細かいことまで知っている」と叫んでもなんだか空しい。

　そうではなくて，大企業でも会社でもない，もっと身近な「組織」を観察しながら，その一般的特徴，そして経営者の役割について考えることができるはずである。というより，それすらできない人が，大企業の話を理解したり考えたりできるわけがない。自分の頭で考える癖をつけるということが何よりも大切。まずは，小さな一歩からでいいから，とにかく踏み出してみるのが「入門」というものだろう。

# 0.2 働くお父さん（働くお母さん）の言い訳

## ○ 養ってもらってはいるけれど……

　お父さん・お母さんたちに,「どうして働いているの？」とたずねれば,ほとんどの人が「家族を養っていくために働いているんだ」と答えるかもしれない。それは嘘ではない。実際,お父さんやお母さんが働かなくなれば(あるいは,病気等で働けなくなれば),とたんに家族の生活が苦しくなることは目に見えている。

　確かに,顔を見れば「ご苦労様でした」と口にしたくなるほど,夜帰ってくるときは,ぐったり疲れて帰ってくる。でも……,その割には,奴隷のように,こき使われているという雰囲気ではない。どうしてこんなになるまで(こんな時間まで) 働いているのだろうか。不思議に思って素朴に質問してみると,ちょっと考えてから,「仕事が面白くて途中で止められなかった……」なんて答える人までいるのである。

　世の中には色々な人がいる。残業なんてけしからん。通常の勤務時間内に仕事が終わらないなんて,本人が無能であることの証拠でしかないと断定する人までいる。確かに,そんな無能な人もいることはいるのだろう。しかし,会社で,特にホワイトカラーの職場でじっくり観察してみればすぐに分かることだが,実は,夕方5時までの仕事と5時からの仕事は,明らかに仕事の質が異なっているのである（⇨課題0.2）。

## ○ これって残業？

　昼間のオフィスは,騒然としている。あちこちで相談している声やミーティングの話し声が聞こえるし,訪問客も次々とやってきては応接スペースで

5

話をしている。ひっきりなしにかかってくる電話とそれに応対している声は，隣の席で聞いているとうるさいほどだ。

　メールに答えてパソコンの画面を見ながら休みなくキーボードを叩く音，書類を印刷しているプリンターの音，コピー機の音。要するに，9時〜5時は「対応」（今風にいえば「レスポンス」）に忙しいのである。それが9時〜5時の仕事。

　ところが，そんなオフィスも夕方5時をすぎると，だんだんと静かになってくる。外部からのアクセスが一段落するのである。そして，ようやく自分の頭で考えることができるようなまとまった時間がとれるようになる。企画系の仕事や，自分でじっくり調べ物をしてから書かなくてはいけないような仕事は，実はこの5時以降に集中して行われていることが多い。

　だから，実はこの時間帯の仕事は，ちょっと創造的で，楽しいのである。時間を忘れてやってしまったなんていう人も多い。ふと気がつくと，もう終電の時間で，あわてて退社してきたなんていう人も多いのである。そんな光景を見ていると，
「これって『残業』なのかなぁ」
と正直な感想が出てくる。確かに，昼間できなかった仕事を会社に残ってしていることには違いないのだが，それはもともと昼間にはできない質の仕事なのである。

## ○ 言い訳は本質とは違う

　そして実は，こんな会社の光景のどこにも，「金儲け」が出てこないのである。もちろん，仕事をすればどこかに価値を付加しているはずだから，まったくお金と無縁の光景だとは言えない。だけど，いつもいつもお金のことばかり考えて仕事をしているわけではないことは確かである。だから，ひょっとすると，「家族を養うために……」というのは，働くお父さん（働くお母さん）の帰宅が遅れたことに対する言い訳なのかもしれない。まるで高校

生が，帰宅が深夜になったとき「友達のうちで一緒に試験勉強をしていて遅くなってしまった」と言い訳しているのと同じように。要するに「試験勉強」と言えば言い訳として通りがいいように，「家族を養うために」といえば言い訳として通りがいいだけなのかもしれない（⇨課題 0.3）。

であるから，言い訳を鵜呑みにするのではなく，まずは素直に行動を観察することから始めよう。人間行動を経済性で説明しなくてはならないという先入観は，高校生の行動をすべて受験勉強に結び付けて説明しなくてはならないと言っているのと同じくらい非科学的で根拠のない迷信なのだ。

経済性にこだわって，物事の本質を見失えば，経営の本質を本当の意味で理解できなくなってしまう。働くお父さん（働くお母さん）の行動を素直に観察して，仕事に夢中になって帰りが遅くなったように見えるのであれば（高校生が友人との会話に夢中になって門限をすぎてしまったのと同じように），仕事はそれ自体が楽しいのかもしれないのだ。大切なのは組織の中の人間行動を素直に理解しようとすること。自分の目で見て，自分の耳で確かめて，自分の頭で素直に正しく理解しようとする姿勢が，組織を経営する際にはとても大切になる。頭でっかちな学者や評論家には無理かもしれない。しかし，時給 2,000 円以上の家庭教師の話を断って，時給 1,000 円にも満たない飲食店でのアルバイトを好きで続けているような大学生なら，きっとそれができるはずだ。

# ■ディスカッション■

**課題 0.1**

インターネットのニュース・サイトを眺めて，記事の中から企業に関する記事だと思うものを1つピック・アップし，それがどんな会社なのかをその会社のホーム・ページで調べてみよう。さらに，その会社の有価証券報告書を調べて，表0.1のように整理してみよう。

## 課題 0.1 のヒント

金融商品取引法の規定により，証券取引所に上場されている株式会社は，事業年度ごとに，会社の目的，商号，出資・資本，営業・経理状況，役員，発行有価証券などを記載した「有価証券報告書」を当該事業年度経過後3カ月以内に内閣総理大臣に提出しなければならないことになっている。2001年からは，金融庁の行政サービスの一環として有価証券報告書等の開示書類に関する電子開示システム「EDINET（エディネット）」（Electronic Disclosure for Investors' NETwork）の運用が始まり，https://disclosure.edinet-fsa.go.jp にアクセスすれば，有価証券報告書等を閲覧することができるようになった。ちなみに，EDINET の登場までは，実物の「有価証券報告書」を政府刊行物サービス・センターなどに行って買い求めるか（売っているのは最新版だけ），あるいは大学の図書館に収蔵されているものを調べるしか方法がなかった。

有価証券報告書は，個々の会社について公開されている最も信頼できる情報の一つである。信頼性という点で，各社が作っているホーム・ページの比ではない。何しろ，有価証券報告書に嘘を書くと，犯罪行為になるわけだか

ら。実際，EDINETで閲覧してみると，各社がいかに神経質に有価証券報告書を訂正し，頻繁に訂正報告書を出しているのかが分かる。もしホーム・ページの記述と異なる場合には，有価証券報告書の記述の方を信頼すべきである。

> **課題0.2**
>
> そもそも残業って何だろう。

### 課題0.2のヒント

国語辞典的な言い方をすれば，残業とは「居残り」のことで，「学校で居残りさせられる」的なイメージで，会社での「残業」を理解している人も多いのではないだろうか。労働基準法では，労働時間は1日8時間，1週40時間（＝8時間×5日）以内とされていて（労働基準法第32条），この法定労働時間を超えた時間外労働のことを「残業」と呼ぶ。

ただし，学校などでの「居残り」とは違い，残業する（させる）には法的に定められたルールに従う必要がある。まず，労働基準法第36条に規定されているいわゆる「36協定」（さぶろくきょうてい）を締結して，「時間外労働を行う業務の種類」や「1日，1か月，1年当たりの時間外労働の上限」などを決め，所轄労働基準監督署長に届出する必要がある。しかも，時間外労働にも月45時間・年360時間という上限があり，臨時的な特別の事情があって労使が合意する場合でも，年間720時間，月平均80時間以内（休日労働を含む）で，月100時間未満（休日労働を含む）を超えることはできないし，45時間を超えることができるのも年間6か月までと決められているなど，かなり細かく定められている。

---
**課題0.3**

　自分の身の回りの社会人10人，あるいはアルバイトとして働いた経験のある大学生10人に
「あなたはどうして働いている（働いた）のですか？」
という質問をして理由を聞いてみよう。

---

## 課題0.3のヒント

　こうした「調査」の場合，まったくの自由回答にするのか，あるいは最低限いくつかの選択肢を用意しておくのかで，調査結果は大きく変わってくる。実際に，学生が自由回答形式で，自分や友人の働くお父さん（働くお母さん）にメールで回答を求めたところ，次のような理由が挙げられたという。

- 経済的理由（家計のため）。
- 社会の中での役割，存在感を感じられるから。
- 社会や他人から評価される喜びを得られるから。
- 職場には仲間がいるし，多くの人と接することができるから。
- 仕事が面白いから。
- ……

アルバイト経験のある大学生も似たような回答をする。

　もっと大規模（数百人以上）な調査をする場合には，自由回答では集計が難しくなる。それどころか，それ以前の問題として，ニュアンスが微妙に異なる自由回答を調査者側が恣意的に分類してしまうという調査上の誤差も生じやすいので，自由回答方式で調査してはいけないと言われている。そもそも自由回答の場合，回答内容が，回答者の意見よりも回答者の国語力（さらには聴き取りをしている側の国語力）に依存することが多いので，注意が必要なのである。

　こうした理由で，大規模な調査の場合，まともな調査であるならば，回答の選択肢を事前に用意しておいて，そのうち一つもしくは複数を選択してもらう方式がとられる。実は，この課題のような数十人を対象とした自由回答の調査は，そうした本調査の前の予備調査として行われるもので，この予備調査により，本調査で使う質問の回答の選択肢を拾い上げたり，絞ったりするのである。

　そしてもう一つ，こうした聴き取り調査をすることには別の重要な意義がある。たとえば，実際に，どうして働くのかの理由を聞いていると，「ここで働き始めよう」と思ったときの理由（きっかけ）には金銭的なものが挙げられることが多く，「ここで働き続けたい」と思っているときには別の理由が挙げられることが多いことに気がつくはずである。こうした「発見」は，いきなり質問票で選択肢から回答を選んでもらうような調査をやったのでは得られない。こうした発見が質問票の設計にも反映され，調査の精度の向上にも貢献するのである。事実に迫るということは，そういった飽くなき探究心に裏打ちされた調査の繰り返しをいとわないということなのである。

❖参 考 文 献
高橋伸夫（1992）『経営統計入門：SAS による組織分析』東京大学出版会。
　　https://doi.org/10.15083/00074153（著者版全文 PDF をダウンロード可能）

## 序章のまとめ

「経営」といえばビッグビジネスと金儲けというのは先入観である。

(1)　マスコミをにぎわす巨大企業，ビッグビジネスのことを題材にすると，いかにも格好いいのだが，巨大な組織を論じるためには，その構造や仕組み，歴史に関する膨大な情報量が必要になる。そうした巨大な組織に関する色々な理論や学説史も学ぶ必要はある。しかしこの本では，そうではなくて，もっと身近な「組織」を観察しながら，組織の一般的特徴，そして経営者の役割について考えてみよう。

(2)　人間行動には経済的な側面もあるが，やや誇張されすぎる傾向がある。「しょせん経営学は金儲けの学問である」なんていうのは論外だし，なんでもかんでも経済にこじつけて分かったつもりになるのは，明らかな間違い。人間行動を経済性で説明しなくてはならないという固定観念は，とりあえず忘れよう。大切なのは組織の中の人間行動を素直に理解するということ。素直に理解しようとする姿勢が，組織を経営する際にはとても大切になる。

# 第 I 部

# 一緒に働くって
# どんなこと？

# 第1章

# イントロダクション

「将来は，経営者になりたいのですが。」

「もうイベント・サークルの代表をやっているんだから，会社として設立して登記すればいいじゃない。そしたら君は代表取締役。法的にも立派な経営者だよ。」

「そんなの経営者じゃないですよ。」

「？？　えーっと。君は何になりたいの？」

## 1.1　一人の人がたくさんの組織に所属している

### ☐ 管理者って誰？　経営者って誰？

英語の manager は管理者と訳されることが多く，executive は経営者と訳されることが多い。もっとも，どちらもそのままカタカナで用いられることも多い。実際，最近，日本の会社でも，課長のことを「マネージャー」（あるいはマネジャー，マネージャなどと表記することもある）と呼んでいるところもある。また具体的に誰を対象にしているのかはピンとこないけれども「エグゼクティブのための……」と宣伝文句に使われることも増えてきた。

日本の会社でもときどき耳にするようになった呼称 CEO（最高経営責任者）は Chief Executive Officer の略語で，ちゃんと E の部分に executive が入っている。ただし会長のことを CEO と呼んでみたり，社長のことを CEO と呼んでみたりするので，こちらも具体的に誰を指しているのかははっきりしないが（⇨課題 1.1）。

それでは，日本語の管理者と経営者の違いは何だろうか？　ほとんどの人は，管理者といえば部長，課長といった中間管理職的な人をイメージするのに対して，それよりも上の階層の人を経営者と考えているのではないだろうか。実際，ある程度大きな日本の一般的な会社の一般的なイメージとしては，

- 最初は新人として入社して平<sup>ヒラ</sup>の従業員になる。
- 順調にいけば，平→係長→課長→部長，と中間管理職として昇進していく。
- さらに取締役になるためには，従業員としては退職し，取締役に選任される。

そして，ここまで来ると，つまり取締役になると，一般には役員と呼ばれ，経営者の仲間入りをすることになるので，ほぼイメージ通りといっていい。さらに役員の中にも階層構造があって，

- （平）取締役→常務取締役→専務取締役→副社長→社長，と経営トップに登り詰めていく。
- 社長の後は会長職に就いて，財界活動など社外での活動を中心にする人もいる。

もっとも，狭い意味では「経営者」とは社長だけだという人もいるだろうし，中間管理職も含めて，会社によって各役職の呼称が違うことも多い。あるいは，たとえば部長が取締役になっているというようにオーバーラップしているケースもあって，実にさまざまなバリエーションが存在している。

ただし共通していることは，どんな組織でも，どんなに小さな組織でも経営者はいるということである。多分「○○長」という正式名称で呼ばれているのではないだろうか。

そして，あんまり小さい組織だと，中間管理職はいらないはずだ。たとえば，5人〜10人程度の組織であれば，経営者とその「部下」の2層しかないフラットな構造でも十分に機能する。もう少し大きな組織になると，「○○長」一人だけではなく，幹部とか執行部とか呼ばれる数人のグループで協議しながら，組織を運営していくことが多くなる。実はこの執行部（執行委員会）が executive committee と訳されるのである。まさにエグザクティブというわけだ（⇨課題 1.2）。


## ○ 組織は会社だけではない

会社を例に出すのは，いかにも経営学っぽくて格好いいのだが，実は誤解を招く原因にもなるので，注意がいる。なぜなら，人間は働いていない時間でも，たいていは他の組織のメンバーないし参加者として行動しているから

である。

　たとえば，多くの大学生は何らかの形でアルバイトをしている。まさに働いているわけだが，働いているときに所属している組織だけが「組織」なのだと断言されてしまうと，違和感を覚えるだろう。アルバイト以前に，まずは大学生である（つまり「○○大学の学生」である）ということが基本にあるからである。だから，「身分証明書を出しなさい」と言われれば，普通は学生証を提示するし，「何をしているの」と聞かれれば，「大学生です」と答えるのである。アルバイト先をクビになっても「失業中です」とは言わないだろう。言い換えれば，○○大学で働いているわけではないが，○○大学に学生として所属しているのが基本形なのだ。

　しかも，普通の大学生であれば，大学でサークルに所属していることも多く，それも複数のサークル，あるいは他大学のサークルにまで所属していたりする。また管理上の理由から，大学には語学のクラスが設けられていることが多く，多くの人は第一外国語と第二外国語のそれぞれ複数のクラスに所属している。さらに，田舎に帰れば（あるいは地元にいれば），高校時代の友人や仲間もいるし，アルバイト先も一つや二つではない人もいる。こうやって丹念に数え上げていけば，実は，一人の人が，普通に数十もの組織に所属していることは何の不思議もない。

## ○　中間管理職は連結ピン

　しかも，今の例示で気がついた人もいるだろうが，たとえば大学と大学のサークル，あるいは大学と語学のクラスというのは，明らかに包含関係がある。一つの組織の中に，さらに小さな組織がいくつも含まれているのである。

　これは会社の中でもまったく同じである。いや，むしろ整然と系統立てて小さな組織に分割されているといってもいいかもしれない。リーダーシップ論で有名なリッカート（Rensis Likert；1903-1981）は「連結ピン」（linking pin）という有名なモデルを提示した（⇨課題1.3）。

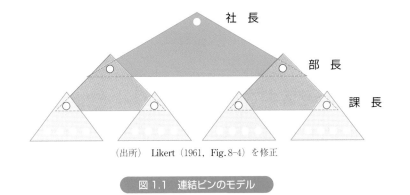

社　長

部　長

課　長

（出所）　Likert（1961, Fig.8-4）を修正

図 1.1　連結ピンのモデル

　会社全体について見渡してみると，ある組織における長（上司）は，さらに上位の組織においては部下となることで，集団がオーバーラップしている構造をとっている。たとえば，本当に小さな会社で，階層が社長，部長，課長，平社員の4層からなる会社を考えてみよう。図1.1のように，最下層の組織「課」は4人の課員と課長で構成されている小さなピラミッド型の組織である。しかし，その1段上には，2人の課長と部長からなる別の小さなピラミッド型の組織もある。この組織と「課」は，課長が両方の組織に同時に所属することで，まるで「連結ピン」のような役割を果たし，つながっている。こうして会社の中では，むしろ整然と計画的に，たくさんの組織が存在しているのである。

## 1.2 組織が行動に影響を与えている

### ○ 上下関係が基本でしょう

　兄弟姉妹のいる人，特に「お兄ちゃん」「お姉ちゃん」は，家庭でよく
「お兄ちゃん（お姉ちゃん）なんだからしっかりしなさい」
と叱られた経験があるのではないだろうか。弟，妹の側も
「お兄ちゃん（お姉ちゃん）を見習いなさい」
「お兄ちゃん（お姉ちゃん）の後をついていきなさい」
などと親から厳しく言われた経験があるはずである。

　おかげで，兄姉と呼ばれる人は，なんとなくしっかりしないといけないと
心のどこかで思っているし（ちょっと重荷のことはあっても），逆に弟妹は，
兄姉が経験することを身近で見ているだけで，何年か後に自分が体験しなく
てはいけなくなることを予行演習のように疑似体験できるので，兄姉のこと
を別に尊敬なんかしていなくたって，どこかで見習ったり，反面教師として
参考にしたりしているものである。

　もちろん，家族というのも一つの重要な組織である。そして，ある種の上
下関係（本来は年齢の年長・年少とは限らない）が組織メンバーの行動に影
響を与えるということを観察するには，実に適した組織だとも言える（⇨課
題1.4）。

　大学のサークルの中だって同じような現象が見られる。体育会系のあるサ
ークルでは，だんだんと強くなってきて，トーナメントでも上位入賞をする
ようになってきたあるとき，新4年生全員が，それまでなんとなく吸ってい
たタバコをやめて禁煙してしまったケースがある。これ以上強くなるには，
今の自分たち以上に何かプラスアルファが必要だ。禁止ではなく自覚。自分
たちが部を引っ張って強くしていくという自覚が，禁煙という行動を引き起

こした。そして下級生もそれにつられて全員が禁煙してしまった（というかタバコを吸えるような雰囲気ではなくなった）。

## ○　後輩がいるから背筋がしゃんとする

　実は，会社の中でも似たような現象が起こるのである。20世紀末から約20年間，日本企業のやってきたことといえば……。人件費削減の旗印の下で，正社員を減らして，契約社員や派遣社員を増やしていった企業のなんと多いことか。そのせいで，派遣社員だらけの会社では，30歳前後になっても，

「職場では，まだ私が一番下っ端です」

という若手社員にお目にかかることが結構あった。

「後輩がいないとつまらないでしょう」

と聞くと，

「つまらないですね」

という答がすぐに返ってくる。これじゃあ若手社員がすぐに辞めるわけだ。アルバイトだって，数カ月も働いていたら後輩ができて楽しくなってくるのに，5年も10年も一番下っ端をさせられていたのでは，仕事が面白くなるはずがない。

　実際，現場で聞くと，派遣社員には仕事を教えないという。これは「即戦力を送り込みます」なんていう宣伝文句を使ったりする派遣会社側にも責任があるのだが，そもそも「どうせみんな辞めるし」と思っていたら，教える気にもならないのである。それどころか，正直いって，怒る気もしないというオジサン（オバサン）たちも多い。ダメなら派遣会社に言って取り替えてもらえばいいというのだ（「交代」ではなく，「取り替える」という表現自体が，所詮「もの」扱いで，どうかと思うが）。

「だったら新卒を正社員で雇えばいいじゃないですか。」

「でもねぇ，正社員といっても新卒だとねぇ。派遣会社の営業担当者から，

派遣社員と比べて，どちらが仕事ができますかとか言われちゃうとねぇ。人件費も高いし。」

　そんな中，ある会社では，社長の決断で，派遣社員の採用をやめ，正社員として新卒の人間を雇い始めた。とはいえ，危惧していた通り，正社員といっても，これまでの派遣社員と比べて，どこが優秀というわけでもないし，へたをすると……。

　ところが，職場の雰囲気がどんどん変わり始めたので，びっくりしたという。確かに，派遣社員と比べて新卒の正社員が特に優秀というわけではない。しかし，上の人間が変わり始めたのである。背筋がしゃんとしたとでもいうべきか。先輩は先輩として振舞うようになり，上司は上司らしく振舞うようになった。これまで，派遣社員相手に，仕事を真面目に教えないばかりか，怒りもしなかったオジサン（オバサン）たちが，真面目な顔をして新人を叱り，説教をし，仕事を教えている。

　怒ったり説教したりしているわけだから，明るくはないかもしれないが，正社員の新人が来た職場は，それだけで活気が出てきた。先輩たちも，後輩に教えることで，なんだかんだいっても自分が過去何年間かの間に成長してきたという手ごたえを実感して，仕事に自信がついて面白くなってくるものなのである。そして何年かたてば，明らかに，新人正社員は成長してたくましくなっていくのである。もちろん先輩たちも。

「あのときの社長の決断は，まさしく英断でしたね。」

と幹部の一人は興奮して語っていた。人を育てるということは，同時に自分も一緒に成長していくということなのである。要するに，部下や後輩ができ，新人が入ってくるだけでも，職場も人も生き生きしてくるである。家族や大学のサークルで見られていた現象が会社でも起きているのだ。

# 1.3　ほとんどの組織は短命かつ無名

## ○ 合コンでチーム・プレーを磨く？

　実は，ほとんどの組織は短命である。ほとんど瞬間的に存在しているといってもいいほどである。たとえば，普段は普通の友人関係の2人が，ゲームセンターに入って2人×2人の対戦ゲームをするときだけ，一人が司令塔となって指示を出し，もう一人がその指示に従いながらチームで対戦をするようなことが起こる。そして3分間でゲームが終了すると，また元の友人関係に戻ってゲームセンターを後にする。つまり，ゲームをしている間，たった3分間しか存在しない組織なのである。しかも，いつも同じ人が司令塔役とは限らない。日によっては交代していてもかまわないのである。

　もう少し寿命の長い組織としては合コンの組織（？）がある。通常は，会計担当者を合コンの幹事と呼ぶことが多いので，合コンの幹事は Chief Financial Officer（CFO）と呼んだ方が正しいと言った学生もいたが，実に正しい観察。そうではなくて，CEO，つまり合コンの仕切りをする人間がいる。

　多くの合コンでは，特に男子側が CEO の指示の下に，ある程度計画的に場を盛り上げていくケースが多い。この仕切りが悪いと，ただのグダグダの飲み会になってしまって，盛り上がりに欠け，女子側が白けて帰ってしまうことにもつながる。しかしこの組織も，ほとんどの飲食店の慣例として寿命はせいぜい2～3時間といったところである。2次会に流れるときには，組織編成（？）が変わっていることの方が多い。このように，せいぜい寿命数時間の短命で名前もないような組織が無数にあるのだ。いわゆる「協働」（とりあえず「一緒に働くこと」程度の意味に理解しておいて欲しい）に成功して長続きするような組織は，むしろ例外的といった方が正しい（ただし，

23

若い頃，合コンばかりやっていて有名な某社の担当者によれば，合コンをすると，男子側には仲間意識が生まれ，自然とチーム・プレーが磨かれていくのだそうだ。確かに合コンの組織自体は寿命が数時間の短命の組織ではあるが，同じようなメンバーの中で，比較的頻繁に誕生と解散を繰り返すことになる）。

## ○ 組織の数だけ経営者

　1995年1月，阪神・淡路大震災が起きた。テレビ画面に映し出される光景のすさまじさ。そして実際にはテレビで報道できる範囲を超えてしまった現場の悲惨さ。私のような人間ですら，思わず「神戸に行って何かしなくては」という衝動に駆られた。もっとも時期は試験と採点，卒業論文の審査，卒業判定等々，大学の繁忙期の真っ只中。とても仕事を抜け出せるような状態ではない。と，そんなとき，私の担当する試験が終わったとたん，4年生の男子学生1人が研究室に駆けこんできた。

「卒業したら銀行に勤めることが決まっていて，卒業はこの試験にかかっています。試験の結果を知りたいのですが。」

「今，試験が終わったばかりで，しかも君だけを特別扱いはできないよ。何をそんなに急いでいるんだ。」

「これで卒業できるのであれば，今夜にでも神戸に発ちたいのです。僕は神戸とは何の関係もない人間なのですが，とにかく現地に行って，1週間でも2週間でもボランティアとして汗を流してきたい。」

　かくして，神戸を中心にして，自然発生的に多くの復興支援のボランティア組織が生まれた。その多くは復興が進むにつれて解散していったが，中には長生きする組織も出てきた。そして，そうしたボランティア組織の活躍を目の当たりにした人々が，政府が，政党が，非営利組織に対する法人格付与に真剣に取り組み始めた。

　3年後の1998年3月には「特定非営利活動促進法」が議員立法により成

立し，この法律によって，ボランティア組織の一部は，いわゆる NPO 法人となって長期存続する道を選択することになった。これなどは，まさに例外的な事件だったのである（⇨課題 1.5）。

　このように，自然発生した，本来，短命であるはずの組織が長生きをするようになったケースも例外的にはあるのだが，ほとんどの組織は短命かつ無名なので，実は，ほとんどの人は自分でも気がつかないうちに，「経営者」をやったことがあるはずなのだ。「経営者」は，少なくとも組織の数だけ，われわれの身近にたくさんいることになる。そして，多分「あなた」も。

　一人の人が，普通に数十もの組織に所属しているので，その中の一つの経営者くらい経験していても全然不思議ではないのである。ただし注意も要る。たとえば，学級崩壊したクラスは組織なのか？　仲が悪く別居しているような夫婦も，離婚していなければ法律的にはまだ夫婦だが，これは組織なのか？　多分，組織ではないだろう。あるいは，組織に所属していると確かに影響を受ける。しかし，その逆は真ではない。つまり，影響を受けるからといって，組織に所属しているとは限らない。

　これらの疑問に答えるためには，もっと精密に組織の定義を行い，成立の条件を考えないといけない。それにはまだまだ準備が必要なので，正確な答は後の章でのお楽しみ。

# ■ディスカッション■

## 課題 1.1

　日本企業 5 社を選んでホーム・ページを検索し，会長，社長，CEO，COO をやっている人の名前を調べてみよう。

### 課題1.1のヒント

　経営トップを意味する CEO（Chief Executive Officer）は「最高経営責任者」と訳されることが多いが，もともとは米国型の株式会社のように，所有者である株主の代表としての取締役会が任命する執行役員のトップが CEO である。実際には取締役会会長と CEO を同一人物が兼ねるケースが多いと言われる。それに対して，COO（Chief Operating Officer）「最高執行責任者」と呼ばれる CEO に次ぐナンバー 2 の役職の人もいる。実は米国企業では，どちらも chairman（会長），president（社長），とは異なる概念で，CEO，COO とは別に会長や社長がいてもいいことになっている。一般的には，会長を CEO，社長を COO と呼んでいるところが比較的多いと言われている。要するに，国によって会社法も違うし，商習慣も異なるので，外国語の役職名の正確な日本語訳をつけることは無理なのである。たとえば，president は社長なんだから，vice president は副社長だろう（"vice" は「副」の意味の接頭辞）なんて思ったら大間違い。米国企業（外資系企業）では部課長クラスの人が "Vice President" の名刺をもっている。

---

**課題 1.2**

　どの株式会社にも取締役はいるが，執行役のいる会社と執行役員のいる会社があるので，探してみよう。

---

### 課題 1.2 のヒント

　株式会社の株主総会，取締役会，監査役等は，株式会社の機関と呼ばれる。かつては商法の「第二編　会社」で規定されていたが，今は 2006 年に施行された「会社法」で規定されている。会社法では，株式会社における機関設計の自由化が行われたが，大きな企業では基本的に選択肢は三つである。

一つは日本ではおなじみの取締役と監査役を役員（任期は原則2年）とする監査役会設置会社で，このタイプの株式会社に執行役員がいることが多い。実は，会社法施行前の1993年の商法改正で，株主が取締役に損害賠償を求める株主代表訴訟の訴訟手数料が軽減され，取締役が訴えられやすくなった。そのため，ソニーが1997年に取締役を38人から10人に一挙に減らし，その際，専務，常務といった呼称はそのまま残して取締役から外し，個室・秘書・車のいわゆる役員の三種の神器もそのままにした「執行役員」を設けた。このことがきっかけになって，日本では20世紀末に「執行役員制」を導入する企業が増えた。

　それに対して，執行役がいるのは委員会設置会社で，もともとは2003年施行の商法特例法（正式には「株式会社の監査等に関する商法の特例に関する法律」；会社法の施行にともない2006年に廃止）改正で，米国の制度をモデルにして導入された「委員会等設置会社」と基本的に同じ制度である。取締役の中から取締役会の決議により選定した委員3人以上で組織される指名委員会・監査委員会・報酬委員会の各委員会（各委員会の委員の過半数は社外取締役でなければならない）が置かれることからそう呼ばれる。監査委員会があるので，監査役はいない。執行役は，委員会設置会社において業務の執行を行うとされ，ある意味，執行役員が執行役として会社法で正式に認められたと理解できないこともない。執行役は取締役を兼ねることができ，任期は1年と短い。

　その両者の折衷形態として，監査等委員会設置会社が2015年施行の会社法改正法で加わった。監査役会に代えて，取締役で構成される監査等委員会（社外取締役が過半数）を設置し，この監査等委員会が株主総会における取締役人事や取締役報酬に関する意見陳述権をもつことで指名委員会・報酬委員会の機能をある程度併せ持つ。この監査等委員会設置会社の登場で，それまでの委員会設置会社は指名委員会等設置会社と正式名称を変えることになった。このタイプの株式会社にも執行役員がいることがある。

　つまり，米国をモデルにした指名委員会等設置会社には執行役がいるが，

27

もともと日本にあった監査役会設置会社や折衷型の監査等委員会設置会社には執行役はおらず，慣習名称として執行役員と呼ばれる経営者がいることがあるということになる。ところで，経営者と聞いてすぐに思い浮かぶ社長，あるいは会長，専務，常務なども，実は法律上何ら規定のない慣習名称なので注意がいる。会社法上は「代表取締役」とそれ以外の「取締役」の区別しかない。

❖参考文献

高橋伸夫（1995；2003；2006；2016）『経営の再生：戦略の時代・組織の時代』有斐閣。

---

### 課題 1.3

　自分の身の回りの「長」を何人かピック・アップして，①その人がリーダーとして機能しているかどうか，②機能しているとき，あるいは機能していないとき，その理由を説明してみよう。良きリーダーの条件とは何か？

---

### 課題 1.3 のヒント

　もともとのリッカートの連結ピンのモデル（Likert, 1961, Fig. 8-4）には図 1.2 のような矢印がついていた。この矢印の意味するところは「効果的な機能を発揮するには，監督者は上司の決定に影響できるくらい十分な影響力を自己の上司に対して持たなければならない」（Likert, 1961, p. 113 邦訳 pp. 152–153）ということだという。つまり，各組織を三角形の「板」に見立て，板と板をつなぐ連結ピンとして「長」を見立てれば，この連結ピンにかかる力は釣り合っているはずだという集団の力学（ダイナミクス）的な発想をするわけである。要するに，内弁慶（＝外では意気地がないが，家庭で

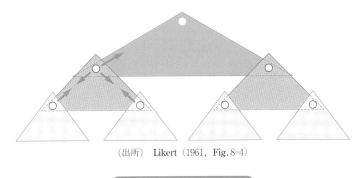

（出所）　Likert（1961, Fig. 8-4）

図 1.2　連結ピンの機能

は威張っていること）では駄目よということか。

　しかし，リーダーシップ論で有名なリッカートは，他にも面白い実験結果を紹介している（Likert, 1961, ch. 5）。参加的プログラム（participative program）と職階統制的プログラム（hierarchically controlled program）の比較実験である。参加的プログラムとは，管理者が仕事に関する決定に極力部下を参加させるようにしたプログラムである。それとは対照的に，職階統制的プログラムとは，管理者に権限を集中し，仕事の細部にまで管理者が指示を出して，生産性向上への直接的圧力を高めていくプログラムであった。1 年間の実験の結果，参加的プログラムでは，生産性の向上と同時に部下の態度もますます好意的になり，管理者が不在でも部下たちは仕事を続けていた。

　それに対して，生産性向上という点では上回っていた職階統制的プログラムの方は，その生産性が向上している間，部下の態度は次第に非好意的になり，管理者が不在の時には，仕事がストップしがちになった。そして，優秀な部下たちが辞め始めたのである。1 年くらいは生産増を維持できても，これではいずれ生産性は低下してしまう。こうして，リッカートは参加的プロ

グラムの優位性を説いたのであった。

❖参考文献

Likert, R.（1961）*New Patterns of Management*. McGraw-Hill, New York.（三隅二不二訳『経営の行動科学』ダイヤモンド社，1964）

> **課題 1.4**
>
> 　いくつかある会社形態の中でも家族共同体的な色彩が強いと言われている「合名会社」を探してみよう。数が少ないので見つけるのは大変かもしれないが，見つけたら，①会社名，②業務内容，③所在地，④社長の名前，⑤従業員数，⑥設立年などを調べてみよう。家族でやっている会社かどうかも調べてみよう。

### 課題 1.4 のヒント

　合名会社の源と言われるソキエタス（societas）は，10世紀頃，陸上商業が発達していたイタリアのフィレンツェやシエーナで発生した。ソキエタスは初期においては多くの場合「家族共同体」のような血族関係を基盤として設立されたと言われる。

　ここでいう家族共同体は消費の単位であるとともに，生産の単位でもあるわけだが，たとえば，営業していた家父が死亡した場合，家族内で財産の分割が行われてしまうと，事業の上では大きな障害となる。そこで消費単位としては別会計の数人の息子達が共同して父親の事業を相続し，共同相続団体を形成することで生産単位の維持をめざすのである。このようにして生まれた「全財産を以ってするソキエタス」は「一定貨幣額を以ってするソキエタス」に次第に移行し，一定の存続期間をもつ会社契約の形式の上に設立されるようになったと言われる（大塚, 1954）。

日本でもソキエタスと同様の機関が同じ様な背景で生まれている。三井家初代高利の死後に，その9人の実子・養子は遺産を分割相続せず，全相続財産を投じて，1710年に「大元方」と呼ばれる同族の事業全体を総括する機関を9家（後に11家となる）の三井同族により形成し，資本に対して各自持分権利をもち，無限責任制で各営業店の経営に当たったと言われる。

この三井同族による経営スタイルが，明治期に入ると三井財閥へと発展していく。三井財閥をはじめとする日本の財閥では，出資者の一族がその財産のすべてを保有する「総有制」という制度がとられた。たとえば，三井家など財閥の一族は，資産を総有し，その利益をすべて自分のものに出来るかわりに，資産を売却することはできず，企業の先行きが怪しい場合でも，途中で投げ出すことは許されなかった。

❖参考文献
大塚久雄（1954）『株式会社発生史論　再版』中央公論社。

---

**課題1.5**

　NPO法人（正確には「特定非営利活動法人」）の作り方について調べてみよう。

---

### 課題1.5のヒント

　NPOは nonprofit organization の略。非営利組織とも呼ばれるが，「もうからない組織」（利益を出してはいけない組織!?）の意味ではないので注意がいる。実際，利益を出しても構わないし，堂々と利益から法人税を納めているNPO法人もたくさんある。もともとは「非営利組織」とは，制度的に利益を関係者（特に出資者）に分配しないようになっている民間組織のことである。

内閣府のホーム・ページ https://www.npo-homepage.go.jp/ に NPO 法人についての解説があるが，所轄庁は内閣府と都道府県なので，地元の各都道府県庁でも簡単に調べることができる。たとえば，東京都だったら，公式ホーム・ページ http://www.metro.tokyo.jp/kurashi/npo/ ではかなり詳細な情報提供が行われている。もっとも，非営利組織に対する優遇税制の課題もあり，まだまだ発展途上の段階ともいえる。制度自体が時々刻々と変化しているので関係者も注意が必要である。

なお NPO 法（「特定非営利活動促進法」を含む）の成立過程自体が，普通の法律とは違っていて興味深い。これも調べてみると面白い。

❖参 考 文 献

小島廣光（2003）『政策形成と NPO 法：問題，政策，そして政治』有斐閣。

## 第 1 章のまとめ

身の回りの「組織」を観察すると次のようなことが分かる。

(1)  一人の人は，普通に数十もの組織に所属している。人間は働いていない時間でも，たいてい他の組織のメンバーないし参加者として行動している。

(2)  人間の行動を注意深く観察してみると，その多くが所属している組織によって影響されている。

(3)  せいぜい数時間の短命で名前もないような組織が無数にある。協働に成功して長続きする組織はむしろ例外的である。

# 第 2 章

# 個人の行動に
# 影響を与えるもの

「さて，去年の反省を踏まえて，今年の学園祭で，焼きそば
屋をやるかタコ焼き屋をやるか決めることにしよう。」

「どうしてうちのサークルは，いつも焼きそば屋かタコ焼き
屋なんですか？」

「うちの伝統なんだよ。分からないところは先輩に聞けばい
いし，絶対に赤字にはならないという自信もある。まあ合理
的選択というやつかな。」

「そういえば，A大学のBちゃんが大阪出身でさ，タコ焼
き屋をやるんだったら，タコ焼きは得意だから私にやらせて
ってさ。これで決まりかな？」

## 2.1 個人が行動を選択する力

## ○ 選択肢を限定する：意思決定のプロセス

　早朝，眠っていた私は，大きな揺れで目を覚ました。目の前は真っ暗。すぐに枕もとに置いてある眼鏡に手を伸ばして眼鏡をかけるが，ここがどこかがピンとこない。自宅のベッドではないことだけは確かだ。

「そうか○○市のホテルだ」

　周りに守るべき家族はおらず，自分一人だけの安全を考えていれば良いと合点して，とりあえず起き上がり，ものの落ちてこない場所に移動する。自宅の寝室ではないので，何が置いてあるのかよく分からない真っ暗な室内をあわてて動き回るのはかえって危険だ。

　揺れが収まり，ホテル独特の分厚いカーテンを開けると，外はうっすらと明るい。朝だ。テレビのスイッチを入れると，時刻は午前6時すぎ。震度5強の地震があったことが報道されている。ちょうど1カ月前の震度6弱の地震の余震らしい。交通機関は鉄道を中心にほぼすべて止まっているという。

　午前7時になるとドアをノックする音が。ドアを開けると，汗だくのボーイさんがルーム・サービスの朝食を手にもって立っていた。

「あれ？　ワゴンで運んできたんじゃないの？」

と独り言のように口にすると，すかさず荒い息で返事が返ってきた。

「さきほどの地震でエレベータが止まっております。階段を使って降りていただきますので，出発時間をフロントにお伝えください。案内の者が来ますので。」

　なんと，ここは14階ではなかったっけ？　たまたま偶然，昨夜遅くホテルに着いて疲れていたので，朝食をルーム・サービスに切り替えてもらったのだけれど，これは不幸中の幸いとしか言いようがない。とりあえず，早め

に出発して，徒歩で会場まで移動するしかなさそうだ。こんな早い時刻に，中止かどうかを確認することは不可能だから。

　こうやって，私のその日のストーリーが始まるわけだが，この目覚めの1時間，あるいは最初の数分間の記述だけでも，人間の意思決定の特徴をかなり描き出している。

　たとえば，私のようなド近視の人間は，枕もとの手の届く範囲に眼鏡を置いておいて，朝起きるとまず，手探りで眼鏡を探して眼鏡をかける。これは習慣というより，眼鏡もかけずに動き始めれば，周りが見えず危ないので，そうせざるをえないのである。その場には自分一人しかいなくて，人間の特性として，社会的要因を考えなくてもいいような状況下でも，非社会的要因——たとえば視力や手の長さなどの物的・生物的要因——が作用して，選択の可能性が狭い範囲に限定される。

　つまり，人間には選択する力があるが，選択する力には限界もあるというわけだ。人間は神のような全知全能の存在ではない。人間が合理的に選択する力には限界があるために（これを「合理性に限界がある」という言い方をする），選択の可能性・幅を限定しないと合理的に選択ができなくなってしまう。そのため「してはいけない理由を見出すこと」が「なすべきこと」を決定する共通の方法だとも言われるのである（⇨課題2.1）。

　地震のケースはまさにその通り。選択には可能性の限定が必要で，無限定のとき（情報も何もないとき），ただちには行動を決めかねる。実際，真っ暗な中で地震の揺れで目が覚めても，行動のしようがない。まず「ここはどこ？」から始まって，「今は何が起きているの？」と状況を限定していくことが先行する。エレベーターは動いていないし，鉄道も止まっているのだ。選択肢はかなり限定されている（⇨課題2.2）。

　こうしたことは何も不思議なことではない。ただ日常生活では，あまり意識せずに済んでいるというだけのことである。普段とは異なる異常な事態に遭遇したときに，こうした事実が見えてくる。もちろん社会的要因が重要な

役割を果たすこともある。実は、組織の中における意思決定の過程は主として選択の幅を狭めていく過程であるとも言われるほどである。

## ◯ 選択の幅を狭めるために組織に帰属する

子供向けにも紹介される船乗りロビンソン・クルーソー（Robinson Crusoe）の物語。彼は無人島に漂着し、たった1人で生活を始め、28年間を過ごした後、帰国するストーリーになっている。どうやら実在のモデルもいたらしいが、そうしたことが明らかになる前から、小説のお話とはいえ、たった1人の孤島での生活ということで、経済学のテキストなどでも極端な例として例示に使われてきた。

ところが、なんとこのロビンソン・クルーソーは、無人島に漂着した後も暦をつけ、それに従って農作業も含めた行動をしているのである。助け出した従僕に「フライデー」という名前をつけたのも、その日が金曜日だということが分かっていたからなのだ。つまり、孤島で、たった1人で生きていても、彼の生活の基礎は西洋文明だったのであり、西洋文明社会に帰属する一員として、あるいはもっと狭く、船乗りの組織の一員として、その限定された範囲の中で選択を行い、行動していたのである。そのおかげで、彼は生き延びることができた。おそらく、無人島にたった1人だからと自由気ままに無限定に行動していたら、一冬を越すことすら難しかったであろう。選択の幅を狭めていくためには、組織に所属すること自体が重要になる。

## 2.2　短命の組織が必要とするのは人間の行動だけ

## ○　助っ人に必要なこと

　日本では大企業を中心として，正社員については「終身雇用」と呼ばれるほどに長期の雇用を前提とした採用が行われてきた。したがって，会社に就職するということは，一生とはいわないが，数十年にわたって，その会社の中にどっぷりとつかることを意味している。言い方を変えれば，会社や組織に丸ごと身を任せてしまうような感覚があってもおかしくない。しかし，ほとんどの組織が短命で名もないような存在だとすれば，そのような短命の組織に対してまでも，同様に接していることはありえない話である。当然，組織への接し方も変わってくる。

　たとえば，大学でゼミ対抗のソフトボール大会があったとしよう。ところがいざグラウンドに来てみると，人数が足りない。昨夜飲みすぎたせいか，はたまた単に朝寝坊しただけなのか，とにかく人が足りない。電話しまくってかき集めたが，それでもまだ1人足りない。もう試合開始の時刻だというのにどうしよう。すると，ゼミのメンバーの一人が

「そこのコンビニで友達を見つけたので，助っ人に連れてきたぞ。」

おお，なんというタイミングの良さ。名前は知らないが，学部は同じ経済学部だという。確かにどこかで見たような顔ではある。学年が違うのか？　まあ学部が同じなら，一応，ソフトボール大会の規則にも抵触していない。

　さっそく，選手登録をして試合開始だ。ところが，そいつが結構うまい。なんだかんだやっていくうちに，とうとう優勝してしまった。「すごいなこいつ」と思っていたら，なんと高校時代は野球部のレギュラーだったというではないか。全然知らなかった。こうして，優勝記念の写真には大喜びして

いるゼミの8人と，名前も知らないけど，立派な「助っ人」のあいつが写っている（⇨課題2.3）。

　通常であれば，大学の経済学部のゼミは人間関係がべたべたしていて，互いのことをかなりよく知った連中の集まりである。高校時代の部活の話や色々な特技，趣味，プライベートな情報まで互いに詳しく知っているのが普通である。もちろん人間的な好き嫌いもあり，嫌いなやつとゼミで時間をともに過ごすのは本当につらい。

　しかし，ある短い時間，たとえば，ある日曜日の昼間，ソフトボールのチームとして活動するのに，こうした人間的な好き嫌いやプライバシーに属するようなことはほとんど関係ない。それどころか，ソフトボールがうまいかどうかすらも知らなくてかまわない。要するに，たとえば打順が5番で打てて，二塁を守れればいいのであって，その日限りのソフトボール・チームという組織がその「助っ人」君に求めているのは，打順が5番で二塁を守るという活動，機能だけなのである。

　同じ人間が，前日の土曜日には，都内のパン工場でアルバイトとして忙しく働いていて，クリスマス前の繁忙期に，クリスマスケーキのデコレーションとして，一生懸命にイチゴを飾りつけしていても，まったく事情は変わらない。そんなアルバイトをしていたことは，ソフトボール・チームには何の関係もないし，イチゴのデコレーションが上手だと，パートのおばさんたちにほめられて，職場のアイドル的な存在であることも，ソフトボール・チームとは関係ない。

　逆にパン工場で求められているのは，「イチゴの飾りつけ」という行動だけなのである。それができる人間であれば，できれば手先が器用で気持ちよく働いてくれたら言うことはないが，彼が〇〇大学経済学部の3年生であることも関係ないし，高校時代には野球部で活躍していたことも関係ない。今は彼女にクリスマス・プレゼントを買うためにアルバイトをしているという動機すらも関係がない。つまりパン工場という組織は，少なくともアルバイトの学生に対しては，全人格的な人間個人を求めていないのである。

## ○ 短命な組織ほど特定の行動のみを求める

　組織の外にいるとき，人間は社会的要因・非社会的要因全体からなる独立した一つの個体である。それは姓名，住所，経歴，名声，所属などの社会的な特性をもっているが，それ以前に，物的・生物的に身長170cm，体重62kg，髪の毛を茶色に染めている若くて健康的な男性である等々の非社会的特性をもつ。そしてそうしたものをもっている個性的で識別可能な独立した個体なのである。しかし，組織の中では，組織的行動のシステムの一部にすぎない。

　言い換えれば，組織の中では，人間の特定の行動だけが必要とされ，認識されるのであり，社会的要因・非社会的要因の全体を認識しているわけではない。組織の中の人間のこうしたとらえ方は，一人の人が，普通に数十もの組織に所属しているという現実を理解するためには，つまりは組織の経営を考える上では重要な考え方である（ただし，短命ではない組織だと，事情は変わってくるので注意がいる）。

## 2.3　個人的行動には色々な結果が伴う

## ○ 求める結果，求めざる結果

　人間が一人で行動しているときのことを考えてみよう。一つの行動は色々な結果を伴うものである。

　たとえば，ついつい欲求にかられて，食後にタバコを一服してしまう人がいる。ところが，今や，タバコが肺ガンをはじめとして，健康に有害であることは誰でも知っている科学的事実である。つまり，喫煙には健康に有害であるという求めざる結果もついてきてしまうのである。

しかも，何度も値上げされたせいで，タバコ自体も高く，タバコを買えば，当然懐も寂しくなるという別の求めざる結果を招くことも必定である。それでもタバコをやめられないのは，タバコを吸いたいという動機（欲求！　衝動‼　欲望？）を満たすという結果がもたらされるからであろう。

## ○　日課になっているけど，目的は何だっけ？

　あるいは，たとえば，朝起きて「歯を磨く」という行動を考えてみる。ところが，寝ぼけているものだから，歯磨きをパジャマにつけてしまった。水をつけたタオルでこすってはみたが，今は時間がない。後で帰ってきてから洗濯をしよう。そう思い直して，冷蔵庫からトマトジュースを取り出して飲むと，歯磨きの味が残っていて，実にまずい。飲んでから歯を磨けば良かったと後悔する。とまあ，こんな感じで，行動には常に求めざる結果が伴うものである。

　そんなのは単なるどじである。求めざる結果とはこんなことを指しているのか？──そんなご指摘を受けてしまいそうだが，私だって，いつもこんなどじを踏んでいるわけではない。しかし，さしたる失敗がなくても，求めざる結果はいずれ訪れる。後日，冷たいものを飲むと歯に沁みるので歯医者に行くと，歯医者にこう言われた。

「歯の磨き方が悪いですね。歯磨きには研磨剤が入っているんですよ。力任せにゴシゴシ歯磨きすると，歯の横が削れちゃうんです。ほら鏡で見てご覧なさい。」

と手鏡を手渡された。確かに歯の横がえぐれてる。痛々しい。これでは沁みるわけだ。

「ね。ひどいでしょう。これじゃ歯を磨いているんじゃなくって，歯を削っているのと同じなんですよ。」

なんと，「歯を磨く」行動の目的は達成されていなかったのだ。と思ったら……。

「正確に言うと，歯を磨くんじゃなくて，歯垢を落としてください。」
おお，なんと，「歯を磨く」という目的自体が間違っていたのだ。本来の目的は「虫歯にならない」ことなので，行動の目的が「歯を磨く」では間違いだったのだ。しかも，

「歯を磨くんなら，夜，寝る前にきちんと磨いてくださいね。」

　ここまでくるとあきれる。そうか，考えてみれば，朝，食事前に歯を磨くことはナンセンスだったのだ。一体私は何をしていたのだ。

　「私は何をしていたのだ」という感想の裏には「なぜ私はそんな行動を続けていたのだろうか」という疑問もくっついている。なぜ朝起きるとすぐに歯を磨いていたのか？　私の場合，意外とその答は簡単である。

　要するに，寝起きは口の中が気持ち悪いので，歯を磨いてすっきりしたかったのである。つまり，「虫歯にならない」という本来の目的を達成できていないという意味では，「寝起きに歯を磨く」という行動は有効ではなかったが，とりあえず，口の中が気持ち悪いので，歯磨きをしてすっきりしたいという動機を満たしていたので，「寝起きに歯を磨く」という行動を習慣的に繰り返し続けてきたのである。

　ということで，食事後に歯を磨くようにしたら，食事もおいしくなって，実に食が進む。そうこうしているうちに体重が増え始めた。ひょっとして，「寝起きに歯を磨く」行動にはダイエット効果という求めない結果（でも好ましい結果）があったのか。


## ○　有効ではなくても動機を満足させるならば

　つまり，一つの行動には，良いことも悪いことも含めて，色々な結果が伴うものなのである。多面的と言っても良いかもしれない。しかも良いことか悪いことかは，後になってみないと分からないことも多い。だから，個人的行動であっても，求める目的（結果）が達成されるような「有効的」行動だから何度も繰り返して行われるというわけではないのである。求める結果も

求めざる結果も全部ひっくるめて，それらの結果が総体として動機（欲求・衝動・欲望）を満足しているので，その行動は繰り返されると理解した方が分かりやすい。「歯磨きは仕事や経営とは関係ないではないか」と思うかもしれないが，実は，似たようなものなのである。

# ■ディスカッション■

課題 2.1

　合理性に限界があると，選択の仕方がどのように変わるのか考えてみよう。

### 課題 2.1 のヒント

　古典的な経済学においては，生身の人間からは乖離したままで，研究者によって比較的自由に「合理的」選択のモデルが作られ，分析が行なわれてきた。したがって，こういった分野で考察される「合理的」選択のモデルは，その前提として，サイモン（Herbert A. Simon；1916-2001）が「経済人」（economic man）と呼ぶような，全知的に合理的な（omnisciently rational）一種の人間のモデルを想定していると考えざるをえない（Cyert & March, 1963, p.99　邦訳 p.144）。ここでいう経済人モデルは，より具体的には次のような特徴をもつ人間モデルを指している（Simon, 1957, p.XXV　邦訳序文 pp.22-23 ; March & Simon, 1958, p.140　邦訳 pp.213-214）。

- 混雑したままの「現実の世界」を扱う。
- 最適基準（optimal standard）による選択を行う。すなわち，すべての可能な代替案が分かっていて，それらすべての代替案を比較できる諸基準の集合が存在しているということを前提として，その上で，ある代替案がそれらの諸基準からみて，他のすべての代替案よりも良いのであれば，その代替案を選択する。

しかしサイモン（Simon, 1947, ch. 5, p. 81）は，実際の人間の行動は全知的・客観的合理性に少なくとも次の3点で遠く及ばないこと，つまり「合理性の限界」（limits of rationality）を指摘している。

①　選択に際して，可能なすべての代替案（多くの場合，無数の代替案）のうち，ほんの2, 3の代替案しか考慮しない。
②　各代替案によって引き起こされる諸結果についての知識は不完全で部分的なものにしかすぎない。
③　起こりうる結果に対する価値づけ，もしくは効用序列は不完全である。

❖参 考 文 献

Simon, H. A.（1947; 1957; 1976; 1997）*Administrative Behavior*. Macmillan, New York. 3rd and 4th eds. Free Press, New York.（松田武彦・高柳暁・二村敏子訳『経営行動』ダイヤモンド社，第2版の訳，1965；第3版の訳，1989；第4版の訳；二村敏子他訳，2009）

March, J. G. & Simon, H. A.（1958; 1993）*Organizations*. John Wiley & Sons, New York. 2nd ed. Blackwell, Cambridge, MA.（初版の訳：土屋守章訳『オーガニゼーションズ』ダイヤモンド社，1977，第2版の訳：高橋伸夫訳『オーガニゼーションズ　第2版：現代組織論の原典』ダイヤモンド社，2014）

Cyert, R. M. & March, J. G.（eds.）（1963; 1992）*A Behavioral Theory of the Firm*. Prentice-Hall, Englewood Cliffs, New Jersey. 2nd ed. Blackwell, Cambridge, MA.（初版の訳：松田武彦監訳・井上恒夫訳，『企業の行動理論』ダイヤモンド社，1967）

---

**課題 2.2**

　実際に自分が行った意思決定の事例を１つ取り上げ，①実際に考慮した代替案，②各代替案で想定していた結果，をリスト・アップしてみよう。その上で，自分がどのような理由で選択を行ったのかを説明してみよう。

---

### 課題 2.2 のヒント

　こうした課題を出すと，多くの読者は理路整然とした説明をしたくなるだろう。しかし，現実の意思決定の場面では，①目の前に複数の代替案が用意されていて，②その中から最適な結果をもたらすものを一つ選択する，といった「合理的な意思決定」はあまりない。こうした整理・説明の仕方は，実は意思決定の事後に行われるものなのである。言い換えれば，生きている組織の中での「合理性」というものは，自らの行動を説明するのにもっともらしい歴史を事後的に作っては変える回顧的なものなのだ（Weick, 1979, p.5　邦訳 p.7）。

　たとえば，まだ小さな子供だって，いたずらをして親や先生から

「どうしてこんなことしたの！」

と叱られると，

「○○ちゃんが最初にこうやったから，僕はこうするしかなかったんだ」。

要するに，他に選択肢はなかったと言い訳をするか，あるいは

「もし僕がこうしなかったら，きっと××××みたいになって，もっと大変なことになると思ったんだ。」

などと，たとえありそうもない空想の選択肢であっても，××××を考え出して，それよりはまだマシな選択肢だったと主張するものである。それが「合理的」なのだと子供は理解しているのであり，子供は合理性の本質的な部分を的確に見抜いている。それを大人は「屁理屈を言うんじゃない」とまた叱るわけだが，実は，成長して大人になると，より周到に，より説得的に

同じことをするようなる（高橋, 2015, p.150)。

　たとえば，就職活動で，学生が何社かから内定をもらって，その内1社に決めなくてはならないようなケースである（高橋, 2010, p.55)。長年，大学生の就職活動を身近で見ているが，長々と就職活動をしている割には，これが意外と第一印象で（会社訪問，インターン，OB・OGの印象で）といってもいいくらい，ごく初期にほぼ本命の就職先の会社を決めてしまっているように見えるのだ。しかも不思議なことに，本命の会社の内定が出てしまった後でも，まだ就職活動を続けていたりする。そして，本命の会社と比べて，他の会社のどこが劣っているのか，どこが自分に合わないのか，どこが将来性に欠けるのか……みたいなことを確認する作業をずっと続けている。これは，本命の会社がいかに正しい選択肢なのかということを事後的に合理化するための作業であり，自分の会社選択の理由・論理を回顧的に整理して，「未来の自分」や親・先生を含めた他人にも合理的に説明できるようなもっともらしい理屈を考えるためのプロセスなのである。

　大学の授業としての「意思決定論」では，事前に与えられた複数の代替案から最適・最善のものを選択することを教えるが，実際には，そんなケースはほぼ皆無である。現実の多くの意思決定では，「これはいい！」という案が一つ見つかってから，会議等の意思決定機会を設定し，それから，あくまでも比較対象として複数の明らかに見劣りするような代替案を用意することが多い。なぜなら，皆で納得して一つの案を選ぶには，複数の代替案を比較検討した結果，それが最善だと皆で確認する手続き，すなわち合理化のプロセスが必要だからである。

　したがって，ワンマン経営者の会社なら，文字通り社長が鶴の一声で「これはいい！」と言ってくれれば，それで十分なので，無駄な代替案を用意するような回りくどい手続きは必要がない。対照的に，合議制をとる企業では事前に複数代替案を用意し，しかも検討した代替案数も多くなる傾向がある（高橋, 1993)。要するに，「合理的な意思決定」とか「合理的な行動」とかは，事後的に説明がつけられるもの，あるいは言い訳ができるもののことな

のであり，複数の明らかに見劣りするような選択肢を用意しておくことは，
たとえそれが事後的であっても，納得性と後々の説明責任を考えると重要な
手続きなのである。

❖参 考 文 献
Weick, Karl E.（1969；1979）*The Social Psychology of Organizing*. Addison-Wesley,
　　Reading, MA.（初版の訳：金児暁嗣訳『組織化の心理学』誠信書房，1980；第
　　2版の訳：遠田雄志訳『組織化の社会心理学　第2版』文眞堂，1997）
高橋伸夫（2010）『組織力—宿す，紡ぐ，磨く，繋ぐ—』筑摩書房（ちくま新書）。
高橋伸夫（1993）『組織の中の決定理論』朝倉書店。https://doi.org/10.15083/
　　00074817（著者版全文 PDF をダウンロード可能）
高橋伸夫（2015）『経営学で考える』有斐閣。

---

**課題 2.3**

　本来，人間の活動は多義的であり，色々な意味に解釈可能なものである。
それが組織化のプロセスの中で，互いの行動を意味あるものに組み立て，
互いの行動の意味を確定できるような「文法」を共有するようになると言
われている。身の回りにそのような例を探してみよう。

---

**課題 2.3 のヒント**

　ワイク（Karl E. Weick；1936–）は，組織化（organizing）を例証する 10
個のエピソードの 7 番目として，次のような例を挙げている。
「指揮者の動作や眼球の動きの研究により，指揮者は，正確に定められた時
間に別々の演奏者を見定め，彼らに向かって大きな曲線を描くような身振り
で指示を出せる人であることが確認されている。以前の私の研究では，好成
績のクォーターバックも同じことをしている。（中略）クォーターバックと
指揮者の年齢をプロットすれば，両者はほとんど重なっていないので，うま

くキャリアを乗り換えられることは明らかである。」（Weick, 1979, p.2
邦訳 p.3）

　確かに，コンサート会場でのオーケストラの優秀な指揮者とスタジアムで
のアメリカン・フットボールの優秀なクォーターバックの動作・行動は見か
け上似ているかもしれない。しかし本当に，優秀なクォーターバックは優秀
な指揮者になれるものなのだろうか。あるいは，両者の動作・行動は本当に
同じものなのだろうか。

　実際には，コンサートの本番前に，指揮者はオーケストラのメンバーたち
と入念な練習とリハーサルを繰り返してきたはずである。この集団の中で築
き上げられた絆や相互の協力関係の方がはるかに重要であり，指揮者が本番
で見せる動作や行動は，こうしたもっと長々とした組織化のプロセスが前に
あってこそ，はじめて意味を持つものなのである。そのことはクォーターバ
ックの場合もまったく同じである。

　ここに，組織を静態として捉えるのではなく，組織化のプロセスこそを研
究することの意義が存在する。組織を静態的に記述しても，組織を理解でき
ないのである。そこでワイクは，10個のエピソードを並べた後で，「組織
化」をこう定義している：

「知覚できる相互連結行動（interlocked behavior）を使って多義性（equivo-
cality）を削減する際に用いられる総意として妥当性を確認した文法」
（Weick, 1979, p.3　邦訳 p.4）

　つまり，本来，人間の活動は多義的であり，色々な意味に解釈可能なもの
である。それが組織化のプロセスの中で，互いの行動を意味あるものに組み
立て，互いの行動の意味を確定させることができるような合意した文法を共
有するようになる。

❖参考文献

　Weick, K. E.（1969; 1979）*The Social Psychology of Organizing*. Addison-Wesley,
　　　Reading, MA.（初版の訳：金児暁嗣訳『組織化の心理学』誠信書房，1980; 第
　　　2版の訳：遠田雄志訳『組織化の社会心理学　第2版』文眞堂，1997）

【人間について】

(1)　人間には，限られてはいるが合理的に選択する力がある。ただし，合理性には限界があるために，選択には可能性の限定，つまり選択肢（選択の代替案）の限定が必要になる。実際，人間の特性としての社会的要因・非社会的要因（たとえば物的要因や生物的要因）がともに作用して，選択の可能性は狭い範囲に限定されている。

(2)　組織の外にいるとき，人間は社会的要因・非社会的要因全体からなる独立した一つの個体である。しかし，組織の中では，組織的行動のシステムの一部にすぎない。言い換えれば，組織の中では，人間の特定の行動だけが認識されるのであり，社会的要因・非社会的要因全体を認識しているわけではない。

(3)　個人的行動で，求める目的（結果）が達成されるとき，その行動を「有効的」という。行動は求める結果だけではなく，つねに他の求めざる結果も伴うものだが，いずれにせよ，それらの結果が満足か不満足をもたらす。動機（欲求・衝動・欲望）が原因で引き起こされた行動が動機を満たすのであれば，その行動は「能率的」である。

# 第3章

# 個人をめぐる物理的な制約と有効な協働

「リーダーとして一生懸命やっているのに，うまくいかないよ。」

「そんなに仕事を一人で抱え込むなよ。仕事が多すぎて，君一人では回らなくなっているじゃないか。」

「じゃあ，リーダー交代するから，君が全部やってよ。」

「そうじゃなくてさ，君がみんなに仕事を割り振ればいいんだよ。」

## 3.1 抜け道での出来事

### ○ 倒木をなんとかしないと

まだ日本の道路があまり整備されていなかった頃のお話。まだ小さかった私は，伯父さん（当時，まだ独身で私をよくドライブに連れて行ってくれた）の車に乗せられて山道を走っていた。本当は海岸沿いの国道を走っているはずだったのだが，あまりにもひどい渋滞で，土地勘のある伯父さんは，近道とばかりに山道へと迂回することにしたのである。

ところが，砂利道をしばらく登ると，ちょうど峠のあたりの狭い山道の真ん中に道をふさぐようにして 1 台の車が止まっていた。
「おいおい冗談じゃないぞ。」
伯父さんも車を止めた。私も車窓から身を乗り出して見てみると，その車の前に木が倒れていて道をふさいでいた。

前の車の運転手は，車を降りて，倒木を動かそうとしているが，一人ではびくともしない。伯父さんも車を降りて，手伝い始める。それでも無理だ。やがて後続の車がやってきて，対向車もやってきた。運転手がみな車から降りてきて，大の大人が何人かで声を掛け合い，
「せいの！　よっこいしょ」
と力を合わせてようやく倒木をどかせることに成功した。見ていた私も子供ながらに拍手ものである。伯父さんも，やれやれとばかりに車に戻ってきた。

### ○ 交通渋滞をなんとかしないと

ところが，それでも車は動けない。実は，倒木をどかせる作業をしている間に，あたりには車の渋滞ができてしまって，こんな狭い山道を今度は 10

台以上の車がふさいでしまったのである。

「やれやれ困っちゃったな。」

すると，後ろの方の車から，1人の若者が降りてきて，運転席の伯父さんに話しかけてきた。

「あのー，僕が交通整理をしますので，それに従っていただけますか。」

「もちろん！　やってもらうと助かるよ〜。」

若者は対向車側の運転手にも声をかけて，まるで警察官がやるように，結構じょうずに交通整理を始めた。次々と渋滞を車が抜け始め，伯父さんの車もなんとか対向車の横を通り抜け，そのままスムーズに山道を下り始めた。

「伯父ちゃん。あの人はどうなるの？」

「ご苦労様なことだな。この車も止めるわけにいかないし（止めたらまた渋滞になってしまう），あのまま自分が最後の一人になるまで交通整理を続けないといけないだろうな。」

## 3.2　「物理的な」制約と「協働そのもの」の制約

## ○　問題解決の方法①：物理的な制約を取り除いて「問題状況」を変える

　このエピソードを読めば，色々考えや感想が浮かぶであろうが，とりあえずここでは，組織の社会的要因や能率を考えないことにして，環境の物理的要因に関する有効性についてのみ考えてみることにしよう。

　まず，エピソードの前半，一人の運転手が，倒木を一生懸命動かそうとしても動かなかったというシーン。これは人間個人の力では倒木はびくともしなかったという意味で，まったく目的達成はできなかったシーンである。こ

のように，個人が目的を達成しようとしても，個人の「能力」が「問題状況」に比べて不足していれば，目的は達成できない。この場合，個人の「能力」は簡単には変えられない。時間があれば，体を鍛え直してきて筋力をつけてから再挑戦するなどということも考えられなくはないが，そんなことをしていては，何カ月も何年もかかってしまう。

　このため「能力」ではなく，物理的な「問題状況」を変えることが模索される。たとえば，もし，のこぎりでももっていれば，たとえ1人であっても，時間をかけて倒木を切断し，1人で持ち運べる程度の大きさに分断してから，道からどけることは可能である。このように，物理的制約を除くことで，目的を達成することが可能になる場合もある。

## ○ 問題解決の方法②：協働的制約を取り除いて「能力」を変える

　しかし，このエピソードの場合，たまたまのこぎりをもっているような都合の良い状況にはなかった。その代わりといってはなんだが，次々と登場人物が増えて，誰かと協働が可能だという場面へと展開していったのである。

　この場合，個人では変化させられなかった「能力」も協働によって高めることができる。ものを持ち上げる力はもちろんだが，その他にも，たとえば，1人ではとても抱きかかえられなかった幹と枝も2人で手を回せば，抱きかかえることができる。1人では，枝が他の木に引っかかっていることが見えなかったが，他の人に見てもらって，絡まっている枝をほどいてもらいながら倒木を移動させることもできる。

　そしてなんといっても，あれだけの倒木を持ち上げたままで数メートル移動させることは，1人では到底無理だ。仮に持ち上げられても，ほんの数秒が限界だろう。

　要するに，個人では限界のあった体力，身体的特性，速さ，継続性・持続性，知覚といった能力が，何人かで協働することによって高めることができ

るのであり，そのことで直面している「問題状況」を克服できるのであれば，協働を始める理由がある。このように，個人ではできないことも協働すればできるようになるとき，協働そのものが「制約」になっていると考えるのである（⇨課題 3.1）。

　ただし，協働を始めることと，協働を維持することでは事情が異なる。環境の制約はたえず変わるし，目的も変わる。この短いエピソードの中でも，前半と後半では，同じ渋滞であっても，明らかにその原因は異なっていたし，その解決方法も異なっていた。このように，環境の制約も目的もたえず変わることから，それが原因で組織は不安定になるし，本当に組織を長期にわたって維持しようとするならば，協働を維持することを専門とする経営者等が必要となる（⇨課題 3.2）。

## 3.3 「どんな仕事でもできる」ことと 「一人で仕事ができる」こととは意味が違う

### ○ 自分一人で仕事ができたか

　拙著『虚妄の成果主義』（日経 BP 社，2004）の「あとがき」の一部として書いたもので，出版後，共感した人々によって何度となく引用された文章を再掲しておこう（他の人が，あれだけ丸ごと引用しているのだから，私自身が引用しても許されるべきでしょう）。

　　仮に，君が優秀な社員だったとしよう。多分，君の周りの人は，折にふれ君を頼りにして「生活」しているはずである。判断に迷ったとき，トラブルに巻き込まれたとき，新しいアイデアを必要とするとき，あるいは職場内の人間関係に疲れ果てたとき，君は頼られる存在なのだ。部

下や後輩だけではない。先輩や上司までもが君の力を当てにしている。君が課長や部長の職についていなくたって「この課（もしくは部）は○○君（男女とわず）でもっている」と周りの人は思っているはずである。

　しかし，君は，「××プロジェクトは私がやった仕事です」とか「△△は私一人でやりました」とか決して口にしてはいけない。実際にはそうかもしれないが，たとえ本当だとしても，それを口にしてはいけない。それを口にした途端，状況は一変してしまう。「だったら，一人でやれ」と周りの人は反応するだろう。そして君は悟るのだ。コピーをとってくれたり，書類の束をきれいに整理してファイルしてくれたり，お客さんにコーヒーを入れてもってきてくれたり，会議後ホワイトボードを真っ白に拭いてくれたり，机の横のくず入れをときどき空にしてくれたり，切れかけた蛍光灯を取り替えてくれたり，郵便物をポストに入れてくれたり，席を外しているときにかかってきた電話をとってくれたり，頼みもしないのに飲み会の設定をしてくれたり，プレゼンを前にして恥ずかしくなるようなくだらない冗談を飛ばして緊張感をほぐしてくれたり……。要するに，まるで空気のように君をサポートしてくれる人々が君の周りにいたおかげで，君は他の人よりも創造的で付加価値の高い仕事に集中できていただけなのだ。君は周りの人々に支えられて，ようやく仕事をしている。君を頼って，君にぶら下がって生きているように見えたかもしれないみんなが，実は君をサポートしてくれていたおかげで，君は「優秀」な社員でいられたのだ。

　私は，単にチームワークが重要だというようなことを言いたかったわけではない。要は，「優秀」な社員であればあるほど，誰に配慮をしながら仕事をすべきなのか，気がついて欲しいということなのである。たとえば「評価」という言葉を聞いて，すぐに上司の顔が浮かぶようであれば問題なのだ。確かに，残念ながら，上司の機嫌取りがうまくて，目上からのウケのいい人間が出世していくのは世の常である。しかし，いつまでもそんなことは続か

ない。世の中はうまくできているのである。自分だけが上から評価されたい
と願い，部下や後輩を踏み台にしてでも，自分だけが出世していこうとする
ような人は，やがて自らも淘汰されていく。

　理由は簡単である。長い目で見れば，自分よりも目上の人はだんだん減っ
てきて，自分よりも目下の人間がどんどん増えてくるからである。要するに，
組織にも新陳代謝があるのである。こうなってくると，目上からのウケがい
い人は，最初は好調に出世していても，目上の人が減るに従って次第に力を
失っていくことになる。その代わりに頭角を現してくるのは，目下の人から
信望の厚い人，逆風にさらされ，左遷の憂き目にあっても，一貫して正論を
掲げ，部下や後輩を守り育てて，骨太に生きていく人なのである。そういう
人こそが，最終的には高い評価を得て，組織全体を率いていくことになるの
だ。部下からの信望の厚い人しか組織のトップに立っていられないことは当
たり前のことではないか。理屈は簡単なのである（⇨課題 3.3）。

## ○　この世のすべての仕事が共同作業

　この話からも分かるように，一人の人間が社会の中で評価されるようにな
るまでには，とにかく時間がかかるのだ。学生は，努力すれば個人成績が上
がり，個人成績が上がれば評価されるのは当然であると信じているかもしれ
ない。しかし，その人に対する評価というものは，じっくりと長い時間をか
けて，徐々に固まっていくものなのである。どんなに優れた成績も業績もそ
の時間軸の長さに比べたら，ほんの一瞬の一過性の出来事にすぎない。とこ
ろが，高学歴の人の中には，それを我慢できない人がいる。評価されないと
いって，すぐに辞めてしまう。転職するたびにどんどん落ちぶれていく「転
職貧乏」がたくさん出てくることになる。そんな彼らは，自分達の成功の方
程式が通用する学歴の世界にしばしば戻って来る。社会人大学院に入り直し
たり，海外の有名ビジネス・スクールに留学したり，とにかく学歴を重ねて
いく。しかしそんなものをいくら積み重ねても，初対面の人に感心されるこ

とはあっても，仕事をともにするパートナー達からの評価が改善されるわけもない。

　優秀な人間は，やろうと思えば何でも自分でできてしまう。しかし，一人でできる仕事なんて，試験を除けば，この世に何一つ存在しない。その試験だって，受験生の多くは親や家庭のサポートや支えがあってこそ，受験勉強ができるのだ。つまり試験を受けること自体は一人でできても，高い点数を上げることは一人ではできない。この世のすべての仕事が共同作業であり，誰かと一緒に営んでいくものなのだ。そのことを若者，特に優秀な若者には肌感覚で理解して欲しいと心から願っている。そして，知らず知らずのうちに，部下は指示さえすれば一生懸命働くものだと思い込んでしまっている（昔は部下で若者だったはずの）経営者にも，思い出して欲しいと願っている。

# ■ディスカッション■

課題 3.1

　自分がこれまでに下した記憶に残る（重大な？）決定を1つ挙げ，
　①　そのときに抱えていた問題が本当はどんな問題だったのか？
　②　そのときの決定で，その問題が本当の意味で解決されていたのかどうか？
　③　後になってから，大変な問題を見逃していたことに気がついて，冷や汗をかかなかったかどうか？
を考えてみよう。

## 課題 3.1 のヒント

「問題状況」と「能力」とのバランスで，意思決定のスタイルが変わって
くる。たとえば，決定理論と呼ばれている理論に従えば，確かに合理的に計
算して，最適な選択肢を選択できる可能性があるが，それでは意思決定はあ
まりにも時間と能力を要求しすぎる。それは合理性に限界のある人間には到
底処理できないほどの過大な要求となる。つまり，数学の試験問題を解くよ
うにして問題解決が行われることは，現実の世界ではまれなのである。

　実際，人間の選択，行動が，効用関数のようなものの存在と矛盾すること
があることも従来から指摘されているし，また，ある選択肢が，ある特定の
結果をもたらすという比較的もっともらしい前提も，技術が不確実であいま
いなままの状況下では非常に疑わしい。特に技術革新著しい現代においては，
選択肢がどのような結果をもたらすか，やってみるまで，あるいは，やって
みて改良，改善努力を行うまで分からないという状況の方がむしろ普通であ
る。そして，意思決定，特にルーチンではない非定型の意思決定に，誰が参
加するのか，あるいは結果として誰の意見が入ってくるのか，という点に関
しても，参加者は確定的な組織メンバーにとどまらない上に，かなり流動的
な側面が強いのも事実である。このように，問題のある選好，不明確な技術，
そして流動的参加によって特徴づけられた状態は，「組織化された無政府状
態」（organized anarchies）とも呼ばれる。

　こうした状態での意思決定をモデル化したものに，ゴミ箱モデル（gar-
bage can model）がある。ゴミ箱モデルで「ゴミ箱」にたとえられているの
は選択機会である。そして，まるでゴミ箱にゴミを投げ入れるように，流動
的な参加者によってさまざまな種類の問題と解が勝手に作り出されては「選
択機会」に投げ入れられる。

　こうして，その選択機会に投げ込まれた問題に対して，その解決に必要な
量のエネルギーがたまったとき，あたかも満杯になったゴミ箱が片付けられ
るように，当該選択機会も完結し，片付けられる。このとき「決定」が行わ

57

れたものとして考えようというのである。

❖参 考 文 献

March, J. G. & Olsen, J. P.（1976）*Ambiguity and Choice in Organizations*. Universitetsforlaget, Bergen（Norway）.（遠田雄志・アリソン・ユング訳『組織におけるあいまいさと決定』有斐閣，1986）

---

**課題 3.2**

抜け道での出来事のエピソードの後半について考えてみよう。

①　伯父さんが，やり過ごしていた問題は何だったのだろう？

②　若者が，解決した問題は何だったのだろうか？

③　若者が，見過ごしていた問題は何だったのだろうか？

---

### 課題 3.2 のヒント

ゴミ箱モデル（課題 3.1 のヒントを参照のこと）では，問題と解は独立に投げ込まれるので，問題より先に解が分かっているケースもありうる。しかも，問題の解決と決定とは別物なので，次の 3 タイプの決定が起こると考えられている。

（i）**問題解決による決定**……選択機会は，ある期間，問題を抱えており，その間，参加者によってエネルギーが投入される（すなわち，問題を解く作業が行われる）。問題解決に必要なエネルギー量が蓄積されれば，問題は解決され，決定が行われる。従来から，暗黙のうちに仮定されていたおなじみの決定である。

（ii）**見過ごしによる決定**……新しく選択機会が出現したときに，その選択機会に問題が投入されないうちに，すぐに参加者によってエネルギーが投入されると決定が行われる。つまり他の選択機会に存在しているかも知れない

問題を見過ごし，その選択機会に問題が投入されないうちに行ってしまう決定である。

（ⅲ）　やり過ごしによる決定……問題のエネルギー必要量が大きいと，選択機会に問題が投入されたままで，解決されずにいることになる。しかし，もし問題がその選択機会を出ていってしまえば，エネルギー必要量が減り，決定が可能になるかもしれない。もっとも，このときの決定ではその出ていった問題は解決されたわけではなく，ただ他の選択機会に飛び移っただけである。つまり，問題をやり過ごしているうちに，問題の方が選択機会から出ていってしまい，決定に至るのである。

❖参考文献

高橋伸夫（1996；2002；2003）『できる社員は「やり過ごす」』ネスコ/文藝春秋。
　　　　日経ビジネス人文庫版　日本経済新聞社。文春ウェブ文庫版　文藝春秋。

> **課題 3.3**
>
> 　短期雇用前提のアルバイトと長期雇用前提の正社員では，それにかかる人件費に対する会社側の考え方が異なるのではないだろうか。自分がアルバイトとして働いたときに受けた扱いなどをもとに比較してみよう。

### 課題 3.3 のヒント

　ゲーム理論では有名な「囚人のジレンマ」では，裏切り合うよりも協調し合う方が利得は大きいにもかかわらず，一方的な裏切りで相手を出し抜く誘惑に負けてしまい，結局は裏切り合いの共倒れ均衡に終わる。しかし本当に共倒れで均衡するとなれば，人間はなんとも愚かしく，救いようがない。そこで多くの心理学者が実際の人間行動を研究したところ，反復囚人のジレンマ・ゲームでは，理論的結論とは異なり，協調が頻発することが分かってき

た。歴史的事実としても，第一次世界大戦の塹壕戦の研究によれば，囚人の
ジレンマ状況で膠着した前線で長期間にわたって対峙したイギリス軍とドイ
ツ軍の兵士達の間では，互いにライフルの射程内を歩き回っている相手の狙
撃を控えたというような協調関係が生まれていたことが明らかになっている。

　さらに，政治学者アクセルロッド（Robert Axelrod；1943-）がコンピュー
タ・プログラム同士のコンピュータ選手権を行ってみると，自分からは決し
て裏切らないプログラム，その中でも特に，相手が裏切った後でも再び協調
するプログラムが高得点を挙げることが分かった。アクセルロッドが，この
大会をさらに続けていく進化のシミュレーションを行うと，成績の悪かった
プログラムは淘汰されるので，結局は協調行動が生き延び，繁栄していった
のである。上手な裏切りによって相手から搾取するようなプログラムは，し
ばらくは調子が良くても，そのうち自らが食い物にしてきたプログラムが絶
滅してしまうと自らも絶滅していった。

　こうした協調行動の進化モデルのエッセンスは「未来傾斜原理」と呼ばれ
ている。分かりやすく言えば，過去の実績や現在の力関係よりも，未来への
期待に寄り掛かる形で意思決定を行うという意思決定原理である。それは経
済学における期待効用理論やモチベーションにおける期待理論のように，未
来の事象を現在価値に換算した上で選択を行う原理とは本質的に異なる。む
しろ未来の重さ（正確には未来が実現する確率）そのものに基づいた意思決
定原理である。

　想像してみれば分かるように，未来の重さが大きい場合には，その未来の
実現に寄り掛かり傾斜した格好で現在を凌いで行こうという行動につながる。
これこそが未来傾斜原理に則った行動である。そして，日本企業とそこで働
く多くの人々は，未来の重さが大きいと確信できないような状況にあってさ
え，この未来傾斜原理に則って行動することが観察できる。つまり，ごく普
通に未来傾斜原理が採用されているのである。

　日本企業のもつ強い成長志向，より正確に言えば，今は多少我慢してでも
利益を上げ，賃金や株主への配当を抑え，何に使うかはっきりしていない場

合でさえ，とりあえずこつこつと内部留保の形で，将来の拡大投資のために
貯えることは，未来傾斜原理の典型的な発露である。さらに年功制の賃金も，
会社側にとっては従業員の将来の能力への期待，従業員側にとっては将来の
収入・処遇への期待に寄り掛かって，現時点での給料・処遇を決定するシス
テムである。成果主義が過去の実績によって給料・処遇を決定する賃金シス
テムであることと対比するとその違いがよく分かる。その他にも，自動車産
業におけるサプライヤー・システム，医薬品業界における共同研究開発，半
導体産業におけるクロスライセンシング，ぬるま湯的体質の発生等，その経
営的事例には枚挙に暇がない。

　しかし考えてみると，コンピュータ・シミュレーションをするまでもなく，
未来傾斜原理に則ったシステムが繁栄するのは当たり前のことである。利那
主義的に現在の利益と快楽を追求するシステムと，今は我慢して凌いででも
未来を残そうとする未来傾斜型システムが競争した場合，短期的には利那主
義型システムが羽振りをきかせる時期があったとしても，10年後，20年後，
あるいはもっと未来に勝ち残っているのは，未来傾斜型システムに違いない
からである。このことは，紀元前から伝えられるイソップの「アリとキリギ
リス」の寓話そのものなのである。

❖参考文献

Axelrod, R.（1984）*The Evolution of Cooperation*. Basic Books, New York.（松田裕
　　之訳『つきあい方の科学』CBS出版，1987）
高橋伸夫（編著）（1996）『未来傾斜原理：協調的な経営行動の進化』白桃書房。

## 第3章のまとめ

　組織の社会的要因や能率はとりあえず考えないことにして，この章では，
環境の物理的要因に関する有効性について考えてみよう。
　まず，個人の目的達成の制約について考えてみよう。個人が目的を達成し
ようとしても，個人の「能力」が「問題状況」に比べて不足していれば，目

的は達成できない。この場合，個人の「能力」は簡単には変えられないので（特に短時間では），「問題状況」を変えることが模索される。

　⒜　「問題状況」の一部でも要因を変化させることができ，

　⒝　かつそのことで目的が達成できるのであれば，

その要因が「制約」である。つまり，制約というのは達成しようとする目的によって決まる。

　次に，誰かと協働が可能だという場合を考えてみよう。この場合，個人では変化させられなかった「能力」（体力，身体的特性，速さ，継続性・持続性，知覚等）も協働によって高めることができる。このとき，個人では限界のあった能力を協働によって高めることで「問題状況」を克服できるのであれば，今度は協働そのものが「制約」になる。つまり，個人ではできないことも協働すればできるようになる，というのが協働を始める理由である。

　ただし，協働を始めることと，協働を維持することでは事情が異なる。環境の制約はたえず変わるし，目的も変わる。そのことが原因で組織は不安定になるので，協働を維持するには，それを専門とする経営者等が必要になる。

# 第 4 章

# 組織に参加することで
# 選択が可能になる理由

「腹減ったぁ〜。でも，どの店もおいしそうで決められない
よ。」

「ここの店にしようよ。ここのハンバーガーはすごいんだぜ。
中に挟むものだけで10種類もあって，自由に選べるんだ。」

「よし！　この店に決めた！　じゃあ〜，俺はホットドッ
グ！」

「無理言うなよ。ここはハンバーガー・ショップなんだから。
ここに入った以上は，ハンバーガーを食うしかないんだよ。
さあ，具材はどうする？　選ぶのは君の自由だから。」

## 4.1　一人でやる部屋探しはつらいよ

## ○ 看 板 を 見 て

　それはまだ私が学生だった頃の話。そろそろ部屋を借り替えようかな，などと思い始めていた冬だった。雑誌等でも知識や相場観は身につけているので準備は万端。アパート暮らしをしている友人たちからも噂を聞いて，通学距離から考えて，だいたいこの辺りの場所がいいかなぁと見当をつけた場所に行くと，あちこちのアパートに「○○商事」なる不動産屋の看板が立っている。

「おお，この辺は○○商事の縄張りなんだ。」

　そう思った私は，迷うことなく看板に書いてある電話番号をメモして電話し，その不動産会社○○商事の場所を教えてもらった。

## ○ 謎 の 不 動 産 屋

　意外にも，不動産会社は駅前ビルの分かりやすい場所にあった。これならしっかりした会社なんだろう……などと思いながら事務所に入ると，誰も人がいない。

「ごめんください。」

　すると，事務所の奥の会議室らしき部屋のドアが開いて，黒いスーツを着た若いお兄さんが出てきた。さっきの電話の人らしい。さっそく用件と希望を告げると，希望に合いそうな賃貸物件の書類がいくつも出てきた。さすがあのあたりを縄張りにしているだけのことはある。目移りしながらも，間取りや家賃などで物件を絞り始めると，しびれを切らしたか，お兄さんが

「どうですか。」

と丁寧な口調で話しかけてきた。そこで私もちょっと知識をひけらかして、

「この部屋とこの部屋で迷っているんですが、こちらの部屋の方が広いのに、どうしてこんなに家賃が安いんですか。築年も古くないし、間取りと相場から考えても随分と安いと思いますが、何か理由でも？」

「特に理由なんてないですよ。大家さんの希望家賃なんだから。」

「またまたそんなこといっちゃって。ひょっとして幽霊が出るとか、この部屋で人が死んだとか、何かあるんじゃないですか？　アハハハ……」

などとついつい気安く軽口を叩くと、お兄さんの顔がやや引きつったように見えた。すると奥の会議室から、このお兄さんを呼ぶ酒枯れしたような太い声が……。

「ちょっと待っていてください。」

　会議室に向かったお兄さんの行方を視線で追うと、お兄さんがドアを開けた会議室からは、煙草の白い煙がまるで焼鳥屋の換気扇がごとく噴き出してきた。そしてジャラジャラというマージャンのパイの音。なんと私が勝手に会議室だと思いこんでいた部屋では、こんな真っ昼間からマージャンが行われているらしい。しかもマージャンをしている人たちはといえば、遠目で見てもはっきりと分かるくらい、みんなきちんと（？）パンチパーマをかけて、黒っぽいスーツを着ている。そしてドアの陰からの野太い声にぺこぺこ頭を下げていた若いお兄さんが戻ってきて、私に一言。

「どうします？　もう 1,000 円家賃を下げてもいいみたいですが。」

　どうして家賃があんなに安かったのかは春になって気温が上がり始めるとすぐに分かったが、幽霊は出なかったし、怖い目にも遭わなかったので、まぁいいか。まあ世の中こんなものである。安いには安いなりの理由があるし、理由はともかく、決まるときはすぐに決まるのである。

# 4.2　本当に一生懸命部屋探しをすると

## ○ 物件調査のコストは膨大

　たとえば今大学生が賃貸の居住用の部屋を探すことを考えてみよう。その筋の雑誌などで推奨されている間違いのない部屋探しの方法としては……仲介を職業としている不動産業者に出向いて，ファイルされている不動産情報，具体的には間取りとその図面，賃貸条件（賃料，敷金・礼金，管理費等），物件所在地とその地図・交通手段，築年月，契約期間，入居可能日，設備等を確認して，そのコピーを入手する。それから実際に当該物件まで出かけて，実際に目で見て，交通の便なども足で確かめて，不動産情報の内容を確認することになる。

　そこで，議論を簡単にするために，ここでは大学から通学時間1時間以内の範囲の賃貸の物件に限定して話を進めよう。

　大学はたいてい交通の便の良い都心部にあるので，政令指定都市クラス以上の都市圏ならば，通学時間1時間以内と限定しても，入居者を募集している賃貸のアパート，マンション，一戸建ては，一時点で100件程度にはなるだろう。そのことは住宅関係の情報誌やウェブサイトで容易に確認することができる。

　仮に，住宅関係の情報誌やウェブサイトに掲載されているものが，その時点での可能な代替案のすべてだとしよう（実際にはそれよりもはるかに代替案は多い。また本当に良い物件は情報誌やウェブサイト掲載前に各不動産業者の段階で入居者が決まってしまう）。大学から片道1時間以内の範囲にあるわけだから，大学を基点に行動すると，一つの物件を調べるのに1～2時間はかかると考えるべきであろう。すべての可能な代替案つまり物件を調べるのに，ざっと100～200時間はかかる。1日10時間を部屋探しに投入して

も，半月はかかる計算になる。それでもかなり上手に調査スケジュールを組めば，もっと効率的に調べ回ることもできるかもしれない。

　しかし，よほど暇を持て余している人ならばともかく，調査効率云々以前の問題で，毎日，朝から晩まで調べ回るのは，どだい無理な話である。おそらく数カ月は要する。そして，すべての物件の調査が終わった頃には，既にほとんどの物件は入居者が決まってしまっているはずだ。もちろん住宅関係の情報誌やウェブサイトだって，その間に何度も最新情報を満載して発行やリニューアルされているのである。ようやく代替案の比較検討に入ろうかという前に，こうした努力は無駄になる。

　これではいつまでたっても入居できないし，第一，徒労に終わったにもかかわらず，ここまでの物件調査に費やされたコストは，どう低めに見積もっても数十万円に達するだろう。大学から通学時間1時間以内の範囲に限定してもこの有様である。

## ◯　実際に扱うのは単純な「決定問題」

　それでは実際にはどうしているのか。

　先ほどの私の学生時代の部屋探しの例でも，すべての可能な代替案を考慮しようなどとは最初から考えてもいなかった。たとえば，せいぜい2, 3の不動産業者からのお勧め物件数件を実際に調べる程度であろう（例では，事情があって，不動産会社は最初の1つしか行かなかったが……）。しかも，各物件についての詳細な知識，つまり居住した場合の結果の知識は不完全で部分的で，都合の悪いことはあまり教えてもらえないのが普通である。たいていは住んで1年を（つまり四季を）過ごしてみてはじめて分かるのである。

　そもそも，物件を探すときには，「通学時間1時間以内」というような何かポイントになるいくつかの項目だけに関心があり，それについてははっきりとした意見をもっているが，その他の項目についての選好はきわめてあいまいなものである。

つまり，われわれが部屋探しをするときに実際に扱っている「決定問題」は，おそろしく単純で簡単なものなのである。しかも，最適な物件など最初から探そうとも思っていない。極端に言えば，我慢して住んでいられる，あるいはぎりぎり満足できる物件がみつかればいいと思って探しているのである（これを最適基準に対して満足基準による選択ともいう）。もちろん，意外な掘出し物（とはいえ，安いというだけではいけないのですよ）がみつかることを期待しているのではあるが……（⇨課題4.1）。

## 4.3　組織に入ると何かが変わる

### ◯ 代替案選択の効率化

しかし，会社に入ってしまうと，部屋探しは意外と簡単になることが多い。たとえば人事部厚生課で住居の手配をしているベテラン担当者がいたりすると，部屋の選択までに要する労力・能力・時間は大幅に節約することができる。実際，同じ会社の信頼できるベテラン担当者に相談して，有望な代替案探しをやってもらえば，親身になって良い物件を探してくれるはずである。それどころか，既に近場のマンションを1棟丸ごと安く借り上げていて，良い物件を格安で……などという夢のような提示があるかもしれない（大げさかな？）。実際，私も大学に勤め始めてからは，しばらくの間は官舎暮らしをしていたが，細かいことに目をつぶれば（言いたい事は山ほどあったが），激安の家賃だけは魅力だった。当時の安月給では，これ以外の選択肢は考えられなかった。

つまり，学生時代には直面しなくてはいけないはずだった問題状況が，組織とかかわりをもつことによって，より単純に定義されていることになるのである。これなら納得のいく選択ができそうだ。これを組織全体で眺めれば

意思決定過程の分業と見ることもできるし，個人のレベルで見れば，解決すべき問題状況が組織によってふるいをかけられることで単純化されたと見ることもできる（⇨課題4.2）。

第2章でも触れたことだが，人間には，限られてはいるが合理的に選択する力がある。ただし，合理性には限界があるために，選択には可能性の限定，つまり選択肢（選択の代替案）の限定が必要になる。その際に組織が重要な役割を果たしてくれるのである。

たとえば，個人が組織に所属すると，無意識のうちに，特定の人々との相互作用を行う地位を受け入れたことになる。たとえば，人事部厚生課のベテラン担当者は，実際にははじめて会った人なのに，白髪交じりの風貌と落ち着いた物腰から，すっかり安心して色々と相談し，アドバイスをもらうわけだが，実は経理部から異動してきてまだ半年しかたっていなかったなんてこともあるかもしれない。しかし，その人を現在のポジションから住宅探しの専門家として受け入れているのである。

## ○ 状況定義の形成

このように，選択をするときに人間が置かれている状況によっても代替案は限定されるが，それとは別に経験や記憶によっても限定されることもある。実を言うと，今のケースでも，そもそも人事部厚生課に住宅担当者がいるはずだ，などという知識，前提は，当たり前のものではない。たまたまこの会社がそうなっているだけの話で，総務部に住宅担当者がいてもおかしくないし，各事業部にそれらしき人がいることもある。あるいは外部の不動産会社にアウトソーシング（丸投げ）している会社だってあるのである。

部屋探しに困ったときに，人事部厚生課に行けば住宅担当者がいるはずだという知識，あるいは組織構造（組織図）の知識といった記憶は，それまでに会社の中で暮らしてきて（？）得られるものなのであるが，問題解決に際しては，非常に重要な知識になる。

もっと一般的に言えば，人間が組織や社会の働きかけを受けてきたことで，社会的要因が人間の心理の内側に体現し，直面している問題状況の定義（これを「状況定義」という）を形成しているおかげで，選択が可能になっているのである（⇨課題 4.3）。

## 4.4　誰に聞けばいいか分かれば　　問題は 80% 解決したも同じ

### ◯　それはただの愚痴話？

　私は，会社で働くおじさん・おばさん達と話す機会があるたびにお願いしている。どうか，自分たちの経験や思いを若い世代に伝えてやって欲しい。その経験と思いを彼らに生かしてやって欲しいと。

　最近，おじさん達が，若い人を連れて飲みに行かなくなったと言われている。

「若い人も行きたがらないしね……」

などといった情けない愚痴も聞こえてくる。しかし，実は，今のおじさん連中が若かった頃も，メンタリティは今の若者たちとたいして変わらなかったのである。なにしろマイホーム世代のはしりだから。では昔はどこが違ったのかと言うと，会社の金で，接待に若い人を連れ回していたのである。それを若い人が断ろうものならば，

「君，これは仕事だよ！　お得意さんが来るというのに，担当者の君が来ないんじゃ，お話にならないだろう。仕事なんだから来なさい。」

とか上司に言われ，断れなかったのである。それで渋々ついていくと，お客さんの方は 1 次会か，せいぜい 2 次会止まりで帰してしまい，あとは会社の上司や仲間とハシゴして飲み歩くことになるのである。

ただし，それが無駄だったのかと聞かれれば，私と同世代のサラリーマンは，みんな「無駄ではなかった」と答えるだろう。そうした機会でもなければ，上司の話も先輩の話も聞くことはなかったし，職場の同僚がどんな人生を歩んで，どんな仕事を経験してきたのかも知らないままのはずだったから。

## ○　今日の課長の話は3回目

　だから，おじさんたちも，若者の将来を考えれば，首根っこをつかまえてでも連れて行き，たとえ自分一人が嫌われようとも，自分たちの成功体験や失敗体験（ほとんどが失敗談かもしれないけれど），そして，自分たちがどんなときに仕事のやりがいを感じ，どんなときにやる気を失ったか，自分たちの経験を伝えるべきなのだ。会社や仕事に対する自分たちの思いや考え方を伝えるべきなのだ。たとえ同じような話の繰り返しであろうと，若者にはウケが悪そうな話であろうと，繰り返し，繰り返し，耳にタコができるくらい，とにかく伝えるべきなのである。
「今日の課長の話は3回目だな。しかも聞くたびに微妙にディテール（細部）が違う。」
などと陰口を叩かれても，きちんと伝えるべきなのである。それでもポイント，ポイントは聞く者の心の中に残っていくものなのだから。
　そうすることで，はじめて若者にも，将来の仕事のイメージや自分のキャリア・パス，自分の会社のポジショニングなどが分かってくるのである。5年後10年後自分がどんな仕事をしているのかが，おぼろげながらにも見えてくるのである。そして若者たちは，生意気にもこう思うはずだ。
「うちの課長（部長）って，たいしたことないよな。あのくらいだったら俺にもなれるさ。」
ただし，若者は現実的でもある。
「でも，今すぐ課長（部長）をやれと言われても無理だな。あと5年，10年，ある程度仕事を経験させてもらわないと無理だ。」

これが本当に地に足のついたキャリア設計・キャリア開発なのである。こんなプロセスなくして，会社の未来を託すことのできる次の世代の人間が育つわけがない。たとえ煙たがられようが，嫌われようが，そうした話を若者に聞かせるべきなのである。

　失敗談ばかり話していれば，若者にとっては愚痴話にしか聞こえないかもしれない。確かに客観的に言えば愚痴話だろう。しかし，それで良いのである。この愚痴話が意外なときに意外な役立ち方をするのだから。たとえば，仕事上のトラブルに巻き込まれ，
「なんでまた俺がこんな目に……」
などとぼやきながら，状況報告を聞いていると，ふと
「あれ？　似たような話，どこかで聞いたことがあるなぁ……。そうだ思い出した。以前，A課長が居酒屋で盛り上がっちゃって，愚痴話で誰かのことをさんざんこき下ろしていたんだ。えーっと誰だったっけ。あっそうだ！B部長だ。」

　会社の中では，誰に聞けばいいかが分かれば，問題は80％解決したも同じとまで言われるのである。とはいえ，A課長は出張中だ。帰ってくるのを待っていられるような時間的余裕はない。腹をくくって，おそるおそるB部長に直接電話を入れる。電話の向こうには見えていないとは知りつつも，まさに平身低頭，事情を説明し，教えを請うと。
「なんで君がその件を知ってるんだ？」
「以前，A課長から部長の武勇伝をうかがったことがありまして。」
「おおっ。あいつ覚えていたか。よしよし，午後6時には会議が終わるから，そのとき来なさい。」

　要するに，この手の話は9時〜5時の勤務時間には話さないのである。というか話している暇がないのだ。言い方を変えれば，（たとえ愚痴話でも）お話をうかがえる時間的余裕すら勤務時間中にはないのである。

## ○ 上司の2つのタイプ

　某総合商社の人事部長はこう言っていた。

「課長には，いつも部下を引き連れて飲みに行って人間関係べたべたの感じ
で部下と仕事をしているタイプの課長と，何事もビジネスライクにクールに
仕事をしているタイプの課長がいます。どちらが格好良いかと言われれば，
後者のクールな課長の方で，若者にもウケが良いようですね。でもね。5
年，10年たったときに，どちらが伸びているかと言われれば，それは明ら
かに，べたべたの課長の下で育った連中の方なんですよね。それはわれわれ
にも分かっているんです。」

　しかも，注意しないといけないことがある。われわれが他の人間に対して
影響を及ぼそうとするとき，実は2つの考え方があるのである。

　①　人間を制御可能な客体とみなす考え方

　②　人間は自ら欲求を満たすべき主体とみなす考え方

どちらも間違いではなく，ケース・バイ・ケースなのだが，(1)のやり方で，
指示，命令，権限，あるいは報酬で釣るといった形で部下や後輩をコントロ
ールしようとしても，短期的にはうまくいっても長期的には誰もついて来な
くなってしまうということが多々あるのである。ビジネスライクにも限界が
あるのだ。それをあまりご本人が意識せずにやっていることが多いので，一
旦ビジネスライクなスタイルが崩れたときに，なおさら話がこじれ，混迷を
深めることになってしまう。まあ

「なんで社長の言うことが聞けないんだ！　俺が高い給料を払ってやってん
だぞ！」

などとヒステリックに怒鳴り散らす社長も世の中にはいるわけで，そうした
例には事欠かないのだが，やはり人間である以上，②のような人間臭さや欲
求をもっているものなのだということを，頭のどこかで意識しておく必要が
常にある（⇨課題4.4）。

73

# ■ディスカッション■

**課題 4.1**

　小売店で，欲しい商品を見つけやすい店と見つけにくい店を挙げて，どうしてそうなるのか，理由を考えてみよう。

### 課題4.1のヒント

　小売店は，商品を仕入れて品揃えをし，売場を作り，複数の売場を組み合せて店舗を形成する。さらに在庫管理や市場に合わせて品揃えを変化させていく。こうしたこと，要するに，商品の編集と売場の編集をすることをマーチャンダイジング（merchandising；MD）と呼ぶ。たとえば，製品志向で商品・売場を編集するか，顧客志向で商品・売場を編集するかでも，図4.1のように，小売店舗のレイアウトは大きく変わってくる。

　有名な実践例では，百貨店の伊勢丹はMD分類と呼ばれるさまざまな切り口から作った基準に従って売場づくりをするといわれる。対象別・用途別・関心度別などの分類で商品やブランドを集めて一つの売場を作り，さらに年齢の高い層向けのゾーンやキャリア層向けのゾーンといったゾーンにまとめて店舗空間を構成していく。こうすると，お客さんも自分で売場を探せるし，関連商品も一緒に買いやすくなる。この方式は他の百貨店にも広がっていった。

　また，総合スーパー（general merchandise store；GMS）のイトーヨーカ堂では，商品をブランド・サイズ・色等々で細かく決めた単品で管理し，売れ筋，死筋が単品ベースで分かるようにしている。同じメーカーの同じ商品

## 製品志向の小売店舗レイアウト

肉類　自然食品　生鮮野菜

日用家庭用品　缶詰

酒類　乳製品　惣菜

## 顧客志向の小売店舗レイアウト

グルメ食品ショップ　熟年向けショップ

健康志向ショップ　ディスカウント・ショップ

子供向けショップ　独身向けショップ

（出所）　Rust et al.（2000, p. 28, Figurer2-6；p. 29, Figure2-7）に加筆修正したもの

**図4.1　マーチャンダイジング（商品の編集/売り場の編集）**

カテゴリーの中にも売れ筋と死筋が混じっているし，店舗が違えば売れ筋と死筋も違ってくる。単品管理では，こうした情報を元にして，店舗の売場レベルで，売れ筋商品に遭遇しやすいように商品の編集をしていく。

❖参 考 文 献

Rust, R. T., Zeithaml, V. A., & Lemon, K. N.（2000）*Driving Customer Equity: How Customer Lifetime Value Is Reshaping Corporate Strategy.* Free Press, New York.（近藤隆雄訳『カスタマー・エクイティ：ブランド，顧客価値，リテンションを統合する』ダイヤモンド社，2001）

---

課題 4.2

　最近自分が組織の中で直面した問題を記述してみよう。その問題の記述は，現実の状況そのものではなく，ある程度限定され近似的で単純化された「モデル」になっているはずである。単純化している部分を具体的にリスト・アップしてみよう。

### 課題4.2のヒント

マーチ（James G. March；1928-）とサイモンは，次の2つの基本的性格を組み込んだ「合理的選択の理論」（theory of rational choice）を提示している（March & Simon, 1958, pp. 139-140　邦訳 pp. 211-213）。

① 選択は常に，現実の状況についての限定され，近似的で単純化された「モデル」に照らしてなされる。この選択者のモデルは状況定義（definition of the situation）と呼ばれる。

② 状況定義の諸要素は「所与」ではなく，それ自体，選択者自らの活動と彼の環境の中での他の人々の活動を含んでいる心理学的・社会学的過程の結果である。

この理論では，人間が組織の中に身を置くことによって，組織の中での心理学的・社会学的過程による濾過作用を受けることを肯定的に扱っている。つまり，組織は，その中に身を置く人間が直面している現実の状況にふるいをかけ，歪みを加えながら単純化を行うという濾過作用を果たす点でまさに重要なのであり（March & Simon, 1958, pp. 154-155　邦訳 p. 236），この状況定義が存在することによって，合理性に限界のある人間が，はじめて合理的に意思決定をすることができるのである。

❖参 考 文 献

March, J. G. & Simon, H. A.（1958; 1993）*Organizations*. John Wiley & Sons, New York. 2nd ed. Blackwell, Cambridge, MA.（初版の訳：土屋守章訳『オーガニゼーションズ』ダイヤモンド社，1977；第2版の訳：高橋伸夫訳『オーガニゼーションズ　第2版：現代組織論の原典』ダイヤモンド社，2014）

---

**課題 4.3**

最近，自分が組織の中で直面した問題を記述してみよう。その問題を何

---

人か他の人に提示して，答を出してもらおう。果たして，その問題に対して自分の出した答と一致するだろうか？　一致しない場合，問題の記述のどこに原因があったのか突き止めてみよう。

### 課題 4.3 のヒント

サイモンの考えた「販売部長，生産計画部長，工場長，製品デザイン担当技師の間の架空の会話」：

① 販売部長は，顧客が低価格，短い納期，製品の品質を希望していることを代弁し，

② 生産計画部長は，販売の予測可能性を望み，

③ 工場長は，もっと長いリードタイム（時間的余裕）を望み，あまり顧客に無謀な約束をしないこと希望し，

④ 製品デザイン技師はデザイン改良に対して工場側の融通がきかないことに不平を言う。

サイモンが経営者に対して，この架空の会話を聞かせると，自分の会社のことをよく知った上で話しているのではないかと疑ったという（Simon, 1957, pp. xvii–xviii 邦訳第 2 版への序文 pp. 13-14）。

　つまり，こうした会話が，どこの会社でもほぼ日常的に行われていたというわけだが，なぜこうした現象が起こるのだろうか。それは，たとえば販売部長の決定問題は，どこの会社でも販売部長特有の類似した組織的プロセスを経て形成されるからである。その結果，どうしても販売部長の決定問題自体が似てしまう。さまざまな組織の中で，さまざまなパーソナリティーをもった人が販売部長のポストについていながら，直面している問題が似ているために，そこから導き出される行動もまた似てくることが予想されるというわけである。こうして，販売部長，生産計画部長，工場長，製品デザイン担

当技師のパーソナリティーはさまざまなのに，どこの会社でも同じような会話が交わされる。組織がそうさせているのである。

❖参 考 文 献

Simon, H. A.（1947；1957；1976；1997）*Administrative Behavior*. Macmillan, New York. 3rd and 4th eds. Free Press, New York.（松田武彦・高柳暁・二村敏子訳『経営行動』ダイヤモンド社，第2版の訳，1965；第3版の訳，1989；第4版の訳：二村敏子他訳，2009）

---

**課題4.4**

　自分がアルバイトで金銭的報酬をもらったとき，どんなことを感じただろうか。良い感情と悪い感情とに分けて記述し，金銭的報酬が自分の動機づけに対して，どのような影響を与えたのかを整理してみよう。

---

### 課題4.4のヒント

　デシ（Edward L. Deci；1942-）の内発的動機づけの理論では，(a)人間を制御可能な客体とみなす考え方，(b)人間は自ら欲求を満たすべき主体とみなす考え方，が内発的動機づけに及ぼす影響について，外的報酬（たとえば金銭的報酬）の効果として次のようにまとめている（Deci, 1975, Proposition I, II, III）。

①　ある人の有能さと自己決定の感覚が高くなれば，その人の満足感は増加する。逆に，有能さと自己決定の感覚が低くなれば，その人の満足感は減少する。
②　あらゆる外的報酬は2つの側面をもっている。すなわち，(a)それを提供することで，受け手の行動を統制し，特定の活動に従事させ続けることを狙いとしている統制的側面（controlling aspect）と，(b)報酬の受け

手に彼もしくは彼女が自己決定的で有能であることを伝える情報的側面（informational aspect）である。(i)もし受け手にとって統制的側面がより顕現的であれば，自己決定の感覚が弱まり，外的報酬を獲得するために活動に従事していると知覚し始める。(ii)もし情報的側面がより顕現的であれば，自己決定と有能さの感覚が強まる。

❖参考文献

Deci, E. L. (1975) *Intrinsic Motivation*. Plenum Press, New York.（安藤延男・石田梅男訳『内発的動機づけ』誠信書房，1980）

第4章のまとめ

## 第4章のまとめ

　人間には，限られてはいるが合理的に選択する力がある。ただし，合理性には限界があるために，選択には可能性の限定，つまり選択肢（選択の代替案）の限定が必要になる（第2章のまとめより）。その際に組織が重要な役割を果たす。選択をするときに人間が置かれている状況によっても代替案は限定されるが，それとは別に経験や記憶によっても限定される。それは，人間が組織や社会の働きかけを受けてきたことで，社会的要因が人間の心理の内側に体現し，選択の際に使われる「状況定義」を形成しているからである。

　たとえば，個人が組織に所属すると，無意識のうちに

　① 特定の人々との相互作用，

さらには

　② それを構成する個人間の相互作用の単なる合計以上の何かである集団との相互作用

を行う地位を受け入れたことになる。また意識的に

　③ 協働する以上は組織の目的を受け入れ，その観点から有効性を考えるが

　④ 組織の能率は，参加者個人の能率にかかっており，それは組織の存続能力を意味する。

このうち③④は，次の第5章で詳しく扱うことになるが，いずれにせよ，われわれが他の人間に対して影響を及ぼそうとするとき，2つの考え方がある。

(1)　人間を制御可能な客体とみなす考え方（⇨詳しくは第12章）

(2)　人間は自ら欲求を満たすべき主体とみなす考え方（⇨詳しくは第11章）

# 第 5 章

# 組織の目的と
# 参加者の満足

「忙しそうだなぁ。まだあのバイト続けてるの？」

「ああ。仕方ないだろう。社員の店長が新人だから，仕入れ
から指示まで，バイトの俺がいないと店が回らないんだよ。」

「時給が安すぎるって文句ばっかり言ってただろう。なんで
辞めないんだよ。」

「お客さんには迷惑かけられないからなぁ。責任感ってやつ
かな？」

# 5.1 ゼミってこんなところです

## ○ 少人数・選考あり・エンドレス

　大学の経済学部や経営学部・商学部の卒業生であれば，何の違和感もない当たり前の存在なのだが，他学部の卒業生から見ると不思議な存在に「ゼミ」がある。もともと「ゼミナール」を略して「ゼミ」と呼んでいるわけだが，そもそもがドイツ語であり，英語でいえば「セミナー」になってしまう。ところがゼミとセミナーではまったく雰囲気が違うのである。

「ゼミといったって所詮，大学の授業でしょう？」

と他学部の人間は思ってしまうのだが，ところがどっこい，そんな簡単なものではない。

　とりあえずの違いは，ゼミの参加者（ゼミナリステンという）が少人数であるということ。私のゼミでは1学年10名程度で，通常，ゼミの参加希望者を募った上で，選考を行って人数が絞られる。つまり，ゼミは学生が勝手に履修できない授業なのである。ある意味，メンバーシップが厳格なのだ。そして通常の授業とのもう一つの違いは，ほとんどのゼミがエンドレス（？）だということだろう。

　標準的には午後3時くらいからの授業のコマをあてている大学が多いようだが，時間割上は1コマ（たいていは90分前後）しかないはずなのに，実際にはもっと長くゼミをやっていることが多い。私のゼミは短めの方らしいが，それでも最低で2時間以上，標準だと4時間程度はゼミをしているのではないだろうか。標準で7時間とかいう有名なゼミも存在している。

　そんな事情もあって，ゼミの担当教員はゼミの後の時間帯には用事を入れないのがなんとなく当たり前になっていて，良くいえば柔軟，悪く言えば気の済むまで（疲れ果てるまで？）だらだらと続けることが可能なのである。

そして，ゼミが終わると，通常は飲み会になる。担当教員が参加していると
きもあれば，参加していないときもあるが，私の場合は，予定も入れていな
いし暇なので，ほぼ皆勤状態である。この飲み会が通常は夜の9時10時ま
で続く。私は1次会で帰ると宣言しているが，ゼミ生の方はそのまま2次会
へと流れていくケースも多い。要するに，時間的に見れば，週に一度，ほぼ
丸一日を一緒に過ごしているような連中の集まりなのである。

　だから，同じ経済学部や経営学部・商学部の卒業生同士が，互いに同窓で
あるということに気がついて，最初に聞くことが
「君はどこのゼミだった？」
だったりするのである。それで相手が
「○○ゼミです。」（○○の部分はゼミの担当教員の名前が入る）
などと答えると
「そうなんだ。あのゼミはすごかったらしいね。」
（何がすごかったの？　と聞きたくなるが）
「そうなんですよ。」
と，とりあえず○○ゼミと○○先生の思い出話（悪口？）から入って，急に
親近感がわいて話が弾むのである。要するに，単なる授業ではないのだ。


## ○　参加者の満足は？

　ゼミの先生ともなると，ゼミの卒業生の結婚式の主賓やスピーチに呼ばれ
ることも珍しくなく，中には媒酌人を頼まれるような人までいる。毎年のよ
うにOBOG会が開かれ，ゼミ合宿に勝手にOBが遊びに来ることもある。
たかが授業，されど授業。
「えっ，ゼミってOBOG会も合宿もあるんですか？」
という質問が聞こえてきそうだが，合宿も年に1度ではなく，2度3度とや
るゼミまである。私のゼミなどは，私抜きで，ゼミ生だけで企画して勝手に
ゼミ旅行に行っているので，

「お願いだから『ゼミ』旅行とは言わないでくれ。責任取れないから。」
と懇願しているほどである。

　実は，飲み会係，合宿係（旅行係？），OBOG会係，ホームページ係，ソフトボール係（ゼミ対抗のソフトボール大会の委員）といったすべての係は自分で手を挙げてもらって決めているのである。これだけ自発的に活動しているところを見ると，ゼミの参加者は満足しているのだろう。いや正確に言えば，満足しているか，満足していないかは分からないが，少なくとも積極的に参加しようという気持ちにはなっていると行動から判断される（⇨課題5.1）。

## 5.2　ゼミは勉強をするところです

### ◯　ゼミという組織の目的

　これだけ多彩な活動をしておきながら（？），にもかかわらず，ゼミは勉強をするところである。これは紛れもない事実なのである。楽しければそれでいい，というほどには私も学生も甘くはない。

　通常のゼミのスタイルは，テキストに指定した本や論文の輪読である。たとえば1冊の専門書を指定して，章ごとに担当する報告者（レポーター）を割り当てておき，毎回，1章ずつレポーターに内容紹介を含めた報告をさせて，それをもとにしてディスカッションをするということが多い。もちろんバリエーションもたくさん存在しているので，一概には言えないのだが，ここで重要なことは，ゼミの募集の際には，ゼミで読むテキストを指定して，
「今年は『◯◯◯◯』を輪読します」
と書名まで明記することが多いということなのである。さもなくば，ゼミのオリエンテーションのときに口頭でテキスト名を伝える。つまり，授業としてのゼミの目的は驚くほど明確なのである。

## ○ 協働の目的は絶えず変える必要がある

また，私などがテキストに指定する専門書は，執筆者の方には申し訳ないが，「とても一人では読む気にはならないような本」（かつ，できれば誰でも名前くらいは聞いたことがあるくらい有名な本）であることが多い。要するに，みんなで輪読でもしないと一生読まないだろうなという，色々な意味で有名な本をゼミで取り上げて読むのである。そこに輪読という形の協働をする意味がある。

そして当然のことながら，毎年同じテキストを指定するわけにはいかないのである。たとえば私のゼミでは3年生，4年生と継続履修する学生のみしか認めていないので，学生は2年間，私のゼミに所属することになるのだが，もし同じテキストを2年続けて指定してしまったら，3年生のうち何人かは4年生になるときに，

「このテキストは去年も読んだものなので，もういいや」

と他のゼミに行ってしまうだろう（⇨課題 5.2）。

これだけ多彩な活動を心から楽しんでおきながら，驚くなかれ，ゼミは『○○○○』というテキストを輪読するという目的のために集まってきた学生の組織なのである（⇨課題 5.3）。

そこで，ゼミという組織の運営のためには，毎年，輪読するテキストを変える必要がある。つまり協働の目的を変える必要がある。そして授業としてのゼミのパフォーマンスは，なんといってもゼミの参加者がテキストの内容をきちんと理解できたかどうかにかかっている（⇨課題 5.4）。

そのため，学生も自分でテキストを読み込んでくる必要があるし，分からないところは質問したり，あるいは自分の解釈を披露した上で，それに対するコメントを求めたりする必要もある。実は，ゼミの後の飲み会も，頭の部分では，ゼミの続きで2，3人で本音トークをしていることも多い。もっとも，そのうちアルコールが回ってくると，言っていることが無茶苦茶になってきてしまうのだが，それでも「理解が深まった」という形容が当たらずと

もいえ遠からず，と言えるような状態にはなることが多い。

# ■ディスカッション■

> **課題 5.1**
>
> 　人が満足ではなく不満足を語り始める点を「ゼロ点 1」とし，個人が組織への参加を続けるか退出するか無差別になるもう一つのゼロ点を「ゼロ点 2」としたとき，この 2 つのゼロ点は一致するのだろうか。また，一致しない場合，なぜ一致しないのだろうか。具体的な例をいくつか挙げて考えてみよう。

### 課題 5.1 のヒント

　できるだけ厳密に記述した方が，何が問題になっているのか分かりやすい。今何らかの方法で満足を測定できると仮定しよう。つまり個人の満足は「満足スケール」で測ることができる。この満足スケールのゼロ点——これが「ゼロ点 1」——は，人が満足ではなく不満足を語り始める点を意味している。

　次に，仮に，この満足スケールを使って，個人が組織への参加を続けるか退出するのかを説明できるとしよう。このとき，個人が「組織への参加を続ける」ということと「組織を退出する」ということが無差別になるもう一つのゼロ点——これが「ゼロ点 2」——を満足スケール上で定めることができるはずである。この「ゼロ点 2」がはたして「ゼロ点 1」と一致しているかどうかが問題になっているのである。

　実は，一般に，「満足」している参加者が組織を去ることはほとんどない

が，他方，「不満足」な参加者でも，組織を去るのは一部の者だけであるとも言われている（March & Simon, 1993, p. 105　邦訳 p. 109）。

　ただし，本当に「ゼロ点1」と「ゼロ点2」が同じ満足スケール上の点なのかは疑問がある。正確に言うと，「ゼロ点2」は満足スケール上ではなく，それと交わる別のスケールのゼロ点の可能性が高い。さらにいえば，一般的に，組織に参加しようと思った理由と，一旦，参加してしまった組織に，そのまま参加し続けようと思う理由は異なるのが普通である。また，組織に参加し続けることのメリットと退出することのデメリットも，別々にあるのが普通である。

❖参考文献

March, J. G. & Simon, H. A.（1958；1993）*Organizations*. John Wiley & Sons, New York. 2nd ed. Blackwell, Cambridge, MA.（初版の訳：土屋守章訳『オーガニゼーションズ』ダイヤモンド社, 1977, 第2版の訳：高橋伸夫訳『オーガニゼーションズ　第2版：現代組織論の原典』ダイヤモンド社, 2014）

課題 5.2

　財布の中にしまってあるポイント・カードを使用頻度で分類して並べてみよう。ケータイに入っているポイントのアプリも同様に分類してみよう。ポイントの存在が，自分の購買行動にどのように影響しているか，考えてみよう。

### 課題 5.2 のヒント

　スイッチング・コストが高くて，優良顧客の囲い込みに効果が認められるのは，航空会社のマイレージ・プログラムではないだろうか（米国では frequent flyer program（FFP）と呼ばれる）。登録した航空会社の航空路線を利用すると，利用距離のマイル数が加算されていき，一定量に達すると無料

ディスカッション

87

の特典航空券と交換してくれるというのが基本形になる。航空券は高額なので，マイルがたまってくると，顧客が他社に乗り換えるスイッチング・コストが高くなり，顧客を囲い込むことができる。

それに比べると，少額還元のポイント・カードは，スイッチング・コストが低く，優良顧客の囲い込みもできず，ただ割引で収益を圧迫しているだけのようにも見える。なぜ，これほどまでにポイント・カードが普及しているのだろうか。

これまでのマス・マーケティングは，不特定多数の消費者にマスメディアを通じて広告を大量投入するもので，大量生産・大量消費の時代に合ったものだった。ところが，コンピュータやインターネットが発達し，個々の顧客の売買履歴や属性などを顧客データベースとして企業が一元管理できるようになると，企業が顧客一人一人のニーズに1対1で個別に合わせたワントゥワン・マーケティングが可能になった。

一人一人の顧客に合った対応をする顧客関係管理いわゆる CRM（customer relationship management）は，私たちの身近に存在している。それが実はポイント・カードなのである。ポイント・カードは，私たちの売買履歴をデータベース化するための CRM のツールだったのだ。この売買履歴データを使えば，前年や前月の購買金額をもとに，たくさん買ってくれた優良顧客のポイント還元率を上げて優遇し，優良顧客を囲い込むような手も打てるし，あるいは，誕生日がデータベースに入っていれば，「誕生月のご利用はポイント5倍です」とお得感，今だけ感を出した案内を送って購買を促すこともできる。こうした CRM を活用したマーケティングができないのであれば，そもそも少額還元のポイント・カードだけでは，優良顧客の囲い込みは難しい。

---
**課題 5.3**

　所属していた組織の目的がいつの間にか変わっていた……という経験は
ないだろうか。企業が大きくなるに従って，いつの間にかリーダーや経営
者が高尚な理想を目的として掲げるようになっていった事例もありそうだ。
どうしてそのような現象が生じたのか，具体的な例をいくつか挙げて考え
てみよう。

---

## 課題 5.3 のヒント

　「製造業の組織は，たとえば靴を作るために存在すると言われ，これがそ
の『目的』である。しかし，靴一般を作るのではなくて，日々特定の靴を作
るというのがその一連の目的であることは明らかである。しかし，この一般
化の過程では，あらかじめ新目的に近似の規定が自動的に用意されているの
である。（中略）有効的でないことが組織の瓦解の真の原因ではあるが，新
しい目的の採用をもたらす決定をしないことも同様の結果となる。」（Bar-
nard, 1938, p. 92　邦訳 p. 96）

❖参 考 文 献

Barnard, C. I.（1938）*The Functions of the Executive*. Harvard University Press,
　　Cambridge, MA.（山本安次郎・田杉競・飯野春樹訳『新訳　経営者の役割』
　　ダイヤモンド社，1968）

---
**課題 5.4**

　リーダーになれば，目標も計画も立てずに，行き当たりばったりで組織
を引っ張っていくのは大変である。過去に自分がリーダー役を担ったとき，
どんな風に目標を立て，計画を練ったのか整理して説明してみよう。

---

**課題5.4のヒント**

　ある程度歴史のある組織であれば，会社であれ大学のサークルであれ，毎年だいたい同じ時期に同じようなことをしてきたはずである。それなのに，毎年「去年はどうだったっけ？」の繰り返しでは進歩がない。実際，大学のサークルも含めて多くの組織では，（紙に印刷していなくても）年間行事表のようなものくらいはあるし，会社であれば，3年とか5年とか中長期の経営計画を立てているところは結構ある。ただし，何事も計画通りにいくとは限らない。突発的な出来事で遅延したり，途中で頓挫したり，あるいは逆に，「もっといいこと考えついた！」と計画を変更して，思いがけず大成功を収めたりすることもあるかもしれない。

　今のような話は，経営戦略論だと次のように整理される。最初は「意図された戦略」があった。しかし計画通りに実現できたのは，そのごく一部で，

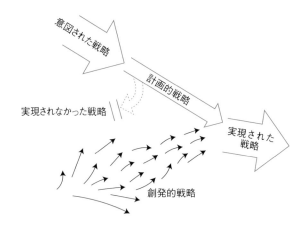

（出所）　Mintzberg et al. (1998, p. 12, Figure1-2)

**図5.1　創発的戦略**

実際に「実現された戦略」を見てみれば，当初から計画されていた「計画的戦略」だけでなく，途中でやりながら考えついた「創発的戦略」も取り込まれているはずだ。ミンツバーグ（Henry Mintzberg；1939-）によれば，こうした創発的戦略を含めた戦略的学習のプロセスをマネジメントすることが，リーダーの仕事ということになる。

❖参 考 文 献

Mintzberg, H., Ahlstrand, B., & Lampel, J.（1998）*Strategy Safari: A Guided Tour through the Wilds of Strategic Management.* Free Press, New York.（木村充・奥澤朋美・山口あけも訳『戦略サファリ：戦略マネジメント・ガイドブック』東洋経済新報社，1999）

## 第５章のまとめ

　組織を存続させるには参加者個人の負担と満足が釣り合っていなくてはならない。つまり組織の能率は，参加者個人の能率にかかっている。しかし，参加者を満足させるということ以上の何らかの組織の目的が，組織運営には必要である。協働する以上は組織の目的を受け入れ，その観点から有効性を考えることが協働行為には必要になるからである。しかも目的が達成されれば，その目的は無意味になるので，組織の運営には目的を次々と変更していくことが必要になる。

# 第 II 部

# 組織って何？

# 第 6 章

# 組織に共通して
# いるもの

「おい，さっき一緒に肩組んで歌ってたやつが誰か知っている
のかよ。」

「知らない。サッカーの試合観戦で一緒に盛り上がって，帰
りに駅までそのまま来ちゃっただけだよ。」

「そうそう。同じチームを応援してるっていう何かこう組織
の一体感みたいなものがあってさ。われながら，実に統制の
とれた見事なウェーブだったよ。」

「あいつ，確か，ライバル会社の営業のエースだぞ。」

# 6.1　組織として動いているもの

## ○　企業と組織は同じか

　大学の中で「組織」を探しているときには，さほど気にしていないことなのだが，「経営学」と言った途端，どうしても意識してしまうものが企業，会社である。経済学の世界でも，ごく当然のように，企業対市場，組織対市場といった対比の仕方がある。そして，実社会でも，深く考えることもなく，何となく企業と組織は同じものを指していると思い込んでいる人が実に多い。しかし本当にそうなのだろうか。

　たとえば，銀行に用事があって，近くの銀行の窓口のところで，待ち順の札をとって椅子に腰掛けて待っているとしよう。窓口のカウンターのところには制服を着た女性行員が並んでいて，きびきびと働いている。窓口の奥の方には，デスクの「島」があり，背広姿の男性行員が働いている。そしてその奥には金庫……。日常の銀行の光景に，ほとんどの人は何の疑問も持たないかもしれない。でも，もう一度よく見直してみて欲しい。今，目の前できびきび働いている女性「行員」のほとんどが正社員ではないという銀行もあるのである。銀行によって色々な場合があるのだが，窓口業務には，結婚退社した元行員を契約社員やパート・タイマーとして雇用しているケースもあれば，人材派遣会社からの派遣社員を当てているケースもある。正社員は，窓口の後方にデスクを構えている人たちだけという場合もある。

　これは銀行だけに限った話ではない。ほとんどの会社では，20世紀末から正社員をまともに採用してこなかった。そのため会社のホワイトカラーのオフィスを見渡すと，若い人は，ほぼ全員が正社員ではないという会社が本当に多い。みんな派遣会社からの派遣社員だったりするのである。

　これは，いわゆるバックオフィス（事務管理部門）だけの話ではない。た

とえば，大きな会社の本社ビルを訪問すれば，誰でもすぐに受付に座っている女性，いわゆる受付嬢に気がつく。われわれからすると，その会社の顔ともいえるこうした女性も，多くの場合，人材派遣会社からの派遣社員である。それどころか，会社の第一線とも言える「営業部隊」の主力が契約社員だという会社まである。

　さらに会社の安全管理，セキュリティーの中枢とも言える情報部門とて例外ではない。近年特に情報管理の徹底が叫ばれていて，データの流出や紛失はすぐに新聞の記事になる。場合によっては損害賠償の裁判まで起こされるような重大な事態を引き起こすこともある。それゆえ，多くの会社では本社ビルの奥まった部分に，セキュリティー管理の厳しいコンピュータ・ルームが置かれている。コンピュータ・ルームに入室するのも大変である。入り口に設置されているセキュリティー用のカード・リーダーに首からぶら下げている写真つきの社員カードを読ませた上で，暗証番号等を入力し，ようやくドアのロックが解除される。しかも入室が許可されるのはごく一部の人だけで，一般の社員は，こんな手続きをしたってドアのロックは解除されない。これだけ入室の厳重管理をしているコンピュータ・ルームでは，さきほど入室の際に使った写真つき社員カードを首から提げたシステム・エンジニアやオペレーターなどのコンピュータ技術者集団が忙しそうに働いている。ところが，その多くが，実はコンピュータ会社の人間なのである。ずっとそこに常駐しているので，自分の会社ではなく，常駐先の会社のカルチャーに完全に染まっていると揶揄されるほどだ。

## ○ 販売店員の正体

　家電量販店のテレビ売り場に行ってみよう。テレビなどでよく見かける有名ブランドが所狭しと並んでいて，しかも，どのテレビも今自分がもっているテレビに比べたら，実に画像が綺麗。おまけに薄い。目移りしてしまって，どうにも決められない。さんざん迷った挙句，明らかにアルバイトではない

と分かるような経験豊富そうな男性店員に声をかけて相談してみることにした。

　店員は話を一通り聞き終わると，しきりにX社の新製品を薦め始めた。あまり聞いたことのないブランドだか，その店員の説明によれば，今や業界で注目のブランドなのだそうで，高品質で低価格を売り物にして最近シェアを急拡大させており，アフターサービスも万全だという。いかにも通好みといったところか。ついつい乗せられて買ってしまった。

　でも，その「店員」，実はそこの店の従業員ではなく，X社から派遣されてきた人だったのである。そうでなくても，小売業ではパート・タイマーやアルバイトの比率が高く，スーパーの中には，大学を卒業したてで初々しさの残るフロアー・マネジャーだけがフロアー唯一の正社員で，あとのフロアーの店員は皆，派遣社員，パート・タイマー，アルバイトだという会社まである。スーパーやコンビニでアルバイトをした経験のある学生は実に多いが，裏を返せば，スーパーやコンビニで働いている若い店員は，ほぼ全員が正社員ではないということである。

　夏休み，客としてではなく，アルバイト店員として，地元の百貨店で働いてみたとしよう。今や某大手百貨店の系列に入ってしまってはいるが，地元では由緒正しいデパートである。

「俺今，○○デパートでバイトしてるんだ。」

と地元の友人にいうだけでも，なんとなく誇らしい。そして，いよいよ待望の給料日。給料は振込みだけれど，手渡された給与明細を見てびっくりする。それは「△△スーパー」の給与明細だったのである。この百貨店を傘下に置く某大手百貨店の系列のスーパーの給与明細だった。売り場の主任に聞いてみたら，このような返事が返ってきた。

「そうそう，この○○デパートは△△スーパーのオペレーションなんだよ。私も△△スーパーの社員だよ。売り場はみんなそうかな。知らなかった？」

## ○ 自分はどこから車を買ったのだろうか

　メーカーだって例外ではない。今，あるメーカーに工場見学に行ったとしよう。もらったパンフレットによれば，その会社は従業員数50人だそうだ。工場をざっと見渡したところ，数十人ほどが働いている。見学を一通り終えるが，工場内がうるさかったので，会議室で改めて説明をしてくれるという。

　ところが，会議室に向かう途中，事務室で意外な光景を目にする。オフィスにも数十人の人が働いていたが，これでも営業部隊が出払っていて閑散としている方だというのだ。しかももっと驚いたことに，この工場は，生産が追いつかないほどに注文が殺到して，昼夜2交代制で操業していると言うではないか。どうも150人近くの人が働いていることになりそうだ。

　でも従業員数50人というパンフレットに偽りはない。正社員以外の人は，その会社の下請企業数社から働きに来ている人たちなのである。正確には「外注」というべきだろうが，その会社では，これを「内注」と呼んでいて，実に雰囲気が出ている。もっとも，一時期「偽装請負」なる流行語まで生まれたほどで，ややグレーな部分ではあるが（⇨課題6.1）。

　大手自動車メーカーの新型車が欲しくて，買いに行ったとしよう。どこの街にもその会社の自動車販売網は根を下ろしている。販売店で担当の人の説明を聞いたり，試乗させてもらったりしながら，「この車種で赤にしよう」と決めたが，あいにく，店頭にはその車種の白はあるが，赤い色は置いていないという。担当の人が，店先のパソコンを操作し始める。1週間待ってくれれば納車は可能だという。そこで，オプションについて色々と聞かれる。カタログを見ながらいくつか注文すると，
「ああ，これは工場オプションですね」
と言われる。そのオプションをそのパソコンで入力して注文すると，そのメーカーの工場で自動車の組み立て時に一緒にオプション部品も取りつけてから送ってくれるらしい。つまり，販売店の店頭で車種や色やオプションを注文すると，自動車メーカーの工場に指示が行き，さらにそこから部品工場に

も指示が行って，1週間後に希望していた車が届くわけだ。しかし，この販売店も，部品工場も，自動車メーカーとは別の会社である。資本関係もないことがある。にもかかわらず，一つの組織として動いているのである（⇨課題6.2）。

　どの場合でも，外から見れば一つの組織である。いや見かけだけではない。実態としても，まぎれもなく一つの組織として動いている。しかし，これまで見てきたように，本当は，いくつもの企業に分かれているのである。要するに，企業と組織は違う概念なのである。しかも「組織」は実態として機能しているネットワークやシステムの概念なのだが，「企業」はもともと制度であり，境界，あるいは仕切りの概念なのだという質的な違いもある（⇨課題6.3）。

## 6.2 公式組織

## ○ なぜ一つの組織のように見えるのか

　いわゆる組織では，色々な要素やサブシステム（システムを構成する一部分）が一つのシステムとして機能しているように見える。確かに，たとえばメーカーと銀行では働いている人の具体的な仕事の内容も違うし，そもそもメーカーの工場と銀行の支店では，設備や仕事の流れなどどれ一つをとっても同じものには見えない。それどころか，実際には同じ銀行とはいっても，銀行によって仕事の仕方はかなり異なっており，近年の金融再編で，金融機関が合併・経営統合した際には，互いに仕事の仕方が違うので驚いたという報告も多く聞かれるのである。

　つまり，簡単なことなのだが，具体的な各組織は実に個性的なのである。

そしてさまざまな側面をもっている。しかし組織である以上，組織に共通した側面ももっているはずである。それは，前節で例に挙げたメーカーや銀行あるいはスーパー等々に限らず，たとえば大学の中でのゼミやサークルであっても同様にもっているはずのものなのである。

　しかも，こうしてわれわれの眼に「組織」として見えているものは，法律上の会社や物理的な建物ではないことは明らかである。会社のメンバーだけではなく，顧客，部品・原材料の供給業者，出資者といったステークホルダー（stakeholder；利害関係者）まで含めて，こうした全体が組織として動いているのである。このとき，こうした全体が組織として機能しているとき，そこには何か共通した「もの」があるのではないだろうか（⇨課題6.4）。

## ○　組織全体を一つのシステムとして機能させるもの：公式組織

　こうした問いに対して，一つの答を出したのが，近代組織論の創始者バーナード（Chester I. Barnard；1886-1961）であった。バーナードは，こうした組織の具体的な要素やサブシステムを結びつけて，全体の具体的な協働的状況に結合することで，組織全体を一つのシステムとして機能させている「何か」があると考えた方が理解しやすいと考えた。そこで，それを「公式組織」（formal organization）と呼んだのである。つまり，バーナードのいう公式組織とは，その存在を仮定することによって複雑な組織現象が比較的単純に理解されることを目的として構成された概念，すなわち「構成概念」なのである。

「構成概念って何？」

という反応がすぐにでも返ってきそうだが，科学の発展において構成概念の果たしてきた役割は大きい。多分，最も印象的な例の一つが「遺伝子」であろう。

　読者の中には「遺伝子＝DNA」だと思っている人が多いだろうが，DNAつまりデオキシリボ核酸が遺伝子の役割を担っていると分かったのは，「遺

101

伝子」の概念が生まれてから 100 年近くもたってからのことなのである。

　メンデルの法則で有名なオーストリアの僧侶で植物学者のメンデル（Gregor J. Mendel; 1822-1884）は，1865 年にエンドウでの実験から遺伝因子の存在を論じていた。つまり遺伝因子が存在すると仮定すれば，遺伝の現象を比較的単純にうまく説明できると考えたのである。これが構成概念である。このメンデルの遺伝因子は，デンマークの遺伝学者で植物生理学者のヨハンセン（Wilhelm L. Johannsen; 1857-1927）によって「遺伝子」（gene）と呼ぶことが 1909 年に提唱されている。

　ところが，このように遺伝子の存在を仮定すると，遺伝がうまく説明できることは分かっていたのだが，遺伝子の実体が何なのかは分かっていなかった。1933 年にノーベル医学生理学賞を受賞したアメリカの遺伝学者モーガン（Thomas H. Morgan; 1886-1945）のショウジョウバエ遺伝学の業績もあったが，にもかかわらず遺伝子の正体は不明のままだった。

　1953 年になって，ようやくワトソン（James D. Watson; 1928-）とクリック（Francis H. C. Crick; 1916-2004）が，遺伝子の本体である DNA（デオキシリボ核酸）の二重らせん構造（ワトソン=クリック・モデル）を解明したことで，一気に遺伝子の正体が明らかになった。DNA の長い二重鎖が長大なループになったものが染色体で，DNA の長い鎖の一部分ずつが遺伝子として機能することが分かったのである。つまり，それまで 100 年近くの間，遺伝子は構成概念としてのみ存在し続けたのである。

　それでは，バーナードが構成概念として考えた「公式組織」とはどんなものだったのか。それは「2 人以上の参加者の意識的に調整された活動や諸力のシステム」と定義されている。ここで「参加者」と呼んでいるのは，通常，組織のメンバーと呼ばれる人々だけではなく，顧客，部品・原材料の供給業者，出資者まで含めた広い概念である。バーナードにとっては，組織として動いているものがあったとき，そこにこの公式組織が存在しているはずだというのが中心的な仮説だったのである（⇨課題 6.5）。

# ■ディスカッション■

---

**課題 6.1**

　会社に雇われて働くということは，会社から仕事をもらって働くということとどこが違うのか考えてみよう。

---

## 課題 6.1 のヒント

　雇用契約と業務委託契約（請負契約）の違いは，かなりはっきりしている。「業務委託契約」（「請負契約」とも呼ばれる）とは，委託者より特定の業務の処理を委託され，他人の指揮命令下に入らず，自己の道具を使い，委託者に特定の業務の処理を提供する契約のことをさす（民法　第3編　債権　第2章　契約　第10節　委任）。したがって，会社（委託者）と就労者（「業務委託社員」）間の業務委託契約では，業務委託社員は，①会社との間で雇用契約ではなく業務委託契約を締結し，②労働時間の管理を受けずに，③上司の指揮・命令下にも入らず，自己の裁量で労働し，④委託者より受託した業務を処理し，報酬を受領する。

　実態的に業務委託契約として運営されているかの判断は，当面，昭和60年の『労働基準法研究会報告——労働基準法の「労働者」の判断基準について——』により運用することが適当であるとされている。つまり労働者であるかどうかは，「使用される＝指揮監督下の労働」という労務提供の形態および「賃金支払」という報酬の労務に対する対償性の2つの基準を総称した「使用従属性」によって判断される。具体的には，業務委託である以上，仕事内容や方法の指示はなく，他の会社の業務も行っても良いし，代わりの者に業務を行わせることもできる。進捗状況の報告義務や勤務時間の管理もな

いので，報酬は時間・日・月を単位とせず，生活給的な要素もなく，給与所得として源泉徴収も行わない。報酬は業務の成果に関して支払われるものであって，しかも，たとえばパソコン等利用料，電話代，宅配便代，郵便代，文具代，名刺代，交通費，光熱水費等の費用を自ら負担しているので，報酬は他の一般社員よりも高くなくてはならないはずである。

　となると，一般的に業務委託契約に適しているのは，たとえば経理・税務業務，情報処理分析，パソコン入力作業，ホーム・ページ作成，出版物・広告物編集など，会社（委託者）の事業所とは場所を変えて行う労働など，かなり限られた専門的な労働になってくる。

　ところが，1990年代の失われた10年に，会社（委託者）が就労者（「業務委託社員」）との間で雇用契約を結ばず，業務委託契約（請負契約）に移行することが「野放し」状態に陥った。業務委託契約ならば，雇用契約に基づかないため，会社側は，労働基準法，労働安全衛生法，最低賃金法等の労働者保護法の規制を免れ，社会保険（健康保険，介護保険，厚生年金保険，雇用保険，労災保険）加入義務を免れることができる。そのため，残業代の支払いや厚生年金の支払い等の制限を免れる会社が増加する事態を招いた。

　しかし，雇用状況の「改善」と各種報道を背景に，2006年頃から，労働局は手のひらを返したように厳しい運用をするようになってきた。労働時間管理が行われたり，上司の指揮・命令下に労働していたりと，実態として雇用関係にあることが判明すれば，業務受託者は業務委託者の労働者と判断される。これが「偽装業務委託契約」（「偽装請負契約」）であり，「偽装」であれば，形式的に個人と業務委託契約書を取り交わされていても，労働基準法をはじめとする労働者保護法の適用がなされ，当然，残業代その他諸々の費用を支出しなければならないことになる。

❖参 考 文 献

　『労働基準法研究会報告：労働基準法の「労働者」の判断基準について』（昭和60年）https://www.mhlw.go.jp/stf/shingi/2r9852000000xgbw-att/2r9852000000

## 法学新刊

# 問題研究 憲法

渡邉剛央 著　　　　　　　　　　　　　A5判／392頁　本体1,950円

指導経験豊富な著者が，国家総合職試験合格に向けて要所と解法を説く。憲法の問題において肝要な判例の理解が深められ，総合職以外の公務員試験にも非常に有益な内容となっている。出題傾向の分析→各テーマのアウトライン解説→精選された過去問の演習→実力練成のための問題（詳解付）という構成とし，章末には2次試験における記述問題も掲載し解答例を付した。2色刷。

目次

人権総論
自由権
社会権
参政権・受益権
国会
内閣
裁判所
財政
地方自治
憲法の各種問題

# コンパクト 労働法 第2版

原 昌登 著　　　　　　　　　　　　　四六判／288頁　本体2,100円

労働法のエッセンスを親しみやすく紹介した好評入門テキストの改訂。これまでにない大きな制度変更となった「働き方改革」の内容を盛り込んで見通しよく解説した。さらに著者の大学での講義や講演・セミナーの経験をふまえ，初めて学ぶ読者の一層の理解しやすさを配慮した記述としている。見やすい2色刷。

# 法学新刊

ライブラリ 今日の法律学 8
## 家族法
常岡史子 著　　　　　　　　　　A5判／560頁　本体3,980円

近時相次いだ改正を踏まえて詳説した，親族法・相続法における信頼感高い基本書。新設条文の個別解説にとどまらず当該改正の趣旨や従来の判例・学説との連続性と刷新性，家族法全体における改正規定の位置づけとその機能をも説き，法的思考の涵養を目指した。法学部の学修者や司法試験受験者のみならず，税理士・司法書士など実務に携わる方にも有用な書。2色刷。

ライブラリ 民法コア・ゼミナール
## コア・ゼミナール 民法
平野裕之 著

民法の事例問題には，定義・要件・効果の理解に加えて，問題文から「論点」を発見する能力が求められる。本書は，民法におけるCASE（設問）をまとめ，多様なCASEに取り組み，その解答・解説を読むことを通して問題を解く力を養成する，「事例問題の千本ノック」ともいうべき画期的演習書である。

Ⅰ　民法総則　　　　　　　　　A5判／184頁　本体1,400円
Ⅱ　物権法・担保物権法　　　　A5判／248頁　本体1,700円

## 消費者のための民法入門
村 千鶴子 著　　　　　　　　　　A5判／264頁　本体1,800円

大学の教鞭をとる傍ら弁護士として消費者の法律問題に取り組んできた著者が，「契約」にかかわる部分を中心に市民生活に欠かせない民法の基礎知識をわかりやすく案内する。2017年債権法改正，また2018年の成年年齢18歳化にも対応し，改正に伴う変更点も解説した。

ライブラリ 商法コア・テキスト 1
## コア・テキスト 商法総則・商行為法
川村正幸・品谷篤哉・酒井太郎 共著　A5判／232頁　本体1,900円

商法学修のコアが習得できる「ライブラリ 商法コア・テキスト」の一巻として，商法総則・商行為法の主要論点と，この法領域の理解にとって重要な議論についてわかりやすくコンパクトにまとめた入門テキスト。2017年民法改正と2018年商法改正に対応した最新の内容で解説。法学部生・各種試験受験生に最適の書。

---

**課題 6.2**

日本の自動車メーカーと部品メーカーの関係について，ニュースの記事
を探してみよう。

---

## 課題 6.2 のヒント

日本の自動車産業は，国内外の多くの研究者の関心を集め，日本の自動車
メーカーと部品メーカーの間の系列取引がよく研究されてきた。部品メーカ
ー側は，通常は図面を与えられて部品の製造だけを行うはずだが（貸与図方
式），日本の系列取引は長期継続的で安定的なので，部品メーカーが部品の
開発作業の一部までも担当するという承認図方式が広く採用されている。そ
れどころか，部品メーカー側のエンジニアが自動車メーカーの社内に常駐し
て，自動車の開発・改良に協力するというゲスト・エンジニア制を導入して
いる所まである。

トヨタ生産方式の主要部分であるジャスト・イン・タイム（JIT）では，
後工程で使った部品の量だけを前工程で生産するかんばん方式（英語でその
まま通じるほど有名）がとられるが，この JIT を基礎にしたフレキシブルな
生産システムも，長期継続的で安定的な取引関係を前提にした部品メーカー
の協力なくしては成立しない。なぜなら，JIT で原料在庫，部品在庫を極限
まで減らしてしまったら，生産システムのごく一部でも流れが悪いと，すぐ
に生産システム全体が止まってしまうからである。そして同時に，それゆえ
に JIT は作業の無駄を顕在化させるための手段にもなる。

JIT で作業の無駄が把握されると，現場監督クラスを中心とした作業標準
改訂，作業者個人の改善提案，小集団活動といった現場主導型の問題解決サ
イクルが回り始める。このサイクルが繰り返されることで，はじめて生産性

が向上し始める。JITを導入しただけでは生産性は向上しないし，大量生産で生産性が向上する根拠もない。実際には，生産システム全体の流れが良くなることで，生産量も増加し，生産性も向上するのだ。

　ただし現実は厳しく，そんな日本の自動車産業ですら，部品メーカーの多くが長年にわたって選別・淘汰されてきている。実は，たまたま現時点の部品メーカーを観察すれば，長期継続的で安定的だというだけなのである。もっとも，他の産業では，それすらあやしいが。

---

**課題 6.3**

複数の企業が一つの組織として機能している例を身近に探してみよう。

---

### 課題 6.3 のヒント

　「組織」は実態として機能しているネットワークやシステムの概念なのだが，「企業」はもともと制度であり，境界，あるいは仕切りの概念である。複数の企業が一つの組織として機能しているという光景は，今やまったく当たり前の光景なのである。

　これを組織のネットワークが企業の境界を超えて活動の範囲を広げていると見ることもできるし，あるいは，いくつもの企業を束ねるネットワークとして組織を見ることもできる。しかし，どちらにしても重要なのは，私たちの関心が，企業の内部外部にかかわらず，本来は，組織としての活動にあるということなのである。つまり，私たちの関心は，常に組織としてのパフォーマンスにあるのだ。

　そこで，こうした組織の見方に基づいた組織論を高橋（2000）では「超企業・組織論」と呼んでいる。「超企業」とは英語で言えば"transfirm"（造語），つまり「企業の境界を超えた」「多企業の」という意味である。考えてみれば，組織，あるいは組織的活動は，有史以前，それどころか，おそらく人類

が誕生する以前から存在していたはずである。

　他方，会社という制度は，「発明」されてから，せいぜいこの1000年程度の歴史しかないと言われている。組織と企業が同じ概念であるはずもないのである。企業と組織は違う概念なのだという事実をいったん認めてしまえば，私たちの理解力と構想力は格段に向上する。一段高いステージに達して，色々な真実が見えてくる。

❖参考文献
高橋伸夫（編著）（2000）『超企業・組織論』有斐閣。

---
課題6.4
---

　かつてWindowsパソコンに押されまくって，風前の灯火といわれたころのマックのユーザーは，特典やら優待やらを必要としない，ただただマックそのものを愛しているような人たちだった。こうした忠誠心の高い顧客はロイヤル・カスタマーと呼ばれるが，そういった顧客が存在する例を探し，その効能を考えてみよう。

## 課題6.4のヒント

　このようなブランドはブランド・ロイヤルティ（ブランドへの愛着）が高いといわれる。定義的には，ブランドとは，特定の商品・サービスを識別し，差別化するための名称，言葉，シンボル，パッケージ・デザインのことだが，アーカー（David A. Aaker; 1938-）は，ブランドをまさに無形資産，つまりブランド・エクイティとしてとらえる。

　実際，企業買収の時には，ブランドは無形固定資産「のれん代」として金銭的に評価されるわけだが，こうした背景には，少数の優良顧客が売り上げや利益に大きく貢献しているという事実がある。「にはち（二八）の法則」

ロイヤル・カスタマー

リピーター

新規顧客

潜在顧客

図6.1　カスタマー・ピラミッド

を聞いたことがないだろうか。これは，数で言えば2割の顧客が全体の8割の売り上げ，利益を生み出しているという意味で，もともとは，2割の人に8割の富が集中しているというパレートの法則からきている。もっとも，常に80-20だという理論的な根拠はなく，日本のスーパーでは60-40くらいだともいわれるが，偏りがあるのは事実だろう。

　こうしたことから，収益性を基準にして，顧客をピラミッド状に階層分類化し，それぞれの層に合った質のサービスを提供する図6.1のようなカスタマー・ピラミッド（下の段から潜在顧客／新規顧客／リピーター／ロイヤル・カスタマーの4階層）の考え方も出てくる。新規顧客の獲得コストは既存顧客の維持コストの5倍以上という説まであるほどなので，既存顧客，特に，金額的にたくさん買ってくれて，価格変動にも敏感でないような優良顧客「ロイヤル・カスタマー」を大切にすることは，組織の存続にとって基本的なことなのだ。

❖参 考 文 献

Aaker, D. A.（1991）*Managing Brand Equity: Capitalizing on the Value of a Brand Name*. Free Press, New York.（陶山計介他訳『ブランド・エクイティ戦略：競争優位をつくりだす名前，シンボル，スローガン』ダイヤモンド社，1994）

課題6.5

ホフステッド（Geert Hofstede；1928–2020）は，文化（culture）を「一つの人間集団のメンバーを他の集団のメンバーから区別することができる心理の集合的プログラミング」と定義する（Hofstede, 1984, p.21　邦訳 p.12）。この定義に合致するような心理的プログラムを「自分の中」に探してみよう。

## 課題6.5のヒント

　ホフステッドによれば，社会システムは，人間の行動がランダムではなく，ある程度予測可能だからこそ存在しうる。そして，類似した状況であれば，同一人を多かれ少なかれ同じ行動に導くような，時間的に安定したある一定量の心理的プログラム（mental programs）を各人がもっていると推測される。この心理的プログラムは直接観察できないが（脳細胞の状態によって物理的に決定されている可能性はあるが），ちょうど物理学で物体の運動から「力」の存在が推測されるように，行動や言語を通して，安定した心理的プログラムの存在が推測されるのである。したがって，バーナードの「公式組織」同様に，心理的プログラムもまた一般には構成概念（construct）と呼ばれるものに属する（Hofstede, 1984, p.14　邦訳 p.2）。

　心理的プログラムの正体が本当に解明されるかどうかは分からないが，構成概念として，こうした人間の心理的プログラムの独自性に見られる3つのレベルを図示すると図6.2 のようになる。

　心理的プログラムには，その人に固有の部分と，他の人と共有している部分とがある。すべての人間に共通して存在する普遍的レベル（universal level）の心理的プログラムとしては，人体の生物学的な活動システム，笑いや涙のような表出行動，集団行動，攻撃行動が含まれる。

　他方，個人的レベル（individual level）の心理的プログラムとは個人のパ

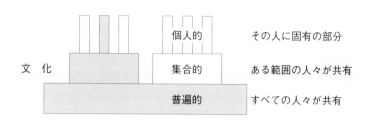

 の中のテキストは：

個人的　　　　　その人に固有の部分

文　化　　　集合的　　　　　ある範囲の人々が共有

普遍的　　　　　すべての人々が共有

一人の人の心理的プログラム

（出所）　Hofstede（1984, Fig. 1. 1）を大幅修正

図6.2　心理的プログラムの独自性の3つのレベル

ーソナリティーのレベルのものである。そしてその間の集合的レベル（collective level）の心理的プログラムは，一定の集団やカテゴリーに属している人々に共通に見られるが，他の集団やカテゴリーに属している人々には共有されていないものである。たとえば，自分自身を表現するための言語，年長者に対する敬意，快適であるために保たれる他者との物理的距離，食事・恋愛のような一般的な人間の活動を知覚する方法とそれに伴う儀式などがそれに当たる。そして人間の文化はこのレベルに属している（Hofstede, 1984, pp. 15–16　邦訳 pp. 4–5）。

❖ 参 考 文 献

Hofstede, G. H.（1980）*Culture's Consequences: International Differences in Work-Related Values*. Sage, Newbury Park, CA. Abridged ed. Sage, Beverly Hills, CA., 1984.（1984年版の訳：萬成博・安藤文四郎監訳『経営文化の国際比較』産業能率大学出版部, 1984）

　具体的な組織は個性的でさまざまな側面をもっている。しかし組織である以上，組織に共通した側面ももっているはずである。それを「公式組織」（formal organization）と呼ぼう。公式組織は，それが存在すれば組織に関連する現象が説明できるようになるという意味では構成概念であり，「2人以上の参加者の意識的に調整された活動や諸力のシステム」と定義される。ここで「参加者」と呼んでいるのは，通常，組織のメンバーと呼ばれる人々だけではなく，顧客，部品・原材料の供給業者，出資者まで含めた広い概念である。

# 第 7 章

# 組織の中の
# コミュニケーション

「もっとやる気を出せよ。ていうか，遅れるんなら連絡ぐら
いよこせよ。みんな待ってるんだから。」
「ごめん。見たいテレビ・ドラマがあったんだよ。」
「何言ってんだよ。チームに入れてやったんだから，テレビ
よりもチームの活動を優先してくれないと困るんだよな。」
「要するに，チームに入ったからには，チームの一員として
行動しろっていうことさ。」

# 7.1 組織の成立条件と存続条件

## ○ 公式組織はどんなときに成立するのか

　前の章で，近代組織論の創始者バーナードが，組織全体を一つのシステムとして機能させている「何か」があると仮定することで，複雑な組織現象が比較的単純に理解できると考え，その「何か」として構成概念「公式組織」を提唱したと述べた。しかし，これだけだったら，誰でもできそうな感じがする。要するに，組織として動いているように見えるのは，組織としてなさしめている何かがあるからだと言っているだけなのだから（⇨課題7.1）。

　実は，バーナードの本当にすごいところは，この公式組織の成立条件や存続条件まで一緒に提示したことにある。目には見えない構成概念に，もし存在するならこんな形をしているはずだという予想までして見せたのである。

## ○ コミュニケーション・貢献意欲・共通目的

　バーナードの提示した公式組織の成立条件は，次の3つで，この3条件がそろったときに公式組織は成立する。

① 【コミュニケーション】相互に意思を伝達できる人々がいること。
② 【貢献意欲】それらの人々は行為を貢献しようとする意欲をもっていること。
③ 【共通目的】共通目的の達成をめざしていること。

　さらに公式組織が存続するためには，有効性または能率のいずれかが必要であり，公式組織の寿命が長くなればなるほど両方が必要になると主張したのである。

この本の中でも，既に，コミュニケーション以外の2つの成立条件——貢献意欲と共通目的——（⇨課題 7.2），そして2つの存続条件——有効性と能率——については第Ⅰ部で取り上げている。そこで，この章では残っているコミュニケーションについて考えてみよう。

## 7.2　ほうれんそう

### ○　組織の中のコミュニケーション：報告・連絡・相談

　組織の中でコミュニケーションが重要であることに疑問はない。ところが，実際には，企業の中で，「うちの職場は風通しが悪い」あるいはズバリ「うちの職場はコミュニケーションが悪い」というような嘆きを聞くことが実に多い。

　たとえば，新入社員に対して，よく「ほうれんそう」が重要だと言われることがある。そして，先輩からのこんな御親切なアドバイス（？）。
「上司から頼まれた仕事が終わったら，きちんと上司に報告しないとだめだよ。報告しないと仕事が終わったことにならないんだよ。

　日数がかかる仕事や突発的な事故で予定が狂うような場合には，途中経過を上司に連絡して相談しながら仕事を進めることも重要なんだな。上司が進捗管理をするために必要というだけではなく，君の連絡が一言なかっただけで，周囲の人の仕事が滞ってしまうというケースだってあるわけだからさ。上司だって，被害を最小に抑えるための対処の仕方も考えなくてはいけないわけだしね。

　確かに，なんでもかんでも上司に相談すればいいというものでもないけど，問題をそのまま放置しておくというのは，傷口を広げるだけで，もっと困りものなんだよね。」

　要するに，「ほうれんそう」とは野菜の「ほうれん草」のことではなく，「報告・連絡・相談」の最初の一字ずつをとった「報・連・相」のことなのだが，きちんと上司に（あるいは同僚に）報告し，連絡し，相談しながら仕事をしなさいという，ごく当たり前のことを言っているだけなのである。しかし，この当たり前のことがなかなかできていないので，「報・連・相」が重要だと言われるのである。

## ○　コミュニケーションがうまくいっていないと

　これは新入社員だけに限った話ではない。会社の中はこんな当たり前のことができていないという事例に満ち溢れているのだ。たとえば，拙著『できる社員は「やり過ごす」』で紹介されている係長クラスに対象を絞って行った調査結果から拾い上げてみると……（⇨課題7.3）。

- 　部門内のメンバーが大幅に入れ代わった当座は，トラブルシュート（各事業部に謝りにいって善後策を講じること）がむしろ日常業務である。
- 　報告書の不備で，月次要因分析資料を一部再編集した。
- 　給与システム構築過程の調査において，各部門がはっきりと情報提供をしないために，結局，システムができてしまった後で，一からシステムを構築し直す羽目に陥った。
- 　給与システムの操作マニュアル，画面等必要事項を提示しているにもかかわらず，それらをろくに読まずに作業をする人がいて，やむをえず自分が後でやり直しをしている。
- 　他の部署に依頼した業務が集まってからこちらの作業に入るのに，先方の納期遅れのために手待ちになる。
- 　上司が席を空けて不在のために指示待ちになる。
- 　規程が変更されていたにもかかわらず，周知されていなかったために，

作業をやり直すことになった。

- 同じ部署から，同じ資料の要求が何度もある。前の資料はどうなったのだ。
- 相手方の出張予定を知らなかったために，打合せができなくなる。
- 営業部門と管理部門で休日カレンダーが違うために，手待ちになる。
- 担当である自分を経由せずに，他部署と勝手に折衝して決めてきてしまう人がいる。そんな場合は，結局，自分がフォローして回ることになる。
- 同じ問題が，複数の顧客のところで発生している場合，既にどこかで解決済みになっているのに，伝達不足のために，その解決策を知らず，各担当がそれぞれの顧客毎に個別に一から問題解決を迫られていることがある。
- 他部署からの社内情報が課長までで止まっていることがある。そうした場合，納期が迫っていると，情報のないまま見込みで作業を始めることになるのだが，多くの場合，結局，後で本当の情報が伝わると，作業をやり直すことになる。
- 自分とまったく同じ作業をしている人が他にもいることに，途中で気がついた。

# 7.3 以心伝心をめざして

## ○ 両極端の不満

ただし，同じ職場の中でも，若い社員がいう「コミュニケーションの悪さ」とベテラン社員がいう「コミュニケーションの悪さ」とでは，意味が違うことには注意しなくてはならない。

　若い社員が「コミュニケーションが悪い」というときには，そのほとんどが「言葉数が少ない」と同義である。つまり，ベテラン社員に対して「もっとたくさん説明してくれないと，何を言いたいのか分からない」と不満をいうときに「コミュニケーションが悪い」というのである。それに対して，ベテラン社員が「コミュニケーションが悪い」というときには「こんなに一から十まで俺が説明しないと理解できないのか」という意味になる。

　実は，どちらももっともなのである。だから私がこうした不平を聞かされてアドバイスを求められたときには，ベテラン社員に対しては「あなただって新人の頃は親切に全部説明してもらわないと分からなかったでしょう？　入社して数年は仕方ないんですよ。新人には，くどいくらい詳細に説明してあげてください。それと彼らに質問されたら，時間が許す限り丁寧に答えること。新人に説明してやることで，あなたの頭の中もだんだんに整理されてくるのだから，これはあなたにとってもいい勉強になるんですよ。」

　そして，新入社員に対しては「仕事の基本は教えてくれるのを待つのではなく，先輩たちのやり方を盗むことにある。黙って待っていないで，先輩たちの後をついて回って，仕事のやり方，ものの見方，考え方，そして業界や社内でしか使われないような特殊な『方言』の使い方まで，とにかく盗みなさい。最初の数年は仕方ないけど，一から十まで説明してくれないと分からないなんていう状態がいつまでも続くようだと，君はただのお荷物になっちゃうよ。」

　そう。最終的には，本当に少ない言葉数で，まさにあうんの呼吸，以心伝心でコミュニケーションできるまでに熟達していかないと，組織の生産性は向上していかないのである。そのための努力をベテラン社員も新入社員も惜しんではいけない。

## ○ 行間を読む作業が必要

　私が横で見ていて，笑ってしまった光景がある。ある若手社員が，部長のところでくどくどと報告をして，部長に指示を仰いだ。すると，部長はしびれを切らしたかのようにこう言ったのだ。

「うーん。なんとかならんのか！」

すると，若手社員は即座にこう答えたのである。

「承知しました。なんとかしてきます。」

　聞いていて思わず失笑してしまった。「なんとかならんのか」ではまるで指示になっていない。そもそも若手社員の方も，そう言われて「なんとかなる」のであれば，最初から，なんとかしてくれば良かったのである。

　ところが，後で聞いてみると，これは私のような第三者には分からなかっただけで，コミュニケーションとしては十分成立していたのである。要するに，若手社員は部長からの「おまえに任せるから，もう一押ししてこい」というニュアンスの一言が欲しかったのである。

　さらに，小売業界で伝説のカリスマ経営者のこんな逸話がある。新規出店で開店を数日後に控えた店舗に，社長が様子を見にやって来た。横には今回の新規出店の責任者でもある役員がぴったりとくっついている。一緒に店内を視察し，一回りして戻ってくると，社長が一言こういった。

「うーん。何か違うな。」

「そうですね。違いますね。」

そう言葉を交わすと，その役員は即座に店内の改装工事にとりかかり，不眠不休で開店までに改装を間に合わせたという。「伝説」なので多少割り引いて考える必要はあるが，要するに，コミュニケーションの良し悪しと言葉数の多少は別の問題であるということだけは確かなのである（⇨課題 7.4）。

# ■ディスカッション■

**課題 7.1**

大勢の人の集まりの中，たとえば，東京・渋谷のスクランブル交差点で，青信号になって行きかう人ごみの中で，あっ，この人たち（数人～数十人）は一つの組織かな？と思うのは，どんな時だろうか。

## 課題7.1のヒント

トンプソンは，主著 *Organizations in Action* の中で，われわれの日常生活を支えているものはランダムな行動ではなく，計画的な行為であり (Thompson，2003，p.8，邦訳，p.10)，組織の行為は，筋の通ったあるいは合理的なものであると期待される (Thompson，2003，p.1，邦訳，p.1) と述べている。つまり，ランダムではない，計画的で筋の通った合理的な行為の中に，われわれは組織を見出す。これが書名 *Organizations in Action* の真意なのである。したがって，書名 *Organizations in Action* は素直に『行為の中の組織』と訳すべきであろう。トンプソンは「筋」として技術的な合理性を考えたが，その約30年前，バーナードはもっとシンプルに，合目的的な行為，つまり共通目的に貢献するような行為であれば，ランダムではなく，筋が通っていて，そこにわれわれは組織を見出すはずだと考えていた。

❖参 考 文 献

Thompson, J. D. (1967; 2003). *Organizations in Action: Social Science Bases of Administrative Theory*. McGraw–Hill, New York, NY. Transaction, New Brunswick, NJ.(1967年版の訳：高宮晋監訳 鎌田伸一・新田義則・二宮豊志訳『オーガニゼーション　イン　アクション』同文舘出版，1987．2003年版の訳：

大月博司・廣田俊郎訳『行為する組織』同文舘出版，2012）

> **課題 7.2**
>
> 1980 年代に多くの日本企業で試みられたコーポレート・アイデンティティ（corporate identity；CI）について調べてみよう。

## 課題 7.2 のヒント

社会学者マートン（Robert K. Merton；1910–2003）によれば，社会的文化的構造の種々の諸要素の中で，さしあたり 2 つのものが重要である。

1 つは，人々が努力するに値する，文化的に定義された目標や目的や関心からなる文化的目標（culture goals），2 つ目は，この文化的目標を達成するために許容された手段である制度的手段（institutionalized means）である。そして文化的目標と制度的手段をそれぞれ受容（acceptance）する（＋）か拒否（rejection）する（－）かによって，文化を担う社会（culture-bearing society）の中での個人の適応様式（modes of individual adaptation）の類型を分類すると表 7.1 のようになるとしている。これを図にしたものが，図 7.1 で，同調（conformity），官僚主義的な儀礼主義（ritualism），革新（innovation），逃避主義（retreatism）を位置付けた。

マートンの逸脱的行動の社会的文化的原因の分析によれば，革新という適応様式は，成功目標が文化的にきわめて強調されている中で，成功を得るための効果は大きいが制度的には許容されていない手段を用いるところに現れる。偉大な米国の歴史は，制度上ではいかがわしい革新への無理押しで綴られているという。マートンの言う革新は，既成の許容された行動を脱して逸脱的行動をとるものの，文化的目標という文化の既成価値が強調される中，いわば強い文化的目標を前提としてそれが行われるという点で，逃避主義とは異なり，強い文化とは切り離しては考えられない（Merton, 1957,

表 7.1　個人的適応様式の類型

| 適応様式 | 文化的目標 | 制度的手段 |
|---|---|---|
| 同　　調 | ＋ | ＋ |
| 儀礼主義 | － | ＋ |
| 革　　新 | ＋ | － |
| 逃避主義 | － | － |
| 反　　抗 | ± | ± |

（注）　＋：受容　－：拒否　±：一般に行われている価値の拒否
　　　　と新しい価値の代替
（資料）　Merton（1968, p.194　邦訳 p.129）から作成したもの。

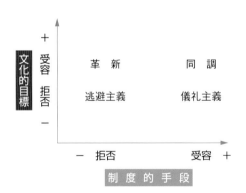

（資料）　Merton（1968, p.194　邦訳 p.129）から作成したもの。表示しにく
　　　　い5番目の類型「反抗」は省略している。

図 7.1　文化を担う社会の中での個人的適応様式の類型

pp. 131–160 邦訳 pp. 121–148；ただし原論文は 1938 年に *American Socio-logical Review* 誌に発表されている）。

ところで，図 7.1 からも分かるように，強い文化はメンバーに対して決して「同調」だけを求めているわけではない。真の革新とは，文化を「革新」して変えてしまうことではなく，それまで培ってきた文化を強化する中で，既成の許容された制度的手段の枠を超えた行動を起こしていくことなのである。実は，1980 年代に多くの日本企業で試みられたコーポレート・アイデンティティ（corporate identity；CI）の運動は，そうした組織革新をめざした運動だった。

❖参 考 文 献

Merton, R. K.（1949；1957；1968）*Social Theory and Social Structure.* Free Press, New York.（1957 年版の訳：森東吾・森好夫・金沢実・中島竜太郎訳『社会理論と社会構造』みすず書房，1961）

---

課題 7.3

日本企業では，「係長クラス」で一番「尻ぬぐい」感が強いと言われている。なぜだろうか，身近な人の体験談などを聞いて考えてみよう。

---

### 課題 7.3 のヒント

コミュニケーションがうまくいっていないと，組織として活動できていないので，徒労感が伴うことになる。単に勤務時間が長い，量的に仕事が多いというだけではなく，こうしたことが，企業の人と，会社，職場で多忙感をもたらす要因となっているのである。特に，本来の仕事だけではなく，余計なことをやらされていると感じる場合に，より多忙感を感じるものだという。

そこで，これまで自分が経験してきた共同作業を思い出して，次の項目で，

「はい」がいくつあるか，試してみよう。

① 他人のミス，情報不足等により，仕事が二度手間になることがよくある。
② 指示命令，方針の変更により，仕事が二度手間になることがよくある。
③ 突発的な仕事の発生で，自分のペースで仕事ができないことがよくある。
④ 作業が中断し，手待ちになることがよくある。
⑤ 各部署ごとに人員がバランス良く配置されていないと思う。

こうした質問項目で表されている現象を「尻ぬぐい」と呼んでいるが，実は「係長クラス」で一番「尻ぬぐい」感が強いということが分かっている。

❖参 考 文 献

高橋伸夫（1996；2002；2003）『できる社員は「やり過ごす」』ネスコ/文藝春秋。
　　　　日経ビジネス人文庫版　日本経済新聞社。文春ウェブ文庫版　文藝春秋。

---

| 課題 7.4 |
| --- |

　誰にでも経験のあることだが，既存の組織の中に何も知らずに飛び込んでしまい，戸惑った事例を挙げて，その原因を分析してみよう。

---

### 課題 7.4 のヒント

　よく知った者同士，境遇も同じ者同士であれば，お互いに理解がしやすい。会話を交わす際に，使われる言葉の文脈（コンテクスト）がお互いにピンとくるからである。

　そこで，文化人類学者ホール（Edward T. Hall; 1914-2009）は，高コンテクスト・コミュニケーション（high-context（HC）communication）と低コンテ

クスト・コミュニケーション（low-context（LC）communication）とに分類して議論を行っている。「低コンテクスト」のコミュニケーションでは，情報の大半は明白に言葉の形にコード化されて，メッセージとして伝達される。それに対して，「高コンテクスト」のコミュニケーションでは，情報のほとんどが身体的なコンテクストの中あるいは個人に内在化されていて，明確にコード化されて伝達されるメッセージ自体の情報が非常に少ない。つまり言葉少なにコミュニケーションが行われる。

　一般的に，米国の文化は低コンテクスト（LC）であり，対照的に日本の文化は高コンテクスト（HC）であると言われている（Hall, 1976, pp. 90-91 邦訳 pp. 107-108)。

❖参 考 文 献

Hall, E. T.（1976）*Beyond Culture*. Anchor Press, Garden City, New York.（岩田慶治・谷泰訳『文化を超えて』TBS ブリタニカ，1979)

## 第 7 章のまとめ

　公式組織は，①【コミュニケーション】相互に意思を伝達できる人々がおり，②【貢献意欲】それらの人々は行為を貢献しようとする意欲をもって，③【共通目的】共通目的の達成をめざすときに成立する。さらに公式組織が存続するためには，有効性または能率のいずれかが必要であり，公式組織の寿命が長くなればなるほど両方が必要になる。

# 第 8 章

# 組織が大きくなるとき

「各グループの代表が集まって物事を決める，とか言っても，これじゃもう烏合の衆って感じだな。決まった内容が支離滅裂だし，みんな無責任だ。」

「グループ分けする前よりはましだけどね。あの頃は，全員でミーティングしてたけど，人数が多すぎて，何も決められなかった。」

「こうして一つ一つのことを多数決で決めていくのって無理があるんだよ。」

「だったら，多数決で，われわれグループ代表の共通のリーダーを選ぼうよ。」

# 8.1　ベンチャー企業が失敗する理由

## ○　なぜX社は成功しなかったのか

　ベンチャー企業はなかなか成功しない。実際，資金と特許だけもっていても，ベンチャー企業は成功しない。たとえば，ある大学発ベンチャーX社の場合……。

　X社は某大学の某研究室の研究成果をもとにして設立されたベンチャー企業であった。設立当時，技術的に基本となる特許は，既に教授を中心として出願が行われていて，権利化が進んでいた。特許をとること自体は大丈夫だろうと思われた。しかし，会社設立前の予備的調査や実験が不足していたことが直接の原因となって，会社設立当初からずっと失敗が続くことになる。

　簡単に言ってしまえば，製品化までの技術的な困難さについての認識が甘かったわけだ。そうなのだ。実は，まだ試作品もないような状態で会社を設立してしまったのである。要するに，見切り発車である。今どき，学生の作るベンチャー企業ですら，試作品を作ってから（＝売るものができてから）会社を興して営業活動を始めるというのが常識なので，なんともお粗末な話ではある。そもそもそんなお粗末な事業計画に何億円も投資する人（団体）が存在したということ自体が，ベンチャー・ブームのブームたる所以なのだろう。

　しかしX社には，こんな評論家的な感想を言っていられるような余裕はなかった。事態はどんどん深刻化していったのである。そして，失敗が続く原因は，もっと本質的な部分にあることが次第に明らかになってきたのである。なんと，繰り返し，繰り返し試作を続けていくうちに，この会社が頼みとしていた出願中の特許が実用的ではない，つまり実際には技術的に使い物

にならない代物であることが分かってきたのだ。

　もっとも，この手のお話は，ベンチャー企業の世界ではよくあることで，さほど珍しいことではない。失敗談だけではなく，サクセス・ストーリーでも，起業時に想定していなかった別の技術や製品で大当たりしたという例は枚挙に暇がないほどだからだ。商機があるところで活路を見出す。ビジネスというのはそういうものなのだ。そして，実際，この会社の開発チーム（といっても数人しかいないのだが）は，出願中の特許の製品化は放棄し，既に世の中で比較的よく知られている別の技術を改良しながら使えば，求められている性能を実現できるという見通しをもつに至った。会社設立から1年半を経過した頃の話である。

## ○ 公式組織が成立していなかったことが致命的

　ところが，この会社にとって致命的だったのは，それを挽回して，なんとか製品化までこぎつけるだけの「組織力」がその会社にはなかったということだった。

　ここで「組織力」とは書いたが，実のところ，この会社は組織としての体をなしていなかった。より正確に言えば，公式組織が成立していなかったのである。技術開発の現場で，日夜努力して（本当に徹夜もよくやっていたらしい），試作の見通しが立ってきたにもかかわらず，教授だけではなく，技術的なことをまかされていた中心的技術者でもある社長も，自分たちの出願した特許に絶対的な信頼と確信をもっていたために，それ以外の現実的な選択肢を選べなかったのである。教授も社長も「自分たちの特許の有用性を世に示す」という別の目的を暗黙のうちに会社に持ち込んでしまっていた。というか，そもそも教授は，開発現場には1年半の間に2回しか顔を出さなかったのである。しかも，交わした会話は挨拶程度で，具体的な指導も指示もなければ，現場の提案に耳を貸そうともしなかった。こんなに小さなベンチャー企業なのに……である。

　もはや共通目的も貢献意欲もコミュニケーションすらも失われていた。そのために，これらの失敗がすべて，スタート直後から1年半くらいまでの早期に明らかになったにもかかわらず，そして，現場ではいくつもの改善アイデアが見出されていたにもかかわらず，資金等で強い権限をもつ（技術には疎い）会長と教授が，研究開発現場から物理的にも心理的にも離れていたことも災いして，その後2年かけても結局失敗は取り返せなかった。頼みの特許が技術的に使い物にならなかったという事実の確認だけが行われたのである。

　会長は，資金はもっていたが，技術のことには興味がなかったし，そもそも経営者には向いていなかった。人望という点でもまるでなかった。事実，会社を担うべき技術の分かる中心人物がどんどんと抜けていき，しまいには社長まで反旗を翻したので，会長から解任されてしまったことは象徴的である。会長はなぜか嫌がっていたが，民間のベンチャー・キャピタルから投資を受けるなり，民間の金融機関から融資を受けるなりして，外部から口うるさく監視された方がまだましだったかもしれない。無能なオーナーではまったく自浄作用・浄化作用が働かなくなってしまう。

　こうして，初期の単純なミスとそれに対処できる「組織力」がないという2つの原因により，この会社は設立後3年間に，約3億円の資金を調達しながら，結局一度も売上を上げることなく，実質的な活動を休止した（⇨課題8.1）。

## 8.2　階層原理って当り前

### ◯　ソニーも「かつての」ベンチャー企業

　実は，ベンチャー企業やNPOといった新しく登場した組織の場合，組織

の年齢が若い上に，淘汰率も高く，現存している組織の多くは失敗例である可能性が高い。したがって，実態としてどんなタイプの組織が多いのかという議論と，どんなタイプの組織が望ましいのかという議論とはまったく別物になる。現在の母集団を調査しても，その平均値には望ましい姿が浮かんでこないのである。

　以前，ベンチャー企業の専門家の調査で，調査対象となっている「ベンチャー企業」の設立からの平均年数が10年ほどにもなっていることを疑問に思い，
「設立して10年もたっているのに，いまだに，こんな小さな規模の会社だということは，ただの中小企業なのでは？　もっと成功したベンチャー企業を調べた方が良いのでは？」
と質問したところ，かなりご立腹な様子で（図星だったのだろう），
「じゃあ，どこの会社を調べればいいんだ。」
「たとえば，松下とかソニーとかホンダとか，あるいは社内ベンチャーだったけど，トヨタとか……」
「そんな会社，ベンチャーじゃない！」

　この人は，完全に勘違いをしている。松下もソニーもホンダもそしてトヨタも，最初はベンチャー企業として設立されているのである。そもそも，成功したベンチャー企業は成長して大きくなっているのである。より新興のマイクロソフトだって，バカでかくなってしまっているではないか。

　それに対して，いつまでたっても小さいままの会社は成功しているとはいいがたい。「失敗したベンチャー企業」と言われるのがいやであれば，「ただの中小企業」なのである。

　にもかかわらず，ベンチャー企業の調査で，かつてベンチャー企業だった大企業を含めて調査しようとは誰も考えない。だから，失敗したベンチャー企業あるいはこれから失敗しそうな（＝失敗する確率の高い）ベンチャー企業ばかりを調べるはめに陥るのである。そのせいで，起業者には英雄的イメージが強いにもかかわらず，実は起業者には秩序立った組織社会には合わな

い不適応者が多いという調査結果との矛盾もよく指摘されるのである。

　事実，秩序立った組織社会には合わない不適応者が経営者では，ベンチャー企業は成功しないのである。そんなことは当たり前である。少なくとも，ベンチャー企業が成長するために必要な能力のひとつが「組織づくり」の能力であることは間違いない。

## ○ いつまでも大きくなれない自称「ベンチャー企業」の共通点

　あるインキュベータ（ベンチャー企業の入居施設）では，観察していると，従業員数が30人を超えるあたりから，ただの仲間ではなく，きちんと役割分担をした階層組織を作る必要が出てくるという。それができないとどうなるのか。簡単である。それ以上は大きくなれず，細胞分裂をするがごとく，分裂してしまうのである。こうして最近のネット系のベンチャーでは，事業計画等には何の問題点もないのに，それどころか，事業自体は順調なはずなのに，いつまでも大きくなれないベンチャー企業が，群れをなして存在するわけである（⇨課題8.2）。

　このことは，ベンチャー企業だけに限らない。NPOでも同じようなことが起こる。ただし，NPOの場合には，分裂したときに使う便利な言葉がある。なぜ分裂をしたのかと訊くと，次のような答が返ってくることが多い。「ミッションが違うので，袂を分かちました。」
ところが，両者からミッションを聞き出しても，その違いが分からない。世間一般では，そういうのを「仲たがいした」「喧嘩別れした」というのである。そんなことをしているから，いつまでたっても，社会的影響力のない小さなホコリのような（実際，みなさん「誇り」をもっている）NPOばかりが，世の中にあふれることになるのである。

## ○ こうして組織は崩壊していく

　さらに，失敗するベンチャー企業で，よく見られる光景。会議を始めるときに，社長が社員にこんなことをいう。

「フランクに議論しよう」（フランク＝frank；率直な，包み隠しのない，腹蔵のない）

「フラットにやっていこう」（フラット＝flat；平らな……これは組織構造の形容詞では？）

「無礼講だ」（って，これは宴会か？？）

こんな勘違い発言から始まって，議論百出で紛糾してくると（あるいは，まったく意見が出なくなると），結局社長が自分の主張を通すことになる。まあ，社長なんだから，それはそれでいい。ただ，問題なのは，そうやって自分の思った通りに決めて実行して，失敗したときの社長の態度である。

「これはみんなで決めたことじゃないか。みんなの責任だ。」

「冗談じゃない。だったら，あんたが社長なんだから，あんたが自分で決めて，われわれに指示，命令してくれればいい。その代わり，失敗したら，あんた（社長）の責任だからな。」

こうして，別に大きくならなくても，組織は崩壊していくのである。

　実は，社長が責任をとるというのは大して難しくないのである。要するに謝れば済む問題なのだ。極端な言い方をすれば

「今回の件については社長として私の不徳のいたすところで……」

と自分にも非があることを認めて，謝れば済むことがほとんどなのである。ベンチャー企業の創業者やオーナー経営者であればなおさらである。極めつけは，投資に失敗した経営者のこんな一言。

「今回，○○億円の損をしてしまったが，授業料だったと思うことにした。それにしても高い授業料だったので，みんなも今回の件から学んだことを無駄にしないように。」

　ところが，従業員が責任をとるとなったら，もうこうはいかないのである。

減給だ，降格だ，左遷だ，窓際行きだ，とりあえず辞表を出してけじめを示せ（と，そんなことをいって，本当に辞表を受理されて辞めさせられてしまうかもしれない）……と大変なことになってしまう。

## ○ 階層構造なくして成長なし

　一般に，上司と部下，先輩と後輩といった上下関係で動いている組織，つまり階層原理で運営される組織は，かなり大規模になっても運営することができる（⇨課題8.3）。しかし，階層構造的なものを嫌い，水平的関係だけで動いている組織では，NPO などでもよく見られるのだが，コア・メンバーが2人までは仲良くできるのだが，3人以上になると仲間外れが生まれやすく，仲間対仲間外れの構図で集団が構成されることが多くなる。英語の諺にも "Two is company, three is none." (2人では良い仲間，3人では仲間割れ)とあるように，この辺りに仲良しクラブ的な運営の壁があると考えられる。

　そのため中心メンバーとその側近以外の部分が常に不安定で，集団への人の出入りが激しく，いつまでたっても成長できないだけではなく，仮に成長しても，人数が増えたことでますます組織的行動がとれなくなることになる。

　一般的な平均像としては，ベンチャー企業でも NPO でも，階層的な秩序を嫌う人が多いと言われる。実際，ベンチャー企業でも NPO でも，コア・メンバーが仲たがいして経営がつまずく例が多いという。そのせいかどうか，実際に会ってみると，起業する人には，男女を問わず，上下関係を嫌う人が多い。それが嫌で会社を飛び出して起業したという人も多いのである。過去に上下関係で嫌な思いをしたのかもしれないし，対等に何かをするということにこだわりがあるのかもしれない。しかし，上下関係を嫌いになった理由はともかく，組織というものは，ある程度の大きさになれば，階層構造を作らなくては維持できないという原理は理解しておく必要がある。階層原理で組織編成をできなければ，そもそも大きな組織を運営できない。成長は望めないのである。

## ○ 階層構造は当り前

　ここで「階層原理で運営される」「上下関係で動く」というと，まるで上司への絶対服従を強いられているかのような印象をもつ人がいるが，決してそんなことはないのだ。陰では上司や先輩の悪口を言っているなんていうのは，ごく当たり前の会社。忘年会で，部長が

「今夜は無礼講だ」

と宣言してから宴会を始めたら，アルコールも入って，ご本人を目の前にした部下たちの言いたい放題に我慢がならなくなり，1時間もたたないうちに，

「無礼講にも限界がある！」

などと怒って説教をはじめたという話も，笑い話のように聞こえてくるが，それでいいのである。

　別に，上司を心から尊敬し，奉りなさいなどと「すごいこと」を要求しているわけではないのだ。はっきり言ってしまえば，逆にそんな「心から……」に値するような上司・経営者が，世の中では本当に希少な存在で，ほとんどお目にかからないからこそ，たとえ，部内・課内の会議では部課長に面と向かってたてつこうが，陰でさんざん悪口を言っていようが，あるいは内心「お飾りの部長」「無能な課長」と馬鹿にしていようが，そんなことはある意味どうでもいいことで，要するに第三者（たとえば，お得意様）がいる前では，「部長」「課長」と立てていれば，それでいいだけの話なのである。これは服従を意味しているのではないし，本心ではどう思っていようが，あるいは公然と反対意見を表明しようが，一応，「人前では目上の人を立てる」という程度で十分なのである。

　つまり「階層原理」とは，組織として行動するためには，最低限，先輩と後輩，上司と部下といった上下関係の中で行動することを受け入れる必要があるということだけなのである。その程度のことも我慢できなければ組織は動かないし，その程度のことも我慢できない人が他人とチームを組んで仕事をできるわけがない。

「わがままばっかり言っていないで，我慢するところは我慢しないと，だめじゃないの。そんなことしてたら，もう誰もあんたなんかと遊んでくれなくなっちゃうわよ。」

と物心つく前から，お母さんからさんざん怒られ教えられてきたのに，なぜベンチャー企業の関係者はいとも簡単に忘れられるのか。不思議である。実際，まるで赤ん坊に戻ったかのようなわがまま放題では，上司も部下も顧客も，誰も遊んでくれなくなっちゃう（？）のは時間の問題なのだ。

# ■ディスカッション■

課題 8.1

　このベンチャー企業 X 社を成功させるためには，どうすればよかったのかを具体的に考えてみよう。それを公式組織の成立条件，存続条件にあてはめたとき，何が抜けていたのかもチェックしてみよう。

### 課題 8.1 のヒント

　1980 年代，ベンチャー企業は研究開発に専念し，売上もなく資本金を食いつぶしていくことが当たり前だと思われていた。特許をもつ元大学教授が肝心の事業計画すらなくて失敗した例や，学生が思いつく程度の事業計画では誰でも参入できてしまうのに起業した学生ベンチャーの例等々，お粗末な例は枚挙に暇がない。

　ここまでお粗末ではなくても，文字通りゼロから起業するような大学発ベンチャーは現実的ではない。大学や大学院を出たての人にすぐに起業を促すような勇ましい議論もあるが，とてもうまくいくとは思えない。たとえば

136

「かながわサイエンスパーク」（KSP）では，発足時に，試行インキュベートとして，「KSPに良い技術シーズを購入する等でプールし，それをアントレプレナー（起業家：筆者注）にイノキュレート（種付け）し，特許という権利状態に過ぎない技術を，商品に仕上げ，販路を開拓して事業を起こすまでを，具体的には技術指導，経営指導，資金支援，スペース提供という形で支援する」という実験を行った。しかし，合計6プロジェクトが実施されたものの，いずれも初期商品の事業化は失敗し，第2商品以降に転換を図った場合でも，結局は全滅してしまった。そして，

　技術シーズの研究→技術開発→プロト商品開発→試販売→法人化→拡販
というリニア・モデル的技術革新プロセスは現実的ではないと結論するのである。

　こうした事態を受けて，民間のインキュベータの中には，創業支援（early stageの支援）をやめ，成長支援（second stageの支援）へと切り替えたところがある。事業としてある程度確立している会社を株式公開まででもっていって卒業させることに専念しようというわけである。こうした方針の転換が可能になったのは，「失われた10年」ともいわれる90年代の不景気とリストラの脅威のせいで，以前ならば大企業をスピンアウトしなかったような人がスピンアウトするようになり，ベンチャー希望者の質量ともに向上してきたからである。

　1980年代以降，南関東の大手メーカーの大工場は開発が中心になり，開発センターに近い存在になっていた。そうした大工場から開発部隊が丸ごとスピンアウトした例もあるし，社内ベンチャーとしてスタートしてからスピンアウトした例もある。中心人物の年齢層も30代～50代の中高年が中心となり，彼らはあらかじめ資金を集めて会社を作り，自分達のコネクションや古巣との関係を生かして最初から売上があり，既存製品を受注しながら自社製品の研究開発を進めている。彼らは社内での慣れない仕事への配置転換や遠方への転勤よりも，今の住居から通勤可能な場所で，自分が身につけた技術とコネクションで起業することを選択したのである。

ディスカッション

大学発の技術についても，馬鹿の一つ覚えみたいに大学発ベンチャーにこだわるのではなく，発想を変えて，このような組織的にしっかりしたベンチャー企業あるいは技術力のある中小企業に対して，大学から技術移転をすることを考えるべきである。その上で，実際に開発や発明に携わったポスドク・レベルの研究者が自ら入社してくれれば，成功の確率は格段に高まるはずである。

❖参考文献

高橋伸夫・中野剛治（編著）(2007)『ライセンシング戦略』有斐閣。

**課題 8.2**

あなたが実際に10人以上のチームのリーダーを任せられたとき，一体どのような組織構造を作るだろうか。考えてみよう。

### 課題 8.2 のヒント

1人の上司が直接，有効に管理・統制できる部下の数のことを「管理の幅」(span of management) あるいは「統制の幅」(span of control) と呼ぶことがある。管理の幅には限界があり（つまり，1人の上司は，ある程度の人数までしか管理できない)，そのために，大規模な組織では階層構造をとらざるをえなくなる。管理の幅としてはだいたい10人前後の数字が挙げられることが多いが，根拠があるわけではない。あえていえば経験則か。

実際，管理の幅は諸条件によって変わってくる。たとえば，1970年代，組織の構造やシステムは環境条件によって異なると主張するコンティンジェンシー理論が世界中で大流行したが，その代表的な論者の一人，英国のウッドワード (Joan Woodward; 1916–1971) は，生産システムによって組織の構造やシステムが異なると主張した。より具体的に言えば，ラインの末端監

督者が管理する従業員の数は「単品・小バッチ生産」と「プロセス生産」という技術進歩の両端では少なく（平均で10人とか20人程度），その間の「大バッチ・大量生産」では多い（平均で50人程度）ことを調査で明らかにしている。こうした先行研究を総称して，後に米国のローレンスとローシュが「コンティンジェンシー理論」という名前をつけたのだった。

❖参 考 文 献

Woodward, J.（1965）*Industrial Organization: Theory and Practice*. Oxford University Press, London.（矢島鈞次・中村寿雄訳『新しい企業組織：原点回帰の経営学』日本能率協会，1970）

---

**課題 8.3**

　階層構造を作ることによって，大きな集団を単位組織に分けるという作業を行った例を身の回りに探してみよう。

---

## 課題 8.3 のヒント

　階層原理は，既に『旧約聖書』にも登場していた。『旧約聖書』2番目の書である『出エジプト記』第18章に記述がある。映画『十戒』でも有名な『出エジプト記』で，エジプトで迫害を受けていたユダヤ民族を率いてモーセ（古い表記では「モーゼ」）がエジプトを脱出して，神の山に宿営していたときの話。モーセは，しゅうとである祭司エテロの元に，妻と2人の息子を先に返していたが，エテロはこのモーセの妻子を連れてモーセの宿営地を訪れ，次のようにモーセにアドバイスをするのである。

　「お前のしていることには無理がある。お前自身も，一緒にいるこの民も，きっと疲労困憊してしまうだろう。争いごとがお前には重すぎて，お前一人でそれを片付けることができない相談だからだ。（中略）お前

は，すべての民の中から，神を畏れる有能な，信頼すべき人たち，利得を憎む人たちを選び出し，それらの人たちを千人の頭，百人の頭，五十人の頭，十人の頭として彼らの上に置くが良い。彼らがいつもこの民を裁くようにし，大きな争いごとのときはみなお前の所にもってこさせるのだ。」（関根訳，1969，pp.56-57）

そして，モーセはその忠告を聞き入れるのである。

これは階層構造を作ることによって，大きな集団を単位組織に分けるという作業を行った例である。

さらにいえば，最後の一文「彼らがいつもこの民を裁くようにし，大きな争いごとのときはみなお前の所にもってこさせるのだ。」は，後の経営学（特に管理過程学派；課題15.1）で「例外の原則」と呼ばれるようになるもので，管理者はこうした例外に注意と努力を集中すべきとされ，そうすることで良い結果が得られるようになると考えられている。

❖参考文献

Koontz, H., O'Donnell, C. & Weihrich, H. (1980; 1984) *Management*, 7th and 8th eds. McGraw-Hill, New York. (1976年版 (6th ed. by Koontz, H. & O'Donnell, C.) の訳：大坪檀・中原伸之訳『経営管理』マグロウヒル好学社，1979)

関根正雄訳 (1969)『旧約聖書　出エジプト記』岩波書店。

## 第8章のまとめ

コミュニケーション上の限界があるために，公式組織は通常15名以下，多くは5～6人からなる単位組織によって構成される。そして，複数の単位組織が一つの複合組織として結合される際には，コミュニケーション上の必要性から，共通の上位リーダーが必要とされる。すなわち，すべての大きな公式組織は小さな単位公式組織からなる複合公式組織であり，複合公式組織は，⒜既存の単位公式組織をいくつか結びつけるか，あるいは，⒝新しい単位組織を作って既存の複合公式組織に付加するかのどちらかの方法で成長する。

# 第 9 章

# 公式組織の
# 生まれるとき

「おう！　よく会うねぇ。」

「まあ，この会社って，タバコを吸える場所は，ここしかな
いからね。」

「そういえば，この間話していた企画，実際にやってみよう
と思っているんだけど，責任者は，そのときここで話してい
た A でいいかな。」

「いいと思うけど，あいつ，上司が禁煙宣言したので，一緒
になってタバコやめちゃったよ。」

## ○　どこからが公式組織か

　年末に，友人と JR 渋谷駅のハチ公前で待ち合わせて，飲みに行く……という状況を考えてみよう。

【ケース 1】

　携帯電話の普及していなかった時代には，一緒に飲みに行くのも，それなりに気を遣う行為だった。

　たとえば「12 月 20 日の夜 7 時に」と時刻を指定して，しかもハチ公の像の周りには待ち合わせの人がたくさんたむろしているので，たとえば「ハチ公の尻尾の先」とかまで指定しないとなかなか友人を見つけられないような状態だった。飲みに行く場所も，集合してからその場の雰囲気と店の込み具合を見計らいながら決めていくというやり方もあるが，週末や忘年会シーズンなどは，そんなことをしていたらどこのお店も満員に近くて 5~6 人入るスペースがなく，1 時間も渋谷を歩き回って，結局どこにも入れなかった……なんていう悲惨な結果に終わることもある。

　そうならないためには，最初から幹事役を決めておいて，飲みに行く場所を決めてもらい，予約まで入れておいてもらうというやり方も多用された。年末に渋谷で飲もうと計画を立てた段階から，この「12 月 20 日に飲みに行く」という目的をもった集団は見事に意識的に調整されており，バーナードの言うところの立派な公式組織として成立していたことが分かる。

【ケース 2】

　しかし，携帯電話が普及してくると，かなりルーズなやり方に変わってきた。まず，場所と時間の指定がかなりアバウトなのである。「12 月 20 日の夜，渋谷で飲もう」程度の指定でも，なんとかなってしまう。

渋谷のデパートや本屋で時間をつぶしながら待っていると携帯電話に連絡が入り，

「渋谷に着いたけど，今どこ？」

と互いに居場所を確かめてから，その場に駆けつければいい。仮にそこがハチ公前だとしても，「尻尾の先」のような細かい指定まではいらず，ハチ公前広場でざっと見渡してみて見つからなければ，携帯電話で，

「今，ハチ公前に着いたけど，どの辺にいる？」

とさらに聞き直せばいい。さらに，そうやって何人か集まった段階で，人数がほぼ固まると，じゃあ場所を決めようと言って，携帯電話で手当たり次第に

「これから5人入れますか」

とその場で予約を入れればいいのである。さきほどの例に比べると，事前の計画性という点では格段に落ちるが，それでも意識的に調整ができるのは，携帯電話という文明の利器で，格段にコミュニケーション能力が向上しているおかげである。

【ケース3】

　コミュニケーションさえ良ければ，もっとルーズでも大丈夫である。特に用事も何にもなく，ぶらっと1人で渋谷のデパートや本屋で時間をつぶしていると，同じ○○ゼミに所属している友人から携帯電話がかかってくる。

「今，渋谷にいるんだけど……」

「あっそうなんだ。偶然だけど，こっちも渋谷で暇つぶししているんだ。どこかで会わないか？」

　そこでハチ公前で待ち合わせをしてから，2人で行きつけの居酒屋に飲みに行く。4人掛のテーブルを2人で使っているのもなんだか寂しいので，

「同じゼミのAとBも呼ぼうか。あいつらもきっと暇だから」

とその場で電話やLINEで呼びかけて，さらに○○ゼミのゼミ生2人が合流する。2次会ではさらに何人かのゼミ生に呼びかけて，都合のついた2人が合流した。結局，3次会のカラオケに移動する頃には，片っ端からゼミ生に

連絡しまくって，かき集めた 10 人で大いに盛り上がり，

「今日は○○ゼミの忘年会ということで……」

と上機嫌で解散する（肝心の○○先生はいなかったが……）。

## ○ 非 公 式 組 織

さて問題は，このケース 3 の場合，果たして公式組織が成立していたのか
ということである。確かに○○ゼミのゼミ生の集まりであり，コミュニケー
ションもとれている。しかし，いかにも偶発的で，何かの目的に向かって意
識的に調整したという雰囲気ではない。あえていえば，3 次会のカラオケに
移動するときには，「○○ゼミの忘年会を兼ねて」的な招集の仕方をして，
ゼミ生に片っ端から招集をかけていたので，その頃には公式組織が成立して
いたような……。

では，その前の状態。つまり公式組織が成立する直前の状態は何だったの
だろう。この状態すなわち非「公式組織」の状態では，確かに公式組織は存
在していなかった。共通の目的はもたないし……。にもかかわらず，相互に
個人的なコミュニケーションをもっているような人々の集団は確かに存在し
ていたのである。この具体的な集団のことをここでは「非公式組織」と呼ぶ
ことにしよう（⇨課題 9.1）。

## 9.2 温泉好きの集まり

## ○ 温泉に行こう！

この○○ゼミの場合，○○先生が参加する公式行事以外に，ゼミ生たちだ
けで勝手に行われるこんな感じのイベントが多い。

【フェーズ1】

ある日（ゼミのある日）の出来事。ゼミがある日くらいは，みんなまじめに大学に来る。ゼミの開始よりもちょっと早めに大学に着いたA君は，学生ラウンジでハンバーガーを食べている同じゼミのB君を見つけた。

「おはよう。今頃昼ごはん？」（午後3時頃の会話です）

「おう。今起きたばっかりだよ。寒くなったよなぁ。こんなときには温泉でも行きたいなぁ。」

「じゃあ今度，何人か誘って温泉でも行くか。格安プランを見つけたんだ。」

「いいねぇ。旅好き，温泉好きだったら，ゼミのC，D，Eというあたりだな。」

【フェーズ2】

そうこうしているうちに，ゼミの時間になった。A君，B君がゼミ室に行くと，もうみんな集まっていた。ただ，この○○先生の場合，10分〜20分遅刻してくることが多い。最初の頃は○○先生が来るのを待っていたのだが，時間がもったいないので，最近は定刻に，ゼミ長が司会をして，先生がいなくてもできるところから始めるようになっていた。

案の定，始まって20分くらいたってから，○○先生が悪びれる様子もなく（？）登場する。なんだかんだいっても，先生が登場すると，それなりに雰囲気が引き締まる。

こうして，レポーターの発表，質疑，ディスカッションを終え，○○先生の締めのコメント（この時間が結構長い）ももらって，ゼミは無事終了した。

【フェーズ3】

ゼミが解散するとき，A君，B君はC君，D君，E君に声を掛けて，

「格安プランを見つけたんだけど，今度，温泉に行かないか。」

と誘った。案の定ノリが良い。3人とも即答でOKである。さっそくその場で，日程や交通手段の相談を始めた。

すると，忘れ物をとりにゼミ室に戻ってきたF君が，話を聞きつけて

「えっ！　みんなで温泉行くの？　いいなぁ。仲間に入れてよ」

ということで、結局6人で、来週の週末、温泉に行くことになった。幹事は
A君である。

## ○ コミュニケーションに注目する

　さてさて。フェーズ2では公式組織が成立しているということは間違いな
さそうだ。ただし、フェーズ2の最初の10分間は、○○先生が不在なので、
「非公式な」公式組織なのかもしれない。それでは、フェーズ1、フェーズ3
では公式組織は成立していたのだろうか？

　フェーズ1で登場するA君とB君の2人からなる集団、フェーズ3で登
場するA君、B君、C君、D君、E君、F君の6人からなる集団は、どちら
も○○ゼミに公式組織が成立し、組織として機能していることで、そこから
派生して生まれた「非公式」な集団なのである。しかもフェーズ3の最後に
なって公式組織が成立したようだが、それまでは非「公式組織」だったこと
になる。

　つまり○○ゼミの周りには、常に相互に個人的なコミュニケーションをも
っているような人々がたむろして集団を作っている。それらは公式組織では
ないが、コミュニケーションは存在しており、しかもA君、B君、C君、D
君、E君、F君の6人からなる「温泉好きの集まり」のようなコミュニケー
ションの濃い部分と、そうではない部分も混じっていて濃淡がある。そして、
「温泉好きの集まり」はときどき（正確に言うと、今日から来週の週末に向
けて）公式組織として成立し、機能するようになるのである（⇨課題9.2）。

## ○ 「非公式組織」が公式組織のベースになる場合

　実を言えば、○○ゼミ自体も、常に公式組織が成立しているわけではない。
基本的には定期的に、週に1度、火曜日の午後3時以降の7〜8時間の間、
公式組織として成立し機能するのである。それ以外の時間帯は、濃淡のある

相互に個人的なコミュニケーションをもっているような人々の集まり「非公式組織」のみが存在しているだけである。

実は，バーナードのいう抽象的な公式組織の存在の有無にかかわらず，具体的な「非公式組織」は存在していることが多い。共通の目的は（したがって目的への貢献意欲も）もたないが，相互に個人的なコミュニケーションをもっているような人々の集団，すなわち「非公式組織」をベースにして，公式組織が，その時々に応じて成立することはごく普通に観察される。同時に，公式組織が成立するからこそ，その周りに具体的な「非公式組織」が派生して生まれてくることも，ごく普通に観察されるのである。

# ■ ディスカッション ■

**課題9.1**

たとえば，作業者に相談したり，意見を求めたりして，作業者の「非公式組織」を大事にした方が，作業者は一生懸命働いてくれて，作業効率も向上するというような事例を身近で見たことがあるか考えてみよう。

## 課題9.1のヒント

バーナードが『経営者の役割』を書く少し前，人間関係論と呼ばれる分野で「非公式組織」が注目を集めていた。そのきっかけは，米国シカゴ市にあるウェスタン・エレクトリック社のホーソン工場で，1924年から1932年まで行われた一連の実験，いわゆる「ホーソン実験」である。実験結果は，後にハーバード大学の研究グループによって発表された。

最初に照明実験が行われた（Roethlisberger, 1941, pp.9-11　邦訳 pp.11

-14)。これは，テイラー（後述）流に唯一最善の照明のあり方を探るための実験で，作業者を

① さまざまな照明度の下で作業させる試験群と
② できる限り一定の照明度の下で作業を続けさせた統制群

の2群に分け，この2群の作業効率を比較しようとしたのである。

　ところが，その結果は驚くべきものだった。たとえば，試験群の照明度を3段階で徐々に高めていったのだが，なんと，照明度が変化した試験群だけではなく，照明度が一定の統制群も，どちらも生産高はほぼ同量増加したのである。逆に，試験群の照明度を下げてやっても，やはり両群とも生産性は上昇した。つまり，一連の照明実験で，両群の間には生産高で重要な相違はなく，同じ様に変化していたのである。しまいには，月明かり程度の明るさにしてみても，生産性は落ちなかったという。ということは，照明度と作業効率との間には何の相関関係もないということになる。

　そこで，1927年4月から1932年半ばにかけて，リレー（継電器）組立作業実験が行われた。この実験では，まず，5人の女子作業者を他の作業者から隔離された作業室に移した。そして，適当な期間を置いて，彼女たちの作業条件にさまざまな変化を導入し，これらの変化が生産高にどのような影響を及ぼすのかが調べられたのである。この実験は5年間23期にわたって行われ，文書にして数トンという資料が集積されたという。しかし，物理的環境上の変化を生産高と関係づけようとするあらゆる試みは，統計的に意味のある関係を一つも見いだすことができず，ものの見事に失敗に終ってしまった。この実験について，メイヨー（Elton Mayo; 1880–1949）の『産業文明における人間問題』（Mayo, 1933, ch. 3）をもとにして，主要な事実発見をまとめてみよう。

### 作業条件を改善し続けた1年半

　実験の最初の1年半ぐらいの間，休憩時間のとり方や作業時間の短縮，特

別の軽食の提供といった作業条件の改善を行った。この間，作業条件の改善につれて，生産性が徐々に上昇していった。

**作業条件を振り出しに戻した 12 週間**

そこで，実験の第 12 期（1928 年 9 月から 12 週間）に，これらの作業者にとって優遇的な条件を 12 週間廃止し，作業条件をすべて調査当初の第 3 期（第 1～2 期は作業実験室への移動前後のいわば準備期間だった）の状態に戻してみた。ところが，こうやって条件を悪化させたにもかかわらず，生産高は 12 週間の間依然として極めて高い水準を保ち続け，それまでのいかなる期間の生産高をも超えたのである。

**作業条件を復活させた 31 週間**

そして，その後，1929 年 6 月末まで 31 週間継続された第 13 期に，休憩および茶菓を復活させると，生産高はこれまでのうち最高のものとなった。

このうち同じ労働時間，同じ労働条件だった第 7 期，第 10 期，第 13 期を比較してみても，これら 3 期の生産高は上昇傾向をとり続けたのであった。つまり，生産高は継続的に上昇傾向を示し，それは休憩についての変化ともまったく無関係に存在していた。その間，女子作業者の満足感は注目に値するほど高まったし，女子作業者の欠勤率は実に約 80% も減少したのである。

満足感の高揚の中での生産性の向上と欠勤率の劇的な低下。これに対するレスリスバーガー（Roethlisberger, 1941, pp. 14-15　邦訳 pp. 17-18）の説明は，テイラー的な発想からするとまったく意外なものだった。つまり，研究者たちが実験に対する被験者たちの完全な協力を得ようと努めた結果，工場で通常行われていた作業習慣はすべて変えられてしまったほどで，たとえば，

① 彼女たちは，導入されるべき変化についていちいち意見を求められ，そして，実験計画の中のいくつかは，彼女たちの同意を得られなかったがために，放棄されたことさえあった。

② 彼女たちは，加えられた変化に対する自分たちの考えについての質問

149

を受けたが，それらの話し合いの場所としては，重役室が多く使用された。

③　彼女たちは，監督者も置かれず，作業中のおしゃべりも許されていた。

　多分，日本企業で働くほとんどの人は，この①〜③の部分を読んでも意味がよく分からないかもしれない。なぜなら，日本の工場では，さほど不思議な光景ではないからである。しかし当時の米国の工場では，現場の作業者は決められた通りに働けばいいのであって，たとえ目の前にある問題であっても，頭を使うようなことは管理者や技術者の仕事と決められていたのである。そうした状況下では，この①〜③がいかに斬新な試みであったことか。そして，女子作業者の協力的態度，および生産率向上の原因は，実はここに求めねばならないと研究者たちは考えたのである。こうして，作業者の作業効率は，工場の照明度や休憩時間などの物理的環境条件よりも，彼らの心理的・情緒的なものに依存するところが大きく，職場という公式の組織の中に自然発生する非公式集団の影響が大きいと主張する人間関係論が誕生した。

❖参 考 文 献

　Mayo, E.（1933; 1946）*The Human Problems of an Industrial Civilization*. Macmillan, New York. 2nd ed. Division of Research, Graduate School of Business Administration, Havard University, Boston, MA.（第 2 版の訳：村本栄一訳『産業文明における人間問題』日本能率協会，1951）

　Roethlisberger, F. J.（1941）*Management and Morale*. Harvard University Press, Cambridge, MA.（野田一夫・川村欣也訳『経営と勤労意欲』ダイヤモンド社，1954）

課題 9.2

　どの段階で公式組織になったのかを識別するだけではなく，「組織化」のプロセスとして考えたとき，「非公式組織」は，どのようなプロセスを経て組織化されていくのだろうか，考えてみよう。

　ワイクはイナクトメント（enactment）という概念を提唱している。イナクトメントとは何か？　ここでは例として，ゼミの光景を再現してみよう。

　ゼミの参加者は，ワイクの本（Weick, 1979）の「第6章　イナクトメントと組織化」の章を読んでからゼミに出席することと申し渡されていた。ここまでは普通の状況である。ところがゼミに出席すると，司会者がいきなり，「イナクトメントとは何か」を議論しましょうとゼミを始めた。参加者は，さながら「現代国語」の試験を受けているかのごとく，第6章の本文に目を走らせ，イナクトメントについての記述・定義と思しき箇所の抜書きを始め，次々と読み上げていった。それに対して，他の参加者から「なるほどね」「私もこれだと思った」「それは違うだろう」「なんか考え違いをしていない？」といった反応があり，黒板には，まともそうなイナクトメントについての記述が列挙されていった。たとえば

「言うこと，行うこと，意味の網を張ること，適応することそれに変異を生み出すといった活動がイナクトメントの例である」（p. 147　邦訳 p. 190）

「イナクトメントは経験の流れの一部を分節化し，構築するのに役立っている（serve）」（p. 147　邦訳 p. 190）

「分ける（breaking）という行為自体が，より深く注意するために，経験の流れのある部分を分離すること（isolating）を示唆しており，それは主として，イナクトメントを構成するものである。」（p. 149　邦訳 p. 193）

「ジェスチャー・ゲーム（charades）には，いくつか興味あるイナクトメントの特徴がある。ジェスチャーをする人は，観察者の推測を聞いた後になってはじめて，演技（enacting）として自分が何と知覚されたのかを知る。」（p. 152　邦訳 p. 197）

しかし，こうした抜書き的な記述を挙げれば挙げるほど，「イナクトメント」については知覚された多義性が増加していくことになる。

　実は，これこそが「イナクトメント」の過程である。ここに至って，ゼミ

の参加者は「抜書き」ではなく，自分たちの言葉でイナクトメントを説明しようと議論を始める。そして，比喩的ではあるが，一つの模範解答に到達する。

「一緒に環境を読み，意味をなしていそうな部分を共に抜書きして列挙すること」

つまり，今，自分たちがしてきた行為がまさにイナクトメントだという結論に達したのである。これが「淘汰」の過程である。

　しかしこの模範解答は，ここに至る過程を共有しているゼミの参加者には合点が行っても，このイナクトメントの過程に参加していない人間に，いきなり提示すれば，きっとこんな反応が返ってくるだろう。

「あっそうですか。イナクトメントは深いですね。ちょっと考えさせてください。」

　ワイクはイナクトメントの例として3つを挙げ解説している（Weick, 1979, ch.6）。まずは，経験のイナクトメントである。「マネジャーが何かをすることで，はじめて経験のようなものが存在する。インプットのシャワーを受動的に浴びるだけでは『経験した』と同義にはならない。経験は活動の帰結（consequence）なのである。マネジャーは自分を取り巻く『事象』の群れの中に文字通り踏み入り，それらを秩序立てること（unrandomize），ある秩序を押し付けることを能動的に試みる」（p.148　邦訳 p.190）。

　しかし，2つ目の限界のイナクトメントのように，経験によらないものもある。たとえば，デパートでは正札を値切ることはできない（＝限界）と思い込んでいるが，実際に値切ってみると値引きしてもらえることに気がついたという実験結果（p.150　邦訳 p.193）は，そのことを一例である。「限界についての知識は，スキルのテストではなく，むしろテストの回避に基づいているのである」（p.149　邦訳 p.193）。そして3つ目が既に登場したジェスチャー遊びである。

　当時の研究では軽視される傾向があったが，実は組織と環境の境界はぼやけていて，組織がその環境を造るということをワイクは指摘している

(p. 153 邦訳 pp. 198–199)。探検家は，探検を終えるまでは，自分が何を探検しているのか決して分からないもののように (p. 165 邦訳 p. 214)，結局，マネジャーは，自分の周りの環境の客観的特徴を構築し，再編成し，あるいは破壊したりするのであり，このことを強調するために，イナクトメントという用語が用いられているのである (p. 164 邦訳 p. 213)。

ここで，組織が環境を造るというのは，環境についての浮遊するたくさんの証拠を，組織が環境についての一つの明確な判断へと整理していくことを意味している (p. 153 邦訳 p. 198)。その証拠集めの過程で，環境に関しての予感を確かめようとする傾向があり，自己成就予言的な証拠集めにより，環境についてのいっそうの確信が得られることになる (p. 156 邦訳 p. 202)。マネジャーが多義性に立ち向かうとき，きっと環境には秩序があり，意味があるはずだと，非多義性を仮定して立ち向かう。つまり，ロジックの存在を仮定してから多義性を削減しようとする。環境に秩序を押し付ける努力をしてみて，それによって発見された秩序正しさをイナクトしているのである (p. 160 邦訳 p. 208)。

以上のような考察を経て，私はイナクトメントに「環境有意味化」という訳を与えてみた。いかがだろうか。

❖参考文献

Weick, K. E. (1969; 1979) *The Social Psychology of Organizing*. Addison-Wesley, Reading, MA. (初版の訳：金児暁嗣訳『組織化の心理学』誠信書房，1980；第2版の訳：遠田雄志訳『組織化の社会心理学 第2版』文眞堂，1997)

## 第9章のまとめ

公式組織の周りには，あるいは公式組織が成立する前段階では，共通の目的はもたないが，相互に個人的なコミュニケーションをもっているような人々の集団が存在していることが多い。この具体的な「非公式組織」は，意識的に調整されてはいないが，人々の態度や理解，習慣を醸成することで，人々の間に斉一な心的状態を作り出す。

# 第 III 部

# 組織の中で
# 何が起きている？

# 第 **10** 章

# 分業と専門化

「なんだか同じ仕事の繰り返しで，飽きてきちゃったな。」

「だったら，俺みたいに，仕事の仕方を改善してみろよ。作業効率が上がって結構楽しいぞ。ほら，もうこれでおしまいさ。」

「おい。その仕事が終わったんなら，こっちの仕事を手伝えよな。まったくもう，分業の仕方がまずいんだから。」

「ところで，この穴は何に使う目的で掘っているんだ？」

## 10.1　自分の仕事をきっちりやろう

### ○　お湯を捨てるのか捨てないのか

　たとえば，ある喫茶店のチェーンでは，新米のアルバイト店員に対して，店長がマニュアルに従って，こんな注意をしていた。

「いいかい。おいしいコーヒーを入れようと思ったら，お湯を注ぐ際には，こんな風に最初のお湯100ccは捨ててから，コーヒーを入れるんだ。」

なるほどと，新米アルバイトはみんな見よう見まねでコーヒーを入れ始めた。

　ところが，アルバイトを始めて数カ月たった頃，お客さんがたくさん入って，大忙しのとき，いつものように最初のお湯を100cc捨ててからコーヒーを入れていると，店長がこう言った。

「こんなに忙しいときには，そんなことしなくていいんだよ。」

なんだよ。いい加減な店長だな，と思ったが，そのときは忙しかったので，ピークが過ぎて暇になったときに，ちょっと意地悪く店長に聞いてみた。

「忙しければ，コーヒーの味が落ちちゃってもいいんですか？」

「あぁ，さっきのことか。そうだね。ちゃんと教えてあげないとね。実は，最初のお湯100ccを捨てろというのは，コーヒーを入れる間隔が空いているときに，最初のお湯の温度が下がっていることが多いからなんだよ。お湯が冷めちゃっていたら，コーヒーもおいしくないだろう？　でも，さっきみたいに，あれだけ立て続けにコーヒーを入れていれば，お湯が冷めてしまっているということもないんだ。だから，あんなときには別にお湯を捨てなくてもいいんだよ。」

「なるほど。そうだったんですか。だったら最初からそう説明してくれれば良かったのに。」

「君みたいに，もう何カ月もアルバイトをやってくれていると，仕事にも慣

れてきて，自分で判断することもできるようになるけど，新米のアルバイト
にそんなことを教えてもパニックになるだけだし，勝手に判断されていい加
減なことをされるよりは，マニュアルに従ってやってもらった方が間違いが
ないからね。」(⇨課題 10.1)。

## ○ 生コンの中に手を……

　そして，ある県の県庁の土木関係の部署の部長さんが話してくれた自分が
若かった頃のお話。
「一応，大学の土木を出て県庁に入ったんですけどね，大学を出ていても最
初は現場に行かされるわけですよ。いや本当の建設現場です。県庁発注のね。
そしたら，先輩が色々と指示するわけですよね。たとえば生コンに手を突っ
込んでみろとか，水の量をノートにメモしておけだとか……。冗談じゃない
ですよ。私は大卒ですよ。だいたい生コンに手なんか突っ込んでいたら手が
荒れちゃいますよ。そしたらある時ね，ノートにつけていた水の量が変化し
たんですよね。不思議に思って工事をしている業者に聞いてみたんですよ。
いやーびっくりしましたね。なんと手抜き工事だったんですよ。先輩から言
われたときは冗談じゃないと思っていたけど，あんな意味があったんですね
ぇ。」
　そもそも，われわれが経験している仕事のほとんどは分業が前提になって
いる。その仕事に一体どんな意味があるのかということすら知らないことも
ある。いや正確に言えば，知らなくても済むように，分業が行われるのであ
る。そのおかげで目の前の仕事に集中することができれば，作業効率も生産
性も向上するというものだ。短期的には，
「なんで俺がこんなことをしなくちゃいけないんだ？　やってられないよ。」
などといちいち疑問に思って，仕事の手が止まると，他の人の仕事までが進
まなくなって困ってしまうことになる。少なくとも短期的に必要なのは，目
の前の自分の仕事の成否に全体の運命がかかっているのだという一種の信念

のようなものの方であろう。分業しているおかげで、「全体の一般目的を理解しなくては仕事ができない」というわけでもないからだ。

　しかし、もちろん、全体の一般目的を理解していれば、もっと良い。そして長期的に考えれば、仕事の意味や全体の目的を常に考えながら仕事をしてくれる人が組織を支えていくことになるのである（⇨課題 10.2）。

## 10.2　分業で生産性が向上するのか？

## ○ ピン工場の例

　分業と聞いて、まずほとんどの人が思い出すのはアダム・スミス（Adam Smith；1723–1790）ではないだろうか。彼が生産性を向上させるものとしてピン製造業者の分業を取り上げていたことは広く知られている。アダム・スミスは 1776 年に出版した有名な『諸国民の富』の冒頭、第 1 編第 1 章「分業について」で、貧しく、不完全な機械しか持ち合わせていないピン製造業者が、

①　まず、ピンを作る仕事を、針金を⑴引き伸ばし⑵まっすぐにし⑶切り⑷尖らせ……というように約 18 の別個の作業に分割する。

②　これらの作業は、ある者は 2, 3 の作業を行うことで、10 人で分担される。

というやり方で、1 日 48,000 本以上、すなわち 1 人当たり 1 日 4,800 本以上も生産していたとし、もし彼らが個別に独立して、ピンを作る作業を 1 人で行えば、1 日 1 人 1 本のピンを作ることさえまずできないであろうし、20 本を作ることはもちろんできないであろう、とも推測している。つまり、分業すれば生産性が向上するというわけである。

ただし，分業あるいは専門化という用語自体は単に違った人間が違った事をしているということを意味しているだけにすぎない。もともと2人以上の人間が，同じ時刻に同じ場所で同じ事を行うことは，物理的に不可能なので，厳密にはいつも分業あるいは専門化していることになる。

たとえば，ピンを作る仕事の(3)の切る作業にしても，2人の人が同じ1本の針金を切ることは不可能なので，2人は並んで別々の針金を切ることになる。これでも分業には違いないのである。もっとも，こんな分業では生産性が上がるとは思えない（2人で切っているので，単位時間当たりの生産高は2倍になるかもしれないが）。つまり，経営管理上，真に重要なことは「専門化する」ということではなく，「生産性の向上するようなある特定の専門化の仕方が存在する」ということなのである。それは，分業さえすれば自然とそうなるというものではなく，ある時点では合理的な思考が要求される。

実際，2人が別々の針金を切るという今の話にしても，もし作っているピンに細いピンと太いピンの2種類がある場合には，専門化の仕方を工夫する余地が出てくる。仮に，細い針金aはハサミでも切れるが，太い針金bは特殊な工具を使わなければ切れないということであれば，A君は細い針金aだけを切ることを担当し，B君は太い針金bだけを切ることを担当するという専門化は，生産性の向上に貢献しそうである（⇨課題 10.3）。

つまり，ピン製造業者の観察例自体が，観察時点までに既に試行錯誤等の何等かの工夫，努力を経てきたものなのである。ある程度満足できる水準の生産性を可能にした「専門化の仕方」に到達しているからこそ，分業により労働の生産諸力が改善される。それを観察することができたのである。

## ○ なぜ生産性が上がるのか

それでは，生産性，経済性の向上はどのようにしてもたらされるのであろうか。まず分業によって，現場の作業者については同じ部分的な仕事を行うことで，管理者については同じ問題を取り扱うことで，熟練，自信，正確さ

が増す（⇨課題 10.4）。これは分業によって状況に反復性が生まれ，特定の問題あるいは刺激が繰り返して経験されるようになることで，適切な反応が開発・学習され，意思決定がプログラム化されていくことを意味している。

　また，どんな種類の技能も，そして習慣として獲得されたはずのプログラムの記憶も，ある程度の頻度で実際に使われていないと失われてしまう。したがって，技能や記憶の水準を維持するためには，各メンバーができるだけ限られた範囲の技能とプログラムをその水準が十分維持できるだけの頻度で使うことが必要になり，このような条件を満たすような仕方で分業することが必要になるのである。

## ○ 段 取 り 活 動

　さらに，大部分の活動は，その実行を求められたからといっていきなりその活動に入れるというわけにはいかない。たとえば，指定された場所，あるいは何等かの意味で活動をするのにふさわしい場所へ移動してから実行しなくてはならない。このように本来求められている活動の他に，その活動のために必要とされる活動を段取り活動と呼ぶ。

　熟練や技能水準の維持というのも長期的な段取り活動なのだが，短期的にもこうした一つの活動から他の活動へ移ることに伴うものがある。短期的なものにせよ，長期的なものにせよ，段取り活動は本来求められている活動ではないので，共通の段取り活動をもつ活動を結合することで，図 10.1 のように段取り活動を共有させて節約できる。このことから，分業によって共通の段取り活動をもつ活動だけをまとめて実行することができるようになると，段取り活動の節約効果を高めることができる。

　さきほど，A君はハサミでも切れる細い針金aだけを切ることを担当し，B君は特殊な工具を使わなければ切れない太い針金bだけを切ることを担当するという専門化は，生産性の向上に貢献しそうだと思ったのは，実は，ハサミと特殊な工具をいちいち取り替える手間（＝短期的な段取り活動）が省

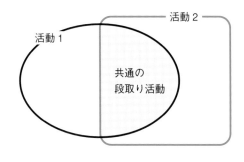

**図 10.1　共通の段取り活動の共有による節約**

けるということと，特殊な工具は使い慣れるまで時間がかかりそう（＝長期
的な段取り活動）なので，B君が頻繁に使って慣れた方が効率的だとなんと
なく想像できたからなのである。

　もっとも，短期間であればこれでもいいのだが，長期にわたって同じ作業
の繰り返しだと飽きてしまい，かえって作業効率が落ちたり，間違いのもと
になったりしてしまうかもしれない。仕事のヤル気も失せ（今風に言うと，
モチベーションが維持できなくなって），仕事を辞めてしまうかもしれない。
たまにはローテーションでA君とB君の作業を交換したり，別の人を入れ
たりした方が無難だろう。分業していると，そうした入れ替えは確かにやり
やすくなる（⇨課題 10.5）。

# ■ ディスカッション ■

課題 10.1

　アルバイト募集のチラシに「できるだけ長く続けて働いてくれる人を希望」などと書いてあって，それだったらアルバイトじゃなくて正社員を雇ったら？　などと突っ込みを入れたくなることがある。それでは，どうしてこのチラシの主は「長く続けて働いてくれる」ことを希望しているのだろうか。短いとどのようなデメリットがあるのだろうか。また長く続けて働いてもらうためには，一体どのような工夫が必要だろうか。身近な例を挙げて分析してみよう。

### 課題 10.1 のヒント

　20 世紀初頭，自動車会社フォード社（Ford Motor Company）は，大量生産によって価格を下げる販売拡大化政策をとり，1908 年から 1927 年まで，いわゆる T 型フォード（Model T）を一貫して生産し続け，生産コストと価格を劇的に低下させた。T 型フォードを生産するためのハイランド・パーク工場では，新しい技術が全面的に採用され，フォードの技術者達は改良されたコンベア，搬送台，重力滑り台を設計し，使用実験を始めた。こうした移動組立方式は，最初，はずみ車つき磁石発電機，ついで他のエンジン部品，さらにエンジン自体，最後には 1913 年 10 月にシャシーの組立と完成車への仕上げで試みられた。こうして，加工処理の速度は急上昇し，T 型フォード生産 1 台当りの平均労働時間は 12 時間 8 分から 2 時間 35 分に短縮され，1914 年の春までには 1 時間 33 分に減少した（Chandler, 1977, p. 280 邦訳 pp. 480–481）。

ところが，当時のフォード社での離職率は月 40% にもなったと伝えられている。つまり毎月，半分近い人が辞めていたのである。こんな状態で，工場で工員にきちんと仕事をしてもらうためには，

①　高い離職率を前提とした方策，

あるいは

②　高い離職率を下げるための方策

のどちらかが必要になる。

　短期間でどんどん工員が辞めていくことを前提にしたシステムと，工員にできるだけ長い期間働いてもらうことを前提にしたシステムとでは，仕事の分業の考え方も当然異なってくる。実際，短期間で習熟できるが，単調で単純な作業しか与えられない場合，人はすぐに飽きたり，必要以上に疲れを感じたりするものである。

　とはいえ，当時のフォード社の離職率は，さすがに高すぎた。1913 年の工場の離職率は 380% にもなり，たまらず会社側は，1913 年 10 月 1 日に平均 13% の一律賃上げを発表し，全従業員の最低日給を 2 ドル 34 セントに引き上げたが，それもむなしく，ついに 1914 年 1 月 5 日に，日給 5 ドル制 (the five-dollar day) を宣言し，12 日より導入することで，労働者をつなぎとめようとした。同時に 1 日の労働時間も 9 時間から 8 時間に短縮し，全工程で時間給制度を導入した。日給 5 ドル制の適用は，工場のあるデトロイトに 6 ヶ月以上在住で，かつ入社して 6 ヶ月の見習い期間を完了した者に限定された。その結果，実施から 6 ヶ月後には 69%，1 年後には 87%，2 年後には 90% の労働者が日給 5 ドル制の適用を受けることになり，1913 年 10 月から始まった事業年度の年間離職率は 23% に劇的に低下したという（まあ，それでも低い離職率だとはいえないが）。

❖参 考 文 献

　Chandler, A. D., Jr.（1977）The Visible Hand: *The Managerial Revolution in American Business*. The Belknap Press of Harvard University Press, Cambridge, MA.（鳥羽欽一郎・小林袈裟治訳『経営者の時代（上・下）』東洋経

ディスカッション

済新報社，1979；ページ数は上下巻通し）

高橋伸夫（2015）『経営学で考える』有斐閣。

---

**課題 10.2**

　サークルやアルバイト先などでは，自分に割り当てられた仕事を一生懸命することがまずは求められる。分業をしているわけだから当然である。しかし，自分が所属している組織が全体として何をしている組織なのかを理解することは無意味なのだろうか。その意識をもつことで，一体何が変わるのだろうか。

---

## 課題 10.2 のヒント

　中世の旅人が，道端で働いている 3 人の石工に出会って，一人一人に何をしているのかとたずねた。最初の石工は言った。

「石を切っています。」

　2 番目の石工は言った。

「隅石を整えています。」

　しかし，3 番目の石工はこう答えた。

「寺院を建てています。」

（Deal & Kennedy, 1982, p.41　邦訳 p.63）

　つまり，会社の従業員が，ただ石を切る人ではなく，寺院を建てる人になっていれば，それが強さの源泉になる。

❖参 考 文 献

Deal, T. E. & Kennedy, A. A.（1982）*Corporate Cultures: The Rites and Rituals of Corporate Life*. Addison-Wesley, Reading, MA.（城山三郎訳『シンボリック・マネジャー』新潮社，1983）

## 課題 10.3

　あまり劇的である必要はないが，自分の身の回りに，仕事の仕方を改善したことで，作業効率が向上した事例がないか探してみよう。

### 課題 10.3 のヒント

　たとえば，数百年の間ほとんど何ら改良を試みられなかったレンガを積む方法について，自らもレンガ積み職人としてスタートしているギルブレス（Frank B. Gilbreth; 1868-1924）は，レンガ積み職人の各動作について分析と研究を行い，職人の速さと疲労とに少しでも影響を及ぼすような要素はどんな細かいものでも実験して，不必要な動作は一つ一つこれを省いてしまい，遅い動作は速い動作と取り替えていった。分業の仕方，作業の内容に至るまで「動作研究」（motion study）を行い，標準的な条件の下で，レンガ1個を積むに要する動作を 18 から 5，もしくは場合によっては 2 にまで減らしてしまったと言われる。これによって，1人1時間当たり 120 個しか積めなかったものが，1人1時間当り 350 個も積めるようになったという（Taylor, 1911, pp. 77-81　邦訳 pp. 282-285）。ギルブレスが一時師事していたテイラー（Frederick W. Taylor; 1856-1915）は，このような研究を「時間研究」（time study）と呼んでいた。

　こうした動作研究・時間研究の末裔は，今日の日本の工場などでも見ることができる。実際，作業者の横で観測者が要素作業ごとの所要時間をストップウォッチで測定し，個々の要素作業の所要時間を具体的に測定し，平均値を計算して，さらにその値に熟練度や努力度，疲労度などを調整する係数をかけて，標準作業時間を算出することを行っているのである。こうした手法は IE（industrial engineering）と総称され，現在でも生き続けている。ちなみに，IE では「探す」「見出す」「選ぶ」など十数種類の基本動作に要素化したサーブリグ（therblig）が今でも使われているが，これはギルブレス

（Gilbreth）のつづりをほぼ逆に読んだもので，ギルブレス自身の命名である。

　ただし，より正確に言えば，動作研究はギルブレス夫妻（Frank and Lilian Gilbreth）によるものというべきである。ギルブレス夫人（Lillian M. Gilbreth; 1878-1972）は博士号ももつ才媛で，夫の死後，大学教授になっている。

❖参 考 文 献

Taylor, F. W.（1911）*The Principles of Scientific Management*. Harper & Bros., New York. Reissued 1967 by W.W.Norton, New York.（上野陽一訳「Ⅲ科学的管理法の原理」『科学的管理法　新版』産業能率短期大学出版部，1969，221-336）

---

課題 10.4

　自分の身の回りの仕事を１つ選んで，同じ部分的な仕事を高い頻度で行うように仕事を整理，分業した改善案を提案してみよう。その際，どうして生産性が向上するのかも考えてみよう。

---

### 課題 10.4 のヒント

　分業というと，一般的には水平的分業をイメージするが，実は，それだけではない。現場の作業員とその監督者との間での意思決定職務の分業のような垂直的分業も存在している。組織図で表現されるような権限のピラミッド構造は，そうした垂直的分業を表している（Simon，1947，ch. 1）。

　経営管理論の始祖とされるフランスの経営者ファヨール（Henri Fayol; 1841-1925）は，14 の管理原則（principes d'administration）の第１原則として「分業（division du travail）の原則」を挙げている。そこでは，分業によって，労働者については同じ部分的な仕事を行うことで，管理者については

同じ問題を取り扱うことで，熟練，自信，正確さが増すとしている（Fayol, 1918, pp. 20-21　邦訳 p. 43）。ということは，同じ部分的な仕事を高い頻度で行うように分業すれば，生産性は向上することになるはずなのだが……。

実は，確かに短期的には，同じ部分的な仕事を高い頻度で行った方が生産性は向上する。しかし，細分化や標準化が進んで，誰にでもできるような単純作業ばかりを意義も分からずに長期にわたって繰り返していたのでは，誰だって飽きてつまらなくなってくるものだ。そこで，20世紀後半に入ると，仕事内容を多様化させる職務拡大（job enlargement）や，今よりも大きな権限や自由度を与えて，よりレベルの高い仕事を担当させる職務充実（job enrichment）といった考え方も生まれてくることになる。

❖参 考 文 献

Simon, H. A.（1947；1957；1976；1997）*Administrative Behavior: A Study of Decision-Making Processes in Administrative Organization*. Macmillan, New York. 3rd and 4th eds. Free Press, New York.（松田武彦・高柳暁・二村敏子訳『経営行動』ダイヤモンド社，第2版の訳，1965；第3版の訳，1989；第4版の訳：二村敏子他訳，2009）

Fayol, H.（1918）*Administration Industrielle et Générale*. Dunod, Paris.（佐々木恒男訳『産業ならびに一般の管理』未来社，1972）

**課題 10.5**

　生産性は分業や専門化の仕方だけではなく，働く人のヤル気にも依存しそうである。自分の経験を踏まえて，生産性とヤル気の関係について考えてみよう。

## 課題 10.5 のヒント

課題 9.1 のヒントに登場したホーソン実験では，生産性はどうして向上し

ディスカッション

たのであろうか。1960年代には，ホーソン実験に対する否定的な見解が定着するが，その一つが，生産性向上がなぜもたらされたのかという点についてのものだったのである。生産性向上の理由は単純明快。実は，実験の途中で，5人中2人の反抗的な作業者が解雇され，代わって経済的な問題で仕事を必要とした生産的で経験のある2人の女性が入ってきたために，彼女らの努力と刺激が集団の生産性に増加をもたらしたのである。一説には，会社側が生産性の記録を作ろうとして，最も生産性の高い2人の作業者を投入したとまで言われている。

この事実は，特に隠されていたわけではない。人間関係論の比較的よく普及して読まれていた文献（たとえばMayo, 1933, ch. 3）でも，堂々と記述されていた。すなわち，

① 5人の作業者が実験の全過程を通じて固定されていたものではないこと。

② 実験の最初の年である1927年で5人中作業者番号1番と2番の2人が脱落し，1928年1月に始まる第8期からは，その者たちと同程度ないしはそれ以上の技能をもつ他の2人の者が，同じ番号を引き継いで，これに代わって最後まで仕事を継続したこと。

③ さらに，作業者番号5番のもう1人も，1929年の半ばにホーソン工場をやめたが，1年後，再びこのグループの職に復帰しており，その間は別の作業者が実験に参加していたこと。

つまり正確には，一時5人中3人が入れ替わっていたのである（ただし第13期は1929年6月末までの31週間なので，課題9.1のヒントにも出てきた第7期，第10期，第13期の比較については，3人目の交替は実質的には影響しないだろう）。そして決定的なのは，作業者番号1番～5番の平均毎時生産高が，1927年～1932年にわたってグラフで示されているが，確かに作業者番号1番と2番は交替直後から生産高がはね上がっていたという事実である。彼女たちは，最初から生産性が高かったのだ。

❖参 考 文 献

Mayo, E.（1933）*The Human Problems of an Industrial Civilization*. Macmillan, New York.（村本栄一訳『産業文明における人間問題』日本能率協会，1951）

## 第 10 章のまとめ

　組織は作業が実施される場所や作業が行われる時間などで専門化される。組織の有効性のほとんどは，協働行為の正しい時間的・空間的順序を発見し，工夫するという専門化の革新に依存している。複合組織の一般目的は複合組織を構成する各単位組織に割り当てる特定目的にまで分割されねばならない。

第10章のまとめ

# 第 11 章

# 人はなぜ働くのか

「これまでは見習い期間ということで時給が安かったけど，今月からは時給を上げることにしたからね。これからは責任をもって，一生懸命働くように。」

「はい！ ……えっ？ 上がったって，時給900円が920円になっただけですか？」

「何言ってるんだ。給料が上がったら，モチベーションは上がるもんなんだよ。う〜，下がるよりはいいだろう。」

「下がったら即辞めますよ。こんなバイト。」

## 11.1　この仕事をやってきて良かった

### ○　自分の仕事が形になる快感！

　まともなサラリーマンであれば，誰でも「この仕事をやってきて良かった」と思う瞬間を経験したことがあるはずだ。

　ある開発志向の強いメーカーでのお話。その会社に就職してくる理工系の学卒者は，ほとんどが修士号，博士号をもっている大学院出ばかり。みんな大学の研究室の延長のような気持ちで会社の研究所に入ってくるのだが，これでは，単に大学に残れなかった連中の掃き溜めのような場所になってしまう。次第にモチベーションも失われて，やがてやる気もなくなる。

　ところが，自分がかかわった新製品ができると話が変わってくる。まだ発売日前なのに，売っていないと知りつつ，毎日近所のスーパーにチェックに行ってしまう。そして発売日当日，店頭に並ぶその製品を手に取った瞬間，もうそいつの人生は大丈夫だ，というのである。その快感を一度でも味わった人間は，もうモチベーションを失うことなく，会社の研究所で製品開発に打ち込めるようになるという。

### ○　地図に残る仕事

　同じようなことは，どこの会社でも普通の光景として見られるはずである。1990年頃，バブル景気で人手不足になり，労働市場は売手市場一色の様相になった。建設業は3K（きつい，汚い，危険）職場の代表格とマスコミで話題にされ，敬遠されていた。しかし当時，ゼネコンに勤める人々の口からは，職場環境の厳しさや改善の必要を事実として認めるものの，大きなお世話だという声が多く聞かれた。

ある大手ゼネコンが「地図に残る仕事」をCMのキャッチコピーにしたときには，他の建設会社の従業員からも共感を呼んだと言われる。自分が参加したプロジェクトで建設されたダムを見せるために山奥に恋人を連れていくCMのシーンは，私が見ても感動的であった。実際，巨大な建造物は地図に載る。観光地でもないのに，恋人や家族をドライブで連れて行くという話もよく聞く。まさに「地図に残る仕事」なのである。

建設会社に勤める事務系の従業員ですら，自分が工事に携わったビルの前を通る時には，心が何かで満たされるのを感じるという。知らず知らずのうちに遠回りして，そうしたビルの前を通ってしまうという人もいる。それが仕事の原点なのではないだろうか。

営業の人であれば，無茶だと思われていた営業目標を達成したとき。周囲も驚くような大きな契約がとれたとき。もうそれだけで，うれしくて，うれしくて，会社の帰りがけに飲んだビールの味は一生忘れられないといった経験は，誰にでもあるはずなのである。仕事の達成感は，仕事それ自体がくれるものなのだ（⇨課題11.1）。

## 11.2 だからこそ次の仕事で報いる

### ○ 将来の経営者候補だからこそ？

たとえば，拙著『〈育てる経営〉の戦略』（講談社，2005年）の中でも取り上げた，こんなエピソード。

あるとき，A君は大変な「雑用」ポストを押し付けられてしまった。これから少なくとも1年間はやらざるを得ないポストである。昨日まで営業の第一線で活躍してきたのに，引き継ぎと称して乱雑に積まれた書類のファイルの山を目の前にして，A君はさすがにゲンナリしていた。すると，そこにひ

ょっこり部長がやってくる。

「おう！　ちゃんとやってるか？」

「ええ，まあ……」

とＡ君は口を濁す。普段，あまり口をきいたこともない部長なのだが，空いていた隣のイスに腰掛けると，Ａ君にこんな意外なことを話し始めた。

「実は，俺も若い頃にこの仕事をさせられたことがあるんだよ。大変なんだコレが。しかもなんだかんだ言って，裏方の雑用だろう？　嫌んなっちゃうよな。でもな，君みたいに入社以来ずっと営業の第一線でバリバリやってきた人間には見えてなかったと思うけど，この仕事を１年もやらされると，この会社がどんな仕組みで動いているかが分かるようになるんだよ。君も知ってると思うけど，常務の○○さん。あの人も若い頃にこの仕事をさせられててね。常務なんかは，将来の経営者候補たるものは，一度はこの仕事を経験すべきだとまでいうんだ。とにかく手を抜かずにやってみろ。だんだんとこの会社の仕組みが分かってきて，面白くなってくるから。」

と言い残して，部長はどこかに行ってしまった。ほんの１〜２分の会話。たったそれだけのことなのに，それまで今にも雨が降り出しそうな曇天だったＡ君の心の中は，いつの間にか雨雲が切れ，抜けるような青空が広がっていくような開放感があった。

## ○　「次の仕事」で報いる

　この「雑用」が一生続くわけではない。この「雑用」を終えた後に待っている次の仕事，それこそがＡ君の頑張りに対する真の報酬なのだ。これが日本型年功制の処遇の考え方なのである。逆説的に聞こえるかもしれないが，そんなに面白い仕事ばかりではないからこそ，「次の仕事」で報いるという発想が必要になるのである。必ずしも「今の仕事」に満足する必要はないのだ。実際，会社で手柄を立てたとき，そのご褒美の希望を上司から聞かれ，キャッシュが欲しいと答えたという人を私は知らない。私の知る範囲では，

手柄を立てた人は，次のようなことを求めるのである。

「今，社内で動き始めている○○プロジェクトがありますよね。私をぜひあのプロジェクト・チームに参加させてください。」

「入社のときからずっと憧れていたんです。○○本部の△△部長の下で働かせてください。」

「実は，この企画書のような新規事業プランを暖めているのですが，ぜひ，このプランに頭出しだけでもいいですから予算をつけてくれませんか。」

　つまり，金ではなく次の仕事を求めているのである。そうやって与えられる新しい仕事，次の仕事を通して，人は仕事の面白さに目覚め，成長していく。金では人は育たない。次の仕事を与えられることで，はじめて人は育つのだ。そのことでパフォーマンスが向上し，やがては会社の真の成長にもつながっていく。そして，その報酬たる次の仕事に，後顧の憂いなく没頭してもらうために，戦後生き残ってきた日本企業では，給料は動機づけとは切り離して生活を守る観点から設計されてきた。この2本柱からなるシステムが「日本型年功制」なのである。

## 11.3　金のインパクト

### ○　成果主義の2つの結末

　ただ，残念なことに，従来，これほどまでにストレートに口に出してくれる上司はめったにいなかった。ここは運用の問題として，ぜひとも改善すべきである。上司は，はっきりと部下に仕事の意義や将来の見通しについて伝えるべきなのだ。だから，若い人はついつい，成果主義に惹かれてしまう。

　「成果主義」賃金とは，簡単に言えば，1990年代後半から，それまでの日本企業の年功賃金に対して，(a)成果や業績の客観評価を前面に打ち出し，(b)

その短期的な成果の違いを賃金に反映させて格差をつけることを狙って大企業で普及し始めた賃金制度，人事システムのことである。2000 年以降，急速に普及が進んで日本企業を蝕み，そして 5 年程度でブームは収束して廃れた。今となっては，なぜこのような 19 世紀的な誤った方式が日本で流行したのか不思議でしょうがない (⇨課題11.2)。

　たとえば A 君のようなケースで，成果主義では一番ありがちな，しかも誠に理不尽な結末は……残念ながら，A 君がどんなに頑張ったって，所詮は裏方の雑用をさせられていたわけだから，まともな意味で業績が上がるわけもない。A 君は客観的に見て評価が下がり，給料も下がり，結果的に昇進も遅れてしまうことになる。そもそも，そのような仕事に就かされた段階で，A 君の努力のかいもなく，成果なんて出しようもないのだ。

　もう一つの結末は，そうした仕事の質による違いを考慮した上で，きちんと評価して給与に反映させるという，ありそうもないけど素晴らしい成果主義が導入されていた場合の結末である。雑用とはいえ，仕事を立派にやり遂げた A 君のところに，満面の笑みをたたえた人事部長がやってくる。

「君はわが社の成果主義人事のまさに成功者の一人だ。君の昇給率は社内でも 5 本の指に入るぞ。たいしたもんだ。」

A 君も得意の絶頂である。ところが，

「この調子で成果が上がれば，どんどん給料は上がっていくからね。これからも，この仕事にもっと精進するように。」

そう言われて，A 君は思わず

「えっ，嘘でしょう？　ずっとこの仕事を続けるんですか？　僕が期待したのはそんなことじゃないんですよ……」

と口にしてしまう。そして，人事部長の次の一言，

「何訳の分からんことを言ってるんだ。ちゃんと賃金は成果の対価になっているはずだぞ。成果を上げれば金をたくさん払うといっているんだ。たとえ嫌な仕事でも文句を言わずに働きなさい！」

これじゃあ懸命に働く気にならない。嫌な仕事は，金をもらっても無理なの

だ。とても長くは続けられない。A君はようやく目が覚めた。

　この人事部長の主張「賃金は成果の対価であるべきだ」は，一見もっともらしい成果主義の主張なのだが，仮にそれが実現したとしても，それではモチベーションは高まらないのだ。実際，A君は自分の求めていたものが，本当は昇給ではなくて，やりがいのある次の仕事だったことをようやく悟る。実は，成果主義ブームの真っ只中でさえ，こんな人でなしのひどい日本企業はほとんどなかった。いかに「成果主義」を標榜している会社であっても，金銭的報酬だけではなく，異動もさせた。さすがに金銭的報酬だけでは，人が働かないことは分かっていたのである（⇨課題11.3）。

## ○　金のインパクトが仕事の喜びを奪う

　私は，お金はモチベーションに効果がないと言っているのではない。逆にインパクトが強すぎるのだ。お金にはある種の強い副作用と常習性がある。もらったときにはうれしい金銭的報酬だが，やがて麻薬中毒患者のように，金銭的報酬をもらい続けないと仕事に耐えられないほど，仕事を苦痛なものにしてしまう。そして，さらにひどく金銭的報酬による動機づけに依存するようになる。それほどまでに，金銭的報酬のインパクトは強烈なのである。デシが引用している次の話は印象的だ（Deci, 1975）。

　米国南部の小さな町で，一人のユダヤ人が目抜き通りに小さな洋服仕立屋を開いた。すると嫌がらせをするためにボロ服をまとった少年たちが店先に立って「ユダヤ人！　ユダヤ人！」と彼をやじるようになってしまった。困った彼は一計を案じて，ある日彼らに「私をユダヤ人と呼ぶ少年には10セント硬貨を与えることにしよう」と言って，少年たち一人ずつに硬貨を与えた。戦利品に大喜びした少年たちは，次の日もやってきて「ユダヤ人！　ユダヤ人！」と叫び始めたので，彼は「今日は5セント硬貨しかあげられない」といって，再び少年たちに硬貨を与えた。その次の日も少年たちがやっ

179

てきて，またやじったので，「これが精一杯だ」といって今度は1セント硬貨を与えた。すると少年たちは，2日前の1/10の額であることに文句を言い，「それじゃあ，あんまりだ」と言ってもう二度と来なくなった。

もともと仕事と満足はくっついていたはずだった。つまり「仕事それ自体が報酬」の状態だったわけだ。ところが，そこに強烈なインパクトの金銭的報酬が投げ込まれると，仕事と満足の間に割り込んで両者を引き離し，満足を報酬の後に追いやってしまう。つまり「仕事→金→満足」と分離させてしまう効果があるのである。

このことは図11.1のように図解すると分かりやすい。つまり，図11.1(a)のように，もともとは仕事（＝「ユダヤ人！　ユダヤ人！」とやじること）と職務満足はくっついていたのに，両者の間に金銭的報酬が割り込んで，図11.1(b)のように，両者を分離してしまったのである（図では正確を期すために，「仕事」は学術用語「職務遂行」（job performance）に言い換えている）。

こうしてひとたび金銭的報酬を媒介して，職務遂行と職務満足が結びつくようになってしまうと，もうおしまいなのだ。もはや金銭的報酬のために仕事をするようになっている。その状態で，金銭的報酬が与えられなくなると，図11.1(c)のように，職務満足も得られなくなり，さらに次の職務を遂行することもなくなってしまったのである（⇨課題11.4）。

## ○ 絵に描いたモチベーション

ところで，図11.1(b)のサイクルが出来上がってしまった人，言い換えれば金銭的報酬の中毒になっている人の末路は，あまりにも寂しい。なぜなら，金銭的報酬を職務遂行に完全に連動させる報酬システムの開発には，人類史上，誰一人として成功していないからである。このサイクルはきちんと機能しない。実際，モチベーションに関する論文などでは，図11.1(d)のように，

(a)内発的動機づけの状態

(b)職務遂行と職務満足の間に金銭的報酬が割り込んだ状態

(c)金銭的報酬が絶たれた状態

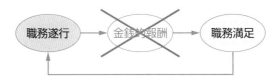

(d)金銭的報酬が連動しない状態

図 11.1　金銭的報酬のインパクトの強さ

職務遂行と金銭的報酬の間の連結をわざわざ波状線で表現し，完全に連動していないことを示しているものがあるほどなのである。

　論理的に考えても，金銭的報酬を職務遂行に完全に連動させる報酬システムが存在するわけがない。そもそも仕事というのは，すごく多面的なのである。ピンポイントで成果を狙っただけでも崩れるほど多面的なのだ。それを

一元評価で表すことなんてできない。一つの尺度（「円」）しかない金銭的報酬を，もともとさまざまな側面を持つ職務遂行に完全に連動させられるわけがない。つまり，このサイクルのお話は，「ドラえもんのポケットがあれば，何でも出てきますよ」と言っているのと同じくらい荒唐無稽なおとぎばなしなのである。

　要するに，図11.1(b)のような金銭的報酬によるモチベーションなど机上の空論，まさに「絵に描いた餅」なのだ。私が研究者として駆け出しの頃，企業の人事担当者は「絵に描いたモチベーション」とからかっていたものである。にもかかわらず，図11.1(b)のサイクルを作ってしまえば，そこからモチベーションの破綻が始まる。

　そんなことは100年も前の科学的管理法の時代から分かっていたことである。調査研究を積み重ねた結果，そもそも人は金のみでは働かないということが分かったからこそ，ワーク・モチベーションと呼ばれる研究領域が生まれたわけで，そのことを思えば，こうした話は何の不思議もない。結局，給料が不満の源泉になってしまうことも，半世紀も前から，データが繰り返し示してきた事実なのである（⇨課題11.5）。

　金銭的報酬による動機づけという迷信の呪縛から抜け出してしまえば，本当のことが見えてくる。

# ■ディスカッション■

### 課題11.1

　見た目には，つまり外的には何も報酬がないのに，自分は，その活動それ自体から喜びを引き出していたという経験はないだろうか。仕事やアルバイトをしたときなどの例を挙げて考えてみよう。

## 課題 11.1 のヒント

内発的動機づけで有名な心理学者デシ（Edward L. Deci）の実験は興味深い（Deci, 1975）。実験室に大学生を一人だけ入れて Soma と呼ばれるパズルを解かせる実験を行った。

このパズルは，一辺が 1 インチの立方体 3〜4 個がくっついているようなピース 7 個からなっていて，ピースはみな形が異なっていた。この 7 個のピースを組み合わせて，指定された形態を再現するのである。再現すべき形態は絵に描かれていて，学生は一枚紙のその絵を渡されると，制限時間 13 分で，ピースを組み合わせて絵の通りに形を再現することを求められるというパズルであった。このパズルは大学生にとっても十分に面白いものだった。

実験は，1 枚制限時間 13 分のパズル形態図を 4 枚与えて解かせるという 1 時間のセッションを 3 回行うというものだった。各セッションにおける中間点，第 2 パズルと第 3 パズルの間で 8 分間ほど時間をとり（これで，各セッションは，13 分＋13 分＋8 分＋13 分＋13 分＝60 分になる），この 8 分間は，実験者は実験の準備のためにと称して部屋を離れた。実験室には灰皿や最新の雑誌等が用意されており，大学生には，好きなことをしていてもいいから実験室は出ないようにと言い残して部屋を離れたのである。

関心があるのは，この自由時間の 8 分間に，被験者である大学生が何をするのかである。それを気づかれないように観察することになる。その上で，一部の学生に対して，実験のちょうど真ん中，第 2 セッションの途中で，解いたパズルの個数に応じて 1 個当たり 1 ドルの報酬が支払われた。すると驚いたことに，無報酬のまま実験を続けた学生の方が，自由時間にパズルを解いていた時間が長かったのである。つまり，報酬をもらうと，自由時間を休憩するようになったのだ。実験はこの他のパターンでも行われたが，結果は同じだった。金銭的報酬をもらうと，本来面白いはずのパズルであっても，自由時間を休憩するようになったのである。

こうしてデシは内発的の動機づけの理論を体系化することになる。内発的に

ディスカッション

動機づけられた活動とは，当該の活動以外には明白な報酬がまったくないような活動のことである。見た目には，つまり外的には何も報酬がないのに，その人がその活動それ自体から喜びを引き出しているようなとき，そう呼ばれる。実際，パズルを解くのは，それ自体が面白い作業だからであり，パズルを解いたときの達成感は誰にでも経験があるだろう。

❖参考文献

Deci, E. L. (1975) *Intrinsic Motivation*. Plenum Press, New York.（安藤延男・石田梅男訳『内発的動機づけ』誠信書房，1980）

---

**課題 11.2**

事前に定められたある目標・基準を達成した場合には高い給料，達成できなかった場合には低い給料という賃金制度にすれば，人は一生懸命に働くようになるだろうか。自分の身近な例で考えてみよう。

---

### 課題 11.2 のヒント

今日の近代的経営管理の源流の一つとして位置づけられている「科学的管理法」（scientific management）は，20 世紀初頭において米国を中心として展開された。

科学的管理法が生まれる前，当時の米国，英国の工場では，工員が故意に仕事をのろのろとゆっくりやっていた。そうすることで，一日分の仕事量が増えないようにしていたのである。こうした現象は「怠業」と呼ばれていた。科学的管理法の生みの親であるテイラーによれば，怠業はほとんどすべての工場に共通した現象であったという。しかし，この怠業を除去することができれば，労使の繁栄をもたらすことになるとテイラーは考えた（Taylor, 1911, pp. 13–15　邦訳 pp. 230–231）。

それでは，どうして人は怠業するのだろうか。テイラーは，怠業は２つの原因からきていると考えた。一つは，人間はその本能として楽をしたがるから怠業するのであって，テイラーは，これを自然的怠業と呼んだ。そして，もう一つの原因が組織的怠業である。テイラーはこの組織的怠業に対処するために，科学的管理法を提唱したのであった。

　組織的怠業が起こる理由は，多少複雑である。分かりやすく単純化するとこんな感じになろうか。実は，当時の工場では出来高払いで賃金が支払われていた。つまり，あらかじめ工賃単価を決めておいて，出来高に応じて賃金が支払われる制度である。しかし人間はだんだんと習熟してくるわけだから，当たり前のことだが，生産性はどんどん向上してくる。その結果，工員が精を出して働いていれば，出来高は自然とどんどん増えてくるので，支払われる賃金もどんどん膨らんできてしまうことになる。実際，それを嫌った経営者側が，人件費を抑えるために工賃単価の切り下げを何度かしてしまったらしいのだが，そんなことをされれば，「それだったら，こんなにせっせと働かずに，工賃単価を維持して，ゆっくりしたペースで働いた方がいい」と工員が考えるのは当然である。

　ただ問題は，自分だけがゆっくり働いていたのでは，自分だけがひどい目にあうということである。なぜなら周りの工員が精を出して働いてしまうと，結局工賃単価は切り下げられてしまうので，そんな中で出来高の少ない自分は，他の人よりもずっと低賃金で，しかもどんどん賃金が目減りしていってしまうからである。そこで，サボるなら，皆で一緒にサボらないと，ということで，工員は自分たちの利益や仲間との関係に色々思慮をめぐらして怠業していたのである。だから，これを組織的怠業と呼んだのだ。

　この組織的怠業に対処するためにテイラーが提案した方法は，次のように整理できる。

① 「科学的に」目標となる課業を設定する。その際，目分量式の非効率な動作をやめて，科学をもってして，最も速くて最も良い方法へと代え

185

ていくことがめざされる（Taylor, 1911, pp. 23-25　邦訳pp. 239-241）。

②　この「科学的に」設定された課業を指図通りの時間内に正しくなし終えたときには，普通の賃金より30%から100%の割増賃金をもらうようにして（Taylor, 1911, p. 27　邦訳p. 252），精を出して働いて出来高を増したばっかりに工賃単価が切り下げられたりするような事態を防ぐ。

ところが，実は②のような賃金制度，すなわち定められた標準を達成した場合には高い工賃単価，標準を達成できなかった場合には低い工賃単価という賃金制度（これは成果主義の発想そのものでしょう）——これを差別的出来高給制度という——はうまく機能しなかった。常識的に考えても，このような賃金制度では，作業者がベストを尽くさなくなることは，ちょっと考えればすぐに分かる。標準の設定をいかに巧みに（＝科学的に）行なったとしても，標準を与えられた作業者の側としては，要は，その「事前に設定された標準」だけをピンポイントで狙って，それさえクリアできるように働けばいいと考えるようになるからである。熟練してきて楽々と標準を超えられるようになったとしても，作業者の潜在的可能性を発揮する必要などどこにもないし，そもそも，その「事前に設定された標準」以外のことは，何か不具合があろうが，問題が発生しようが，どうせ賃金の査定とは関係のないどうでもいいことになってしまう。

❖参 考 文 献

Taylor, F. W.（1911）*The Principles of Scientific Management*. Harper & Bros., New York. Reissued 1967 by W. W. Norton & Company, New York.（上野陽一訳「Ⅲ科学的管理法の原理」『科学的管理法　新版』産業能率短期大学出版部, 1969, 221-336）

> **課題 11.3**
>
> 　世の中には，人に色々と指示を出して強制し，失敗したらひどい目にあわせるぞと脅し，とにかく人を管理しようと躍起になっている上司やリーダーも多い。これまで自分が経験してきた上司やリーダーの中で，そんなタイプの人を思い出し，その人が，一体あなたをどんな人間だと思っていたのかを整理してみよう。より正確に言えば，その人が意識していたかどうかにかかわらず，どんな仮定をおいて，あなたに接していたのかを分析してみよう。

## 課題 11.3 のヒント

　テイラーの科学的管理法の背景にある自然的怠業の話は典型的な例なのだが，マグレガー（Douglas McGregor；1906-1964）は，経営者が決定を下し，措置をするからには，必ずその背後に人間の性質・行動に関して何らかの考え方があると考えた。そして，1960 年当時，組織に関するたいていの文献や経営施策で暗黙のうちに了解されているものとして，

① 　普通の人間は生来仕事が嫌いで，できることなら仕事はしたくないものだ。
② 　仕事が嫌いだというこの人間の特性があるために，企業目標の達成に向けて十分な努力をさせるためには，たいていの人間は強制されたり，統制されたり，命令されたり，処罰するぞと脅されたりしなければならない。
③ 　普通の人間は命令される方が好きで，責任を回避することを望み，あまり野心をもたず，特に安全を望んでいる。

を挙げ，こうした一連の考えを「X 理論」と名付けた（McGregor, 1960, pp. 33-34　邦訳 pp. 38-39）。X 理論はまさにテイラーのやり方を意識した分

類である。

それに対して，当時，人事管理の新理論が生まれてきていた。人間行動に関する知識が蓄積されてきたことがその背景にある。そこでマグレガーはこの考え方を「Y理論」と呼んだ。Y理論は次のような人間の特性を仮定している（McGregor, 1960, pp. 47–48　邦訳 pp. 54–55）：

①　仕事で心身を使うのは，娯楽や休息の場合と同じように自然なことである。普通の人間は生来仕事が嫌いというわけではない。条件次第で，仕事は満足の源にも，処罰の源にもなる。

②　外的な統制や処罰による脅しだけが，組織目的に向けて努力させる手段ではない。人は自らを委ねた目的に役立つためには自ら命令し，自ら統制するものだ。

③　目的に身を委ねるかどうかは，その目的の達成により得る報酬の関数である。最も重要な報酬は，たとえば自我の欲求や自己実現の欲求の満足といったもので，これらは組織目的に向けて努力すれば直接得られるものである。

④　固有の条件下では，普通の人間は責任を引き受けるだけでなく，自らすすんで責任をとることも学習する。責任の回避や野心のなさ，安全の強調は，一般的に体験に基づくもので，生来の人間の特性というわけではない。

⑤　組織的問題の解決に際して，比較的高度の想像力，工夫力，創造力を働かせる能力は多くの人に備わっているものであり，一部の人だけのものではない。

⑥　現代の企業のような条件下では，普通の人間の知的潜在能力のほんの一部しか生かされていない。

このようにY理論はX理論の暗黙の仮定を否定したものであることが分かる。つまり早い話が，人間行動に関する知識が蓄積されてきたために，当時，20世紀の半ばにして，既にテイラーの属するX理論を否定するような

人事管理の新理論が生まれていたのである。そして，マグレガーはテイラー
に代表されるX理論から導かれた命令，統制による経営に反対し，Y理論に
基づいた経営を主張することになった（McGregor, 1960, p.49　邦訳p.56）。

❖参 考 文 献
　McGregor, D.（1960）*The Human Side of Enterprise*. McGraw-Hill, New York.（高
　　橋達男訳『新版　企業の人間的側面』産業能率短期大学出版部，1970）

---

**課題 11.4**

　中学，高校と進むにつれて，テストで 100 点をとることは難しくなる
が，小学校低学年の頃は，ちょっと勉強するとテストで 100 点もしくは
それに近い点数をとることはできたものである。誰だって，テストで
100 点をとれば，それだけでうれしかったはずである。たとえ 100 点を
とったことで親から「報奨金」がもらえるなんていうことがなくっても…
…。テストに限らず，他に同様の例はなかっただろうか。

---

## 課題 11.4 のヒント

　金銭的な報酬を中心とする外的報酬によるモチベーション（動機づけ）の
理論は，期待理論と呼ばれる理論を基礎にしている。これは，打算的で合理
的な人間を仮定し，そうした人間に，ある特定の行為を行わせようとする動
機づけを定式化している（詳しくは，高橋,1997, ch.4）。分かりやすく言え
ば，馬の鼻先にニンジンをぶら下げて，食いたかったら走ってみろという理
論である。
　その原型は 1930 年代の研究にまで遡ると言われるが，現在のようなワー
ク・モチベーションの理論として比較的完成された形にまとめたのは，ブル
ーム（Victor H. Vroom; 1932–）の『仕事とモチベーション』（Vroom, 1964）

である。ブルームは500以上にものぼる先行実験・調査の結果を整合的に説明するための分析枠組みとして期待理論を用いた。そして注目すべきは，職務満足と職務遂行の関係についてのブルーム自身の見解である（Vroom，1964，pp. 181-182　邦訳 p. 210）。

(a)　期待理論では，ある作業者が現在の職務に留まるように作用する力は，現在の職務の誘意性の単調増加関数であると仮定されている。

(b)　職務満足が生産性の向上に結びつくかどうかは明らかではない。なぜなら，期待理論では，職務の誘意性は，作業者がクビにならない程度に仕事をする確率とは関係するかもしれないが，多くの場合，作業者の可能性をはるかに下回る遂行レベルで十分に職務を維持できるし，実際，調査された作業者はそうだったと思われる。

つまり，期待理論は，欠勤・離職と職務満足との間の関係を説明するには有効だが，生産性と職務満足の間の関係を説明できないと，ブルーム自身が明言していたのである。にもかかわらず，期待理論によって，金銭的報酬による生産性の向上が説明できたと考えることは，勉強不足もはなはだしいのである。実際，さまざま研究が繰り返された結果，(i)職務に対する不満足は離職や欠勤という行動と結び付くようだが，それに対して，(ii)職務満足と生産性の間には関係がないということが，米国では既に1960年代には定説となっている。

それどころか，多くの人が見落としているが（あるいは意図的に無視しているが），実は当のブルーム自身が，職務満足と生産性の関係について，ある画期的な「予想」を提示していたのである。それは『仕事とモチベーション』の実質的な最終章である第8章で（最後の第9章は結論の章），広範な調査研究のサーベイ（文献の渉猟）の結果を次のように発見としてまとめていた部分だった（Vroom，1964，ch. 8）。

①　遂行レベルは個人の達成欲求の強度に直接対応して変動する。特に，

タスクが困難で挑戦的である時には，その度合は高い。

② 個人は自分が価値をおいている能力や，自分が保有していると信じる能力がタスクには必要であると信じるよう誘導されるなら，より高いレベルで遂行を行う。

③ 将来自分に関わってくる意思決定に参加する機会が与えられている人は，そういった機会を与えられていない人よりもより高いレベルで遂行を行う。

そして，これらの発見は，職務遂行が目的達成の手段であるばかりでなく，目的そのものでもあることを示しており，個人は職務遂行に対する外的に媒介された結果とは無関係に，効率的遂行からは満足を引き出し，非効率的遂行からは不満足を引き出すことを示唆しているとしたのである（Vroom, 1964, pp. 266-267 邦訳 pp. 304-305）。つまり，個人は外的報酬とは無関係に，高いパフォーマンスからは満足を引き出し，低いパフォーマンスからは不満足を引き出すことを示唆しているとしたのである。私は，この一点だけでも，ブルームは偉大な研究者だったと感嘆する。

この「ブルームの予想」は，言われてみれば，不思議な話でも何でもない。確かに，何か仕事を成し遂げることは，それ自体が精神的な高揚を伴うものなのだ。高いパフォーマンスを上げることは，それ自体が楽しい。

❖参 考 文 献

Vroom, V. H.（1964）*Work and Motivation*. John Wiley & Sons, New York.（坂下昭宣・榊原清則・小松陽一・城戸康彰訳『仕事とモティベーション』千倉書房，1982）

高橋伸夫（1997）『日本企業の意思決定原理』東京大学出版会。
https://doi.org/10.15083/00074167（著者版全文 PDF をダウンロード可能）

**課題 11.5**

　自分の過去の経験で，例外的に良い感じをもった時，あるいは例外的に悪い感じをもった時を思い出して，その時にどんな事象が起こったのかを詳細に書き出して整理してみよう。

### 課題 11.5 のヒント

　1950 年代末に登場するハーズバーグ（Frederick Herzberg；1923-2000）の研究は，動機づけ衛生理論（motivation-hygiene theory）として知られる。ハーズバーグらは，米国ピッツバーグ市の企業 9 社の技術者と会計担当者，約 200 人を対象にした横断的調査を行い，その面接調査の結果得られた事実発見に基づいて，この理論を提唱している。

　この面接調査では，彼らの職務について，例外的に良い感じをもった時，あるいは例外的に悪い感じをもった時を思い出してもらい，その時にどんな事象が起こったのかを詳細に話してもらうという方法がとられた（Herzberg *et al.*, 1959, ch.3, pp.141-142）。その結果，次のような事実発見が得られたという（Herzberg *et al.*, 1959, p.80）。

① 　職務満足事象には，達成，達成に対する承認，仕事そのもの，責任，昇進が要因として現れる頻度は顕著に高く，特に，後の 3 つは態度変化の持続性の点でより重要である。しかし，これらの要因が，職務不満足感を述べる時に，事象として現れることは非常にまれであった。

② 　職務不満足事象には，これとはまったく異なる要因が出てきた。つまり，会社の方針と管理，監督，給与，対人関係，作業条件である。これらは，今度は職務不満足をもたらすように作用するだけで，その逆はほとんどなかった。

　したがってハーズバーグらは，これらの 2 組の要因は 2 つの分離したテー

マを有していると考えた（Herzberg *et al.*, 1959, pp. 113-114）。つまり，職務満足をもたらす①の満足要因は自分の行っている職務そのものと関係していると考えられるが，職務不満足をもたらす②の不満足要因は自分の職務ではなく，それを遂行する際の環境，条件と関係しているというのである。そして，①の満足要因を「動機づけ要因」と呼び，②の不満足要因は，もっぱら職務不満足を予防するための環境的要因なので，「衛生要因」と呼んだ。これが動機づけ衛生理論の概要である。

この動機づけ衛生理論に対して，その後，ハーズバーグ自身のものも含め，多くの追試が行われ，その結果は，ハーズバーグの代表作『仕事と人間性』（Herzberg, 1966, chs. 7-8）の中でも多数紹介されている。そのうち，復元調査だけでも9研究が取り上げられており，もともとの調査も入れて，17母集団に対する10研究で，重複しているものも入れて100以上の要因が調べられ，そのうち，動機づけ衛生理論の予想と違う結果になったのはわずか3%にも満たないことが紹介されている（Herzberg, 1966, p. 125　邦訳p. 141）。実は，この章の冒頭で取り上げたいくつかのお話も，動機づけ衛生理論を支持している。

このように，動機づけ衛生理論で主張されているような結果が繰り返し確認できるという事実は，きわめて重要である。すなわち，給与や作業条件という従来動機づけの中心に考えられていたものが，実は衛生要因にすぎなかったことになり，それに代わって見出された動機づけ要因が，自分の行っている職務そのものとの関係を表しているということは，極めて象徴的である。それが一体何を意味しているか。ハーズバーグ自身は，動機づけ要因は，仕事において自らの先天的潜在能力に応じて，現実の制限の内で，創造的でユニークな個人として自分の資質を十分に発揮したいという自己実現の個人的欲求を満たすからこそ満足要因になるのだと解釈している（Herzberg *et al.*, 1959, p. 114）。

ただし自己実現には，マズロー（Abraham Maslow; 1908-1970）が1940年代に唱えたような位置づけはないことには注意がいる。マズローは人間の

ディスカッション

193

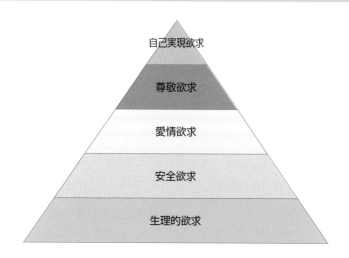

図 11.2 マズローの欲求段階説（科学的根拠はない）

欲求を，①生理的欲求，②安全欲求，③愛情欲求，④尊敬欲求，⑤自己実現欲求と5段階にカテゴリー化し，図11.2のように，最低次欲求①から最高次欲求⑤まで階層的に配列されていると仮定した上で，低次の欲求は満足されると強度が減少し，欲求階層上の1段階上位の欲求の強度が増加するというように，欲求の満足化が低次欲求から高次欲求へと逐次的・段階的に移行していくという，いわゆる欲求段階説を主張した。このマズローの考え方は，「衣食足りて礼節を知る」的な趣もあり，日本でもウケたのだが，実は，これまで数多くのさまざまな検証が試みられてきたものの，その試みはことごとく失敗し，1970年代には，マズローの欲求段階説には科学的根拠はないとの結論が出されている。

❖参 考 文 献

Herzberg, F.（1966）*Work and the Nature of Man*. Staples Press, London.（北 野 利
　　信訳『仕事と人間性』東洋経済新報社，1968）

Herzberg, F., Mausner, B., & Snyderman, B. B.（1959）*The Motivation to Work*.
　　John Wiley & Sons, New York.

## 第 11 章のまとめ

　金銭的・物質的誘因が非常に強調されることがあるが，これらは必要な水
準を超えてしまえば弱い誘因にしかならず，それでも最も効果的だと考える
のは幻想である。その際には，威信，パワー，昇進，誇りといった他の動機
の力を借りる必要がある。

# 人はなぜ命令に従うのか

「……というようなアイデアで行ったらいいんじゃないかと思うんだけど，君はどう思う？」

「それって業務命令ですか？」

「えっ？　あっ，まぁ〜お願い？」

「業務命令ならば従いますが，私が自分の意見，判断で，そんな危ないことを自発的に始めたなんてことにされちゃって，責任押しつけられるんじゃ困るんですが。」

## 12.1　転 勤 命 令

## ○ 心 理 的 契 約

　会社の中には，世界中に支社・支店や営業拠点を配置している総合商社のような会社，あるいは全国に支店網をもっている銀行のような会社がある。こうした大企業では，転勤することがほとんど当たり前になっている。

　特に，銀行の場合には，巨額のお金を扱う仕事でもあり，各支店での勤務が長くなると不正行為を招く恐れもあり，また転勤の内示を早めに行うと，不正行為の証拠隠滅が行われる時間的猶予を与えることになってしまうので，転勤命令は，転勤の数週間前に突然出されることが習慣のようになっている。こうなると，個々の転勤命令をいちいち斟酌して，それに従うとか従わないとかの問題ではなく，そもそもそういう仕事なのだと観念してしまうしかない。

　あるいは，たとえば本社採用と地域採用とを分けているような会社では，本社採用の場合には，日本中あるいは世界中で異動するということを前提にして採用が行われている。こうした場合，たとえば日本国内で，A市に転勤になろうが，B市に転勤になろうが，C市に転勤になろうが，転勤命令には従うのが普通である。もちろん本人の好き嫌いはあり，都会が好きだとか，あるいは逆に釣りのできるような田舎に住んでみたいだとか，そうした希望や期待はもちろんもっていて構わないのだが，本社採用である以上は，日本中どこに飛ばされようが（？），文句を言わずに（正確に言えば，文句は言ってもいいが，拒否はしないで），転勤命令を受け入れることになる。このとき，受入可能な範囲 |A，B，C，……| は受諾圏と呼ばれる。

　ただし，そんな会社でも，地域採用の従業員は，その地域内でしか異動がない。それに，小さい会社の場合や地域限定の会社の場合には，もともと会

社の支店も営業所もほとんどなく，あったとしても通勤可能な距離の範囲内にしかないので，人事異動は確かにあるものの，引越しが必要になるような距離での異動がそもそも存在しない会社もある。たとえば，親元を離れたくないという人や，地元を離れたくないという人にとっては，最初からこういう会社や地域限定という形態を選択して就職することは合理的な選択である。受諾圏は，その会社に就職することを決めたときに，暗黙の前提あるいは心理的契約として設定されるものだとも言われている（⇨課題 12.1）。

## ○ 想定外の転勤先

　ところが，うれしい誤算というものはあるもので，就職したときには地元の小さな会社だったのに，いつのまにか成功して，会社が成長してどんどん大きくなっていったような場合には，こうした事前の心理的な契約が，どこかに吹き飛んでしまうこともある。

　たとえば，JR 以外の鉄道の会社は，一般的に地域限定の営業しかしていない。というか，基本的にその会社の線路が走っている沿線にしか，駅のような施設はないのである。そのため，人事異動があったとしても，沿線の範囲内でしか異動はないはずである。確かに昔はそうだった。ところが，日本の鉄道の会社は，今や随分と多角化しているのである。大手の民鉄（民間鉄道）ともなると，駅ビルに入るようなデパートはもちろん，ホテル・チェーンまで展開している鉄道会社もある。すると，一生，引越しとは無縁だと思って鉄道会社に勤めていた人が，ある日突然，上司から呼び出されて

「君，今度ロンドンに転勤してくれ。」

などと言われて仰天することになる。そもそもロンドンに（というか，首都圏以外に）拠点なんてあったっけ？

「わが社もホテル事業に参入した以上，これからは世界中からお客様を呼んでくる必要がある。そこでまず手始めに，ロンドンに営業所を作ることにした。」

「ということは，私がロンドンに行って自分で作るんですか？」

　杞憂という言葉がある。その昔，中国の杞の国の人が，天が崩れて落ちることはないかと心配したという故事から生まれた言葉で，起こりそうもないことについて，あれこれいらぬ心配をすることを意味しているが，この人の場合，本当に天が崩れたかと思ったという。

　まあしかし，そうはいってもこの人の場合は，散々悩んだ挙句，この転勤命令に従いロンドンに赴任し，成功への道を歩むことになる。まさに人間万事塞翁が馬——その昔，中国で，塞翁の飼育した馬が逃げたが，駿馬を率いて帰ってきたり，塞翁の息子が落馬して足を折ったために戦に行かずに済んで命拾いをしたという故事から，人生の吉凶，禍福は予測できないことのたとえ——である。

## 12.2　命令に従うとは限らない

### ○　約束が違う

　ところが，転勤命令に従わないというケースもある。

　1980年代後半から急速に円高（ドル安）と不動産価格の高騰が進行して，大手のメーカーはもちろん，それまで転勤とは無縁だった首都圏の中小メーカーまでが，安い労働力を求めて，それまで何のゆかりもなかったような地方やアジアに工場を作ったり移転させたりし始めた。海外に工場を作るから立ち上げてきてくれ，というような話であれば，まだ何年か海外で暮らせば，また戻って来られる可能性が高い。それでも「約束が違う」と転勤命令を拒否して職場に居座り続けたという非常に珍しいケースも聞いたことはあるが，問題は，工場を丸ごと首都圏から地方に移転してしまうというケースである。この場合はまったく話が違ってくる。転勤には違いないかもしれないが，も

う一生，東京には戻って来られない可能性まであるのである。

　そうなると，どうするのか？　一つの選択肢は独立である。1990年代に始まった起業ブームの中で，会社を飛び出して（これをスピンアウトとかスピンオフとか呼ぶこともある）会社を起こした人々の中には，こうして独立を選択した人も多かったのである。

　自分の勤めていた工場が地方にそっくり移転することになり，自分も引っ越さなくてはいけなくなる。あるいは，移転までは行かなくても，自分の勤めていた部門が縮小され，もしこのままこの街に残ろうと思ったら，職種や仕事を変えなくてはいけなくなる。それくらいだったら，もうマンションだって買ってしまっているし，子供たちの教育のこともあるし，奥さんもこの街にすっかり馴染んでいるし……。そしてなんといっても自分が，住み慣れたこの地で一番自信のある仕事で勝負してみたい。こうして職場の仲間数人で，あるいは自分一人でも会社を起こして独立するのである。

## ○ 権 力 の 乱 用

　世の中には，部下が上司の指示に従うのが当たり前だと思っている人がいるが，とんでもない誤解である。実は，上手な上司ほど，「権限を行使する」的な雰囲気は見せないものである。

　そもそも上司は，そのポジションにいるだけで，それなりに部下から一目置かれているのであるから，むしろ部下が黙認できる（納得する必要はない）程度の範囲内ぎりぎりのところで指示を出していくのがうまいやり方というものであろう。そんな気遣いもなく，上司であることを笠に着て，あるいは制裁をちらつかせ，無理やり本人の意思に反することをさせようとするのでは，ごく短期的にはともかく，やがて部下の心は離れていってしまうことになる。そういうのを横暴というのであり，権力の乱用というのである（⇨課題12.2）。

## 12.3　バカ殿状況での「やり過ごし」

### ○ ２年目になると

　たとえばＡ社では，人事異動が頻繁に行われていた。ほぼ３年で定期異動が，しかもまったく違う職場への定期異動が行われていた。このため支社・支店で自分の所掌業務に関しての専門知識を十分持ち合わせていない管理者も多い。ある叩き上げの課長いわく

「部長が異動してくると，最初の１年は私の天下ですね。なにしろ部長はこの職場のことを何にも知らない訳だから，ああしろ，こうしろと言ったって，『部長，ここでは実はこうなっているんですから……』と説明すると，多少理屈に無理があっても，ああそうかって感じになるんですよ。でも２年目になると少々怪しくなって来て，『○○君，君この間あんなこと言ってたけど，やっぱり私の言った通りだったんじゃないのか』なんて呼びつけられたりして，ああそろそろまずいなあと思っていると，そのうち自分が他に異動になっちゃう。部長も私も３年で定期異動してたら，同じ人とは長くても２年，短いと１年しか重ならない訳ですからね。」

　これだけ聞いていると，なんだか無茶苦茶な感じもするが，職場の事情を把握するまでは部下の意見を尊重し，事情が分かってくるに従って，自分らしさを出そうとするなんて，実は良い上司に恵まれたケースの話をしているのだ。だからユーモラスな感じがする。

### ○ ２年も待てない

　ところが，何人もの上司の中には，深刻な事態を引き起こしかねない人物も多いという。こうなると洒落にならない。着任した途端，よく事情も分か

らぬままに，部下の意見も聞かずに，自分らしい「業績」を残そうといわんばかりに，矢継ぎ早に指示を出しまくる人もいるらしい。

こうした場合，その業務に長年従事し，「職人」としての専門知識をもつ部下にとっては，反論するのもばかばかしい指示がときとしてなされることになる。とはいえ，面と向かって上司の指示がいかにナンセンスであるかを部下が立証しても，それを受け入れる度量の広さを上司が持ち合わせていない場合，職場の人間関係はぎくしゃくするだけなのだ。部下の反対意見を聞いているうちにヒステリーを起こして，

「殿様が白といったらカラスも白いんだ」

とわめいた上司もいたそうだ。これを称して「バカ殿状況」と呼んでいたが，言い得て妙である。

こうなると，上司が部下の意見を尊重して，自分の指示を正しく修正した上で再度出すなんてことは，もはや期待できなくなる。しかし，このままでは，おかしな指示が職場全体に行き渡ることになり，大きなトラブルが発生するか，あるいは組織機能が麻痺することになってしまう。そこでこうした場合，的外れな指示は部下のやり過ごしによって濾過され，上司に恥をかかせずに，正当な指示に対する業務だけがラインに流れることになる。そして，その様子を見て，上司も己の誤りに気がつくというのである。

## ○ 「やり過ごし」の効能

この「職場」が支社・支店の場合はまだいいが，本社・本店の中の「職場」の場合には，事態は一層深刻さを増す。目立とう精神旺盛な管理者の気まぐれ的なわずかの変更も，支社・支店の現場を振り回すことになる。そこまで考えると，そうした困った指示を出したがる上司に仕える部下は，指示をやり過ごすことで，リーダーの異質性・低信頼性の表出を抑え，組織行動の安定化をもたらしているとも言える。

つまり，A 社においては，部下の意見に耳を貸そうとしないという上司の

体質があるときに，それに対抗するための部下のとりうる手段として，やり過ごしが発生する。指示をいったんフィルターにかけて，おかしな指示はその段階で取り除いているというのである（⇨課題 12.3）。

　現実問題として，山のように仕事を抱えさせられている部下にとっては，上司の指示命令のすべてに応えることは不可能である。しかし実は，企業の現場では，トレーニング的な意味合いでわざと上司が部下のやり過ごしを誘発させている側面もある。さらに，上司が部下の個々の仕事に対する優先順位のつけ方や，やり過ごしの判断の仕方をチェックして部下の力量を推し量っているというケースも報告されている。

　そんなとき部下は，自分で仕事に優先順位を付け，優先順位の低い仕事をやり過ごしながら時間と労力を節約し，自分で仕事を管理することを期待されている。うまくやり過ごしができなければ優秀な上司にはなれない。それができない部下は「言われたことをやるだけで，自分の仕事を管理する能力がない」「上からの指示の優先順位づけができない」という評価をされることになる。

　残念ながら，従来の経済学的発想では，やり過ごしは単なるコントロール・ロス（統制上の損失）として扱われてきた。しかし，この発想には決定的な欠陥がある。今日の部下は 10 年後には何らかの形で上司をやらなくてはいけないのだ。今，上司の指示をただ忠実に，やり過ごすこともなく黙々とこなすだけの部下が，果たして 10 年後に良い上司となりえるだろうか。

　上司の指示をやり過ごしてしまうことは確かにコストには違いない。しかしそれは正確に言えば，単なる無駄ではなく，将来の管理者や経営者を育てるためのトレーニング・コストあるいは選別コストなのである。そのために，長期雇用を前提としている実際の日本企業においては，やり過ごしの現象を必ずしも「悪い」現象として決めつけないという現実がある（⇨課題 12.4）。

# ■ディスカッション■

課題 12.1

　過去に組織へ参加することを決めたときのことを思い出してみよう。後になって「聞いてないよ」「約束が違う」と感じた経験はないだろうか。実際，そのために指示に従わなかったことはあっただろうか。

## 課題 12.1 のヒント

　バーナード（Barnard, 1938, pp. 167-170　邦訳 pp. 175-178）は，おのおのの組織メンバーには「無差別圏」（zone of indifference）が存在し，その圏内では命令の内容は意識的に反問することなく受容しうるのだと考えた。つまり代替案レベルでは無差別圏が存在し，その圏内にある代替案に対してはその内容については無差別に命令を受け入れると考えたのである。

　たとえば本文中にもあるように，全国各地に事業所があり，転勤して回ることが常であるような企業では，代替案である転勤先は通常は無差別圏に属し，「A市へ転勤」，「B市へ転勤」，「C市へ転勤」，……などの転勤先については比較的無差別である。この考え方はサイモンにも「受諾圏」（zone of acceptance または area of acceptance）という概念で受け継がれている（Simon, 1947）。

　それでは無差別圏あるいは受諾圏はどのようにして設定されるのであろうか。バーナードは「このような命令は組織と関係を持ったとき，既に当初から一般に予期された範囲内にある」（Barnard, 1938, p. 169　邦訳 p. 177）としているが，一般的には，心理的に誘因貢献の契約（inducements/contributions contracts）がなされていると考えると理解がしやすい。すなわち，

個人が組織に何を貢献し，何を受け取るのか，そして組織が個人に何を貢献し，何を受け取るのかについて，何らかの設定を行って，個人が組織のメンバーとなると考えるのである（Thompson, 1967, p.105　邦訳 p.135）。

　この契約により，組織とメンバーとなる個人とのかかわりに制限が加えられる。個人の側からすると，

① 組織はメンバーの可能な行動代替案のレパートリーの中の一部を限定されたレパートリーとして要求する（つまり，他の行動は求めない）。

② 契約のレパートリーの範囲内であれば，組織が指定する行動に対してメンバーは無差別である。

というように権限関係を受容し，無差別圏が設定されるのである（Thompson, 1967, p.106　邦訳 p.136）。この誘因貢献の契約は，個人の組織参画時だけではなく，組織への参加を継続する中でも，公式，非公式に何度か行い，そのたびに誘因貢献の契約内容が見直されていると考えるべきであろう。ただし，あくまでも心理的な契約見直しであるが。

❖参考文献

Barnard, C. I.（1938）*The Functions of the Executive*. Harvard University Press, Cambridge, MA.（山本安次郎・田杉競・飯野春樹訳『新訳　経営者の役割』ダイヤモンド社，1968）

Simon, H. A.（1947; 1957; 1976; 1997）*Administrative Behavior: A Study of Decision -Making Processes in Administrative Organization*. Macmillan, New York. 3rd and 4th eds. Free Press, New York.（松田武彦・高柳暁・二村敏子訳『経営行動』ダイヤモンド社，第2版の訳，1965；第3版の訳，1989；第4版の訳：二村敏子他訳，2009）

Thompson, J. D.（1967; 2003）*Organizations in Action*. McGraw-Hill, New York. Transaction, New Brunswick, NJ.（1967年版の訳：高宮晋監訳　鎌田伸一・新田義則・二宮豊志訳『オーガニゼーション　イン　アクション』同文舘出版，1987。2003年版の訳：大月博司・廣田俊郎訳『行為する組織』同文舘出版，2012）

高橋伸夫（1993）『組織の中の決定理論』朝倉書店。
https://doi.org/10.15083/00074817（著者版全文 PDF をダウンロード可能）

ディスカッション

---

**課題 12.2**

　自分が実際にリーダー役を果たしたときのことを思い出し，その際に，どのように指示を出していたのかを分析してみよう。実は，指示を出すときには，上司は部下を納得させるというより，部下の黙認を得られればいいのだという主張もあるのだが，自分のケースではどうだっただろうか。

---

## 課題 12.2 のヒント

　英語の authority は日本語では「権威」とも「権限」とも訳される。しかし「権限」という日本語は，そもそも上司から行使を許されている権利の範囲を強く示唆しており，管理者が自分の担当する職務の一部を権限とともに部下に与える権限委譲（delegation）の考え方が前提になっているといってもいい。たとえば，課長が部下に命令できる権限は，部長から権限委譲されていると考えているのである。こうした考え方は，権限委譲説あるいは公式権限説と呼ばれる。

　それに対して，バーナードが主張し，後にサイモンらによって継承された考え方は権限受容説と呼ばれ，「一つの命令が権威をもつかどうかの意思決定は受令者の側にあり，権威者すなわち発令者の側にあるのではない」（Barnard, 1938, p. 163　邦訳 p. 171）と考えるのである。

　一言で言ってしまえば，権威とは何ら批判的な検討や考慮をすることなしに伝達（命令）を受容する現象をさしている。一般に，組織メンバーは「伝達された他人の意思決定によって，彼自身の選択が導かれることを許容し（すなわち，他人の意思決定が彼自身の選択の前提として役立つ），これらの前提の便宜性について，彼自身の側で考えることをしない，という一般的な

規則を彼自身で設定している」(Simon, 1976, p. 125 邦訳 p. 161) のである。

こうした議論からも分かるように，実は，権威の現象は単に上司から部下への伝達という場面だけに限定されて発生するものではない。もちろん上から下への伝達の場面が最も馴染みがあるのではあるが，水平的に伝達される場合にも，あるいは下から上に伝達される場合にさえも権威の現象は生じる。

たとえば，会社の社長は社長秘書が整理・伝達する伝言，スケジュールや面会予約を何ら批判的な検討や考慮をすることもなしに受容しているが，それは社長秘書の伝達が権威あるものとして社長に受容されていることを意味している。そこで，より正確にかつ一般的に権威の定義を考えれば，権威とは伝達の性格であり，「なんら批判的な検討や考慮をすることなしに示唆を受容するというすべての状況を意味するものと理解しよう」(Simon, 1976, p. 128 邦訳 p. 166) ということになるのである。

権威という現象を以上のような観点から説明すると，実は，権威を行使するときには上司は部下を納得させようと努めるのではなく，単に部下の黙認を得ようとのみするということになる (Simon, 1976, p. 11 邦訳 p. 15)。

❖参 考 文 献

Barnard, C. I. (1938) *The Functions of the Executive*. Harvard University Press, Cambridge, MA. (山本安次郎・田杉競・飯野春樹訳『新訳 経営者の役割』ダイヤモンド社, 1968)

Simon, H. A. (1947; 1957; 1976; 1997) *Administrative Behavior: A Study of Decision -Making Processes in Administrative Organization*. Macmillan, New York. 3rd and 4th eds. Free Press, New York. (松田武彦・高柳暁・二村敏子訳『経営行動』ダイヤモンド社, 第2版の訳, 1965; 第3版の訳, 1989; 第4版の訳: 二村敏子他訳, 2009)

高橋伸夫 (1993)『組織の中の決定理論』朝倉書店。
https://doi.org/10.15083/00074817 (著者版全文 PDF をダウンロード可能)

**課題 12.3**

　実際に自分の経験で，上司あるいは目上の人から指示が出されても，やり過ごしているうちに，立ち消えになることがあっただろうか。あった場合，どんなときに「やり過ごし」をしてきたのか，状況の分析をしてみよう。

## 課題 12.3 のヒント

「やり過ごし」の現象は，日本の企業でかなりの頻度で見られる現象である。日本生産性本部経営アカデミーで行った調査で，次の yes-no 形式の質問をしてみた。

Q 1．指示が出されても，やり過ごしているうちに，立ち消えになることがある。

この質問に対して"yes"または「はい」と答えた人の比率を「やり過ごし比率」と定義すると，1991〜1999 年に調べた日本企業のべ 51 社 7,903 人のホワイトカラーのデータでは，やり過ごし比率は 53.4% にものぼる。現象自体は存在するのである。しかも「30 代」と「課長」クラスでのやり過ごし比率が高くなっていることも分かった。両者の重なっている「30 代の課長」では，該当者 278 人中の実に 75.9% が，指示をやり過ごしているうちに，その指示が立ち消えになることを経験している。やり過ごしは単なるルーズさの現れではないのである。

　実は，ゴミ箱モデル（⇨第 3 章課題 3.1 のヒント）のシミュレーション結果によれば，問題の負荷が増えれば「やり過ごし」現象の頻度も増え，一般的に観察できるようになるはずなのである。したがって，このやり過ごし比率の高さは，「30 代」の「課長」クラスの問題負荷の重さを表していると考えた方が理にかなっている。

事実，ヒアリング調査の結果等から，調査対象企業の組織の中で，一番忙しいのがこの「30代」の「課長」クラスの人たちであるということが分かっている。これはゴミ箱モデルのシミュレーションによる知見，すなわち，問題の負担の大きいときには，問題のやり過ごしによる決定が多くなるという結論と合致しているといえる。

❖参 考 文 献

高橋伸夫（1996；2002；2003）『できる社員は「やり過ごす」』ネスコ/文藝春秋。
　　日経ビジネス人文庫版　日本経済新聞社。文春ウェブ文庫版　文藝春秋。
桑嶋健一・高橋伸夫（2001）『組織と意思決定』朝倉書店。

---

**課題 12.4**

　組織の運営に当たっていたとき，複数の目上の人（上司・指導者・先輩など）から相反する指示があって，困ったことはないだろうか。そのとき，どう悩んで，どう考えて，結局，誰の指示に従ったのか，整理して説明してみよう。

---

### 課題 12.4 のヒント

　20世紀はじめ，経営管理論の始祖とされるフランスの経営者ファヨール（Henri Fayol；1841-1925）は，14の管理原則の4番目として命令系統一元化の原則を挙げた。すなわち，任意の活動について1担当者はただ1人の責任者からしか命令を受け取ってはならないと（Fayol, 1918, pp. 25-27 邦訳 pp. 48-50）。それに対して，テイラー（Frederick W. Taylor；1856-1915）は，科学的管理法を推し進めるために，職能式職長制（functional foremanship）を唱えた（Taylor, 1903, ch. 3）。テイラーは一人の万能職長に代えて8人の専門職長（準備係，速度係，検査係，修繕係，仕事の順序および手順係，指導票係，時間および原価係，工場訓練係）を置いて，それぞれが工具に直

接指示・命令を出すことを提案したのだ。その理由は，もしこれだけの仕事を一人で出来る万能職長がいたとしたら，そんな人は支配人か工場長になれるのであって，そもそもそんな人材は少ない。だから現実的に考えれば，管理の仕事は多くの専門職長で分担した方がいいというわけである。しかし，さすがに8人の専門職長からばらばらの指示・命令を受ければ現場は混乱するだろう。実際，この試みはうまくいかなかった。

それから半世紀が過ぎ，1969年に米国のアポロ11号が月に着陸するのだが，米国のNASA（National Aeronautics and Space Administration；航空宇宙局）は，このアポロ計画に参画する航空宇宙産業の企業に対して，プロジェクト・マネジャー制の導入を勧めた。つまり，従来からの縦割りの職能別（たとえば総務，経理，購買，製造，販売等）の組織に，プロジェクト・チームという横串を刺したわけで，これはプロジェクト組織と呼ばれる。ただし，プロジェクト・チームは，そもそもプロジェクト限りで，それが完了すれば解散する一時的な存在だった。それに対して，それを恒常的に持続しようというのがマトリックス組織である。マトリックスというのは数学の「行列」の意味もあるが，図12.1のような形状を指して，そう呼ばれた。

ただし，これだと，現場では，職能別部門の上司とプロジェクト・マネジャーの二人の上司が恒常的に存在し，命令系統一元化の原則に反する。実際，デイビス゠ローレンスは，どのメンバーにも上司が一人しかいない組織を「ワンボス・モデル」と呼び，上司が二人以上いる組織を「ツーボス・モデル」と呼んで，命令系統一元化の原則に反するツーボス・モデルこそがマトリックス組織の本質であると明確に説いた。そして「多元的命令系統を組み入れた組織なら，それが構造に限らず，支持メカニズムであれ，組織文化であれ，行動パターンであれ，どんなものでもマトリックス組織である」と定義した（Davis & Lawrence, 1977, p.3 邦訳p.6）。

実は当時，日本の企業は多元的命令系統が半ば公然化していた。それに対して，多くの日本の経営学者達は，米国流の経営学の教科書にも書いてある有名な命令系統一元化の原則を守っていないのは，日本企業の後進性の表れ

211

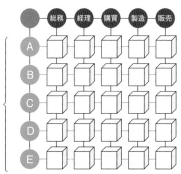

職能別管理者

総務　経理　購買　製造　販売

A

B

プロジェクト別管理者　C

D

E

（出所）　高橋（2004, p.70, 図2）

図 12.1　マトリックス組織の概念図

であると批判した。ところが，デイビス゠ローレンスが，日本のそうした現状を公認して，「日本ではマトリックスの構造や行動は，すでに日常の組織の中に自然な形で溶け込んでいるので，とりたてて公式のマトリックス構造を作り上げ，それに公式の名称をつける必要がない」（Davis & Lawrence, 1977, p.55 邦訳 p.90）と，日本はマトリックス的で素晴らしいとほめるようになってしまったのだ。これで，ついこの間まで，「米国の経営学の教科書に書いてあるから」というだけの理由で，科学的な根拠もなく日本企業を批判していた日本の経営学者達は，2階に上がってはしごを外された状態に陥ってしまったのだった。

　ちなみに，デイビス゠ローレンスが，マトリックス組織のメリットとして挙げたことの一つはトレーニング，教育効果だった。複数の相反する指示を受けて，悩み，考え，意思決定することは，将来，管理者，経営者になるためのトレーニングになるというのだ。実際に体験してみて，一理あると思わ

ない？

❖参考文献

Fayol, H.（1918）*Administration Industrielle et Générale*. Dunod, Paris.（佐々木恒男訳『産業ならびに一般の管理』未来社, 1972）

Taylor, F. W.（1911）*The Principles of Scientific Management*. Harper & Bros., New York. Reissued 1967 by W. W. Norton, New York.（上野陽一訳「科学的管理法の原理」『科学的管理法　新版』産業能率短期大学出版部, 1969, 221-336）

Davis, S. M. & Lawrence, P. R.（1977）*Matrix*. Addison-Wesley, Reading, Mass.（津田達男・梅津祐良訳『マトリックス経営』ダイヤモンド社, 1980）

高橋伸夫（2004；2010）『虚妄の成果主義―日本型年功制復活のススメ―』日経BP社, ちくま文庫版, 筑摩書房

## 第 12 章のまとめ

　一般的には，権威に効果がないケースは枚挙に暇がない。いかに広く命令違反があるのかは驚くばかりである。なぜなら，一つの命令が権威をもつかどうかの意思決定は受令者の側にあるからである。権威者すなわち発令者の側にあるのではない。個人は組織と関わりをもつ際に，受容可能な命令を予期しているのであり，その範囲内の命令に関しては無差別に受け入れるが，その無差別圏を逸脱した命令については従うとは限らない。

# 第 13 章

# 習慣と意思決定

「さあこれで今日のノルマは達成だ。あとはボチボチ流して
いこう。」

「こんな習慣良くないですよ。もっと一生懸命頑張って，売
上の限界に挑戦しましょうよ。」

「おまえ！　抜け駆けすんなよ！　そんなことしたら，ノル
マがどんどん増えちゃって，すぐにぺんぺん草も生えなくな
っちゃうんだからな！　前の営業所ではひどい目に遭ったん
だ。」

「そうそう。何しろうちの営業所長連中ときたら，現場も知
らない本社の言いなりで，上で決まったノルマをただ伝える
だけ。伝言ゲームじゃあるまいし，この地域での適正売上な
んてまるで分かっちゃいないんだから。」

## 13.1　あいさつくらいはまともにできないと

○　おはようございます

　人間誰にでも癖はあるものだ。習慣化してしまっていると，自分ではまったく無意識のうちに自動的に反応してしまっているので，そのことをしたことすら覚えていないということにもなる（ただし，仲間と飲んでいて泥酔し，気がついたら自分のベッドで寝ていたというような場合は，酒のせいで記憶が飛んでいる可能性があるので，ここでは除いておく）。

　たとえば，朝，知った人に出会うと，相手と目があったタイミングで，自然とちょっと笑顔になって，軽く会釈しながら明るく「おはようございます」という言葉が何気なく（とっさにかつ無意識に）口から出てくるなどという行為は，当たり前といえば当たり前だが，社会でまともに暮らしていくには必要な大切な習慣である。

　人間関係を潤滑にするために必要なはずのこうした習慣も，人間が生まれつき身につけているものではない。家庭でのしつけや保育園・幼稚園から小学校にかけての学校教育のおかげで身につけられたのである。その証拠に，会社に就職してしまってから
「最近の若者は，あいさつひとつもまともにできない」
などと評されることは昔からあったことで，多くの会社の新人対象のビジネス・マナー教育では，あいさつの仕方は重要な必須科目の一つである。なにしろ，社員のあいさつの仕方一つで，その会社に対するイメージが決まってしまうことすらあるのである。

　想像してみれば分かるが，朝なんとなくオフィスに姿を現して，誰とも視線を合わせず，言葉を交わすこともなく無言のままで自分の席について，ごそごそと仕事を始め，夕方になると知らない間にいなくなっているような人間は，

そもそも気持ちが悪い。職場で周りの人間から冷たい目で見られても仕方がないだろう。それを社外の人も入ったミーティングでされたら最悪である。

　遅れて会議室にやってきて，会釈もせず，視線もそらしたままで，のそのそと空いた席に一直線に向かって無表情で無言のまま着席し……，というようなことをしていたら，社内だけでなく，得意先や関係者の感情にも悪影響を与える。それがきっかけで，交渉で取り返しのつかないような事態を招くことにもなりかねない。あいさつは仕事の一部なのだと考えるべきである（そもそも遅刻してくること自体が間違いであるが）。

## ○ 「あいさつ」の標準作業手続

　では，たとえば会釈の仕方をどのように教えるのか……となると，習慣化して無意識的に行われているものをコンピュータのプログラムのように，今一度きちんと手続き，手順として書き出してみる必要がある。たとえば

① 相手の目を見る。
② 両足をそろえて背筋を伸ばす。
③ あごを引き，腰から上体を折り曲げるようにしてお辞儀をする。このときの両手の位置は，男性はズボンの縫い目くらい，女性は両手を前へ自然に合わせる。
④ お辞儀をしたところでいったん止める。
⑤ 心もちゆっくりと起き上がる。
⑥ もう一度相手の目を見る。

といった具合である。こうした文書化され，記録された公式的なプログラムはマニュアルあるいは「標準作業手続（standard operating procedure；SOP）」などとも呼ばれ，新しいメンバーに習慣的な組織行動の型を教えこむ手段，あるいは充分には習慣化されていないような行動の型をメンバーに思い出させる手段，そして習慣的な行動の型の検討・修正・改善のため公開

の場に持ち出す手段として使用される。もちろん，何度も繰り返し練習して習慣化しておかないと，いざというときに自然に無意識には出てこない（⇨課題 13.1）。

## 13.2　卒業旅行の意思決定プロセス

### ○ 意思決定のステップ

　ところで，この会釈の仕方の①〜⑥は，習慣化していなければ，少なくとも最初の段階では，自分の頭の中で考えながら，つまり，最初は①，次に②，……，最後に⑥というように順番に決めながら行為を行うことになる。

　実は，個人であれ，集団であれ，何かを決める「意思決定」を行う場合には，このようなステップを踏んで決められているのである。たとえば，ゼミの 4 年生が，ゼミの卒業旅行に行こうと話し合っている。

「みんな就職も決まったことだし，いよいよ卒業だな。先輩たちもそうしていたように，僕らもどこかに卒業旅行に行こうよ。」

「そうだな。試験が終わった後，2 月にみんなで海外に行こう。」

「いや 2 月下旬はまずいな。内定者用の研修が入りそうなんだ。」

といった具合で，時期についての個人個人の希望がいくつも出された後で，時期的には 3 月上旬に絞られてきた。すると，誰かが肝心なことを思い出した。

「そうだ，今日は来ていないけど，まだ就職活動中の A はどうするんだ？あいつこそ，出遅れて就職に苦労しているだけあって，卒業旅行を楽しみにしてるって言ってたぞ。ちょっと電話してみろよ。」

とその場で，携帯で電話してみると，なんと，ちょうど内定の電話をもらったところだという。みんなでお祝いの言葉を伝えた後で，卒業旅行の話をして A 君の 3 月上旬の予定を聞くと，これがまた忙しい人で……。結局，

「それじゃあ，一応，みんなが参加できるのは3月4日～6日だけということになるな。これじゃあ，海外は無理だな。国内旅行にしよう。どこがいい？」

　こうして，今度は，国内の旅行先について，色々な意見が出される。しかし，それほどたくさんの案があるわけではない。まだ寒いということもあり，自然と南に行こうという話になって，行き先はすぐに沖縄に絞られた。するとB君がこう言った。

「沖縄だったら俺に任せてくれよ。ちょっと沖縄にはうるさいんだよね。」

おお，そういえばB君は沖縄が大好きで，年に何度も旅行すると言っていたではないか。そこでみんなは，B君を沖縄旅行の「権威」として認め，彼に旅行プランの立案を一任して任せることにした。後日，B君が作ってきた旅行プランは，さすがという出来栄えで，一同B君に感謝し，こうして，ゼミの卒業旅行が意思決定されたのである（⇨課題13.2）。

## 13.3　誰の意思決定？

## ○　組織の中の意思決定の特徴

　ところで，今挙げた卒業旅行のケースは，いわば組織的な意思決定の例である。何人もの人が意思決定のプロセスに参加していて，小さな意思決定が次々と連鎖反応的につながっていき，最終的な意思決定に至っていることが分かる。しかも，多くの場合が合議にもとづく決定ではあっても，意思決定のうちのいくつかは，明確に特定の個人に委譲されていることも分かる。

　たとえば，日程を決める際に決定的に重要な発言力をもっていたA君，そして，具体的な旅行プランの立案を一任されたB君である。このうちB君の場合には，もし組織内に適当なプランナーがいない場合には，旅行代理

219

店に旅行プランを作ってもらう，あるいは，出来合いのパック旅行をそのまま利用するという方法もあり，こうなると，意思決定過程の一部を，組織外にアウトソーシングしていることになる（⇨課題 13.3）。

　このように，組織の意思決定というものは，たとえ基本が合議であったとしても，詳細に見ていくと，多くの意思決定の連鎖として成り立っているものであり，その意思決定の一部，または多くは異なる個人に任されて委譲されているものである。つまり，意思決定の過程自体が，ある種の社会的な過程になっている。こうした組織的意思決定の場合，組織の目的・価値や現場の事実に照らして，熟考・計算・思考の末に，ある意味で合理的に判断されるのである。

## ○　参加は個人の意思で

　それに対して，各個人が，このゼミの卒業旅行に参加するかどうかを決める際には，参加するかどうかの意思決定自体を他の人に委譲することは，なんだかおかしい。たとえば，C 君が参加するかどうかをいつまでもいじいじと迷っていたときに，たとえば B 君が，

「分かった，じゃあ俺が決めてやろう。参加だ。」

といって，C 君が参加することを勝手に決めてしまったとしたら，それはもはや C 君の意思ではないだろう。実際，B 君以外の人から

「おい C，それでいいのかよ。後になって，参加するなんて言った覚えはないなんて言っても，通用しないぞ。当日来なくてもキャンセル料は発生するんだ。自分の意思くらいは自分で決めろよ。」

と諭されることだろう。つまり，参加するかどうかの意思決定は，あくまでも本人の意思表示なのであり，本人以外の人が代わりに決めることは，おかしいのである。仮にそんなことがあったとすると，C 君はもはや意思も心ももたない操り人形にすぎなくなってしまう。参加の意思決定は，あくまでも各個人の心理的なもので，他人には委譲できない性格の意思決定なのである

（⇨課題 13.4）。

# ■ ディスカッション ■

---

**課題 13.1**

　自分の行動の中で，ほぼ完全にプログラム化されていて，自分でほとんど意識することなく行われ，「習慣」化しているものを１つ挙げて，最初にその意思決定を行ったときには，どのように意思決定を行っていたのかを記述してみよう。

---

### 課題 13.1 のヒント

　意思決定は意思決定前提という一種の刺激に対する反応としてとらえることもできる。ただし，刺激に対する反応といっても，そのタイプはさまざまで，サイモンは，常軌的な手続きやルールといったプログラムが作られている意思決定を「プログラム化された意思決定」（programed decision）と呼び，一般的問題解決過程に頼らざるをえない意思決定を「プログラム化されない意思決定」（nonprogramed decision）と呼んで，図 13.1 のような連続体の両極をなしていると考えた（Simon, 1977, pp. 45–46　邦訳 pp. 62–63）。

　後者の「プログラム化されない意思決定」の極では，問題や刺激がまれにしか起こらず例外的なために，システムはこれを処理する特定の手続を持ち合わせていない。そのため，刺激によって想起される問題解決活動（problem-solving activity）は，利用可能な行動の代替案ないしはその行動の諸結果を発見することを目的とした探索（search）を含むことになる。つまり，一般的な問題解決過程になる。

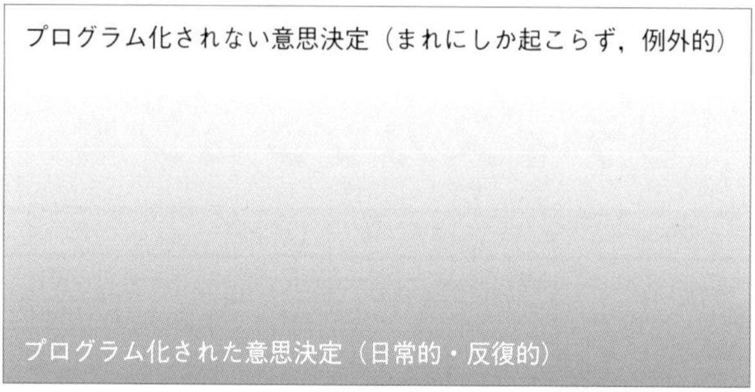

プログラム化されない意思決定（まれにしか起こらず，例外的）

プログラム化された意思決定（日常的・反復的）

図 13.1　意思決定のプログラム化

　それに対して，もう一方の「プログラム化された意思決定」の極ではかなり様子が異なる。問題や刺激が，繰り返して経験される種類のものなのである。このように反復性のある問題あるいは刺激に対しては，固定的な反応を形成することができ，選択が単純化されていく。より正確にいえば，探索と選択の過程の短縮が可能になる。そしてついには，それ以前の同種の刺激があったときに開発・学習されていた適切な高度に複雑かつ体系化された反応の集合が，刺激によってすぐに想起されるようになる。つまり，その繰り返し発生する問題や刺激に対して，ある反応の集合がルーチン化・常軌化（routinized）され，ルーチンな手続が作り出されていくのである（March & Simon, 1958, pp. 139–142　邦訳 pp. 212–216）。

　こうした考え方の原型は，既にサイモン（Simon, 1947, ch. 5）にも見られたが，説明は要領を得なかった。しかし，その頃開発されたコンピュータの分野から（プログラム可能な世界初のデジタル・コンピュータとして知られた ENIAC（エニアック）が開発されたのは 1946 年であった），「プログラム」という用語を借用することによって，10 年後には格段に分かりやすい説明をできるようになったのである（March & Simon, 1993, ch. 6）。

この観点からすれば，意思決定過程のシステムである組織は，当然，複雑で巨大なプログラムのシステムとして見ることもできる。組織の中では，プログラムは習慣，標準作業手続，組織構造といった形で形成，蓄積されている。そして，そのおかげで，メンバーが異動しても，反復して発生する状況に対する適切な対応の仕方を，組織としては伝承していくことができるのである。こうして「人類は幾世紀もの間，比較的反復的で良く構造化された環境から提起される問題に対し，組織内に予測可能なプログラム化された反応を開発・保守するような技術を驚くほど蓄積してきた」のである（Simon, 1977, p.51　邦訳 p.69）。

❖参 考 文 献

Simon, H. A.（1947；1957；1976；1997）*Administrative Behavior: A Study of Decision-Making Processes in Administrative Organization*. Macmillan, New York. 3rd and 4th eds. Free Press, New York.（松田武彦・高柳暁・二村敏子訳『経営行動』ダイヤモンド社，第2版の訳，1965；第3版の訳，1989；第4版の訳：二村敏子他訳，2009）

March, J. G. & Simon, H. A.（1958；1993）*Organizations*. John Wiley & Sons, New York. 2nd ed. Blackwell, Cambridge, MA.（初版の訳：土屋守章訳『オーガニゼーションズ』ダイヤモンド社，1977；第2版の訳：高橋伸夫訳『オーガニゼーションズ　第2版：現代組織論の原典』ダイヤモンド社，2014）

Simon, H. A.（1960；1965；1977）*The New Science of Management Decision*, 1st ed. and revised（3rd）ed.（*The Shape of Automation*, 2nd ed.）Prentice-Hall, Englewood Cliffs, NJ.（第3版の訳：稲葉元吉・倉井武夫訳『意思決定の科学』産業能率大学出版部，1979）

---

課題 13.2

ゼミの卒業旅行の意思決定過程を意思決定の連鎖としてフローチャートの形で図にしてみよう（他の身近な例を探してきてフローチャートにしてもかまわない）。

---

## 課題 13.2 のヒント

　サイモンによれば，人間の選択について，全体として長々とした過程の最後の瞬間の「決定」にだけ注意を向けるのではなく，それに先行する探索，分析等を含めた複雑な過程の全体に注意を向けることが必要である。

　こうした理由から，近代組織論では，組織の分析・考察に当っては，分析の最小単位を意思決定（decision）にではなく，そこに至るまでに登場する意思決定前提（premise）に置くことになる。こうすることで，意思決定を「諸前提から結論を引き出す過程」（Simon, 1976, p. xii　邦訳序文 p.8）として扱うことができるようになるのである。組織の意思決定過程を意思決定の連鎖としてとらえれば，ここでいう意思決定前提は当該意思決定の前に行われた意思決定の結果ということになる。

❖参 考 文 献

Simon, H. A.（1947；1957；1976；1997）*Administrative Behavior: A Study of Decision-Making Processes in Administrative Organization*. Macmillan, New York. 3rd and 4th eds. Free Press, New York.（松田武彦・高柳暁・二村敏子訳『経営行動』ダイヤモンド社，第2版の訳，1965；第3版の訳，1989；第4版の訳：二村敏子他訳, 2009）

課題 13.3

　気が付かないうちにアウトソーシングをしていることがよくある。なぜ自分（あるいは自分達）でやらずに他に頼んだのか，その理由を整理して説明してみよう。

## 課題 13.3 のヒント

　アウトソーシング（outsourcing；外部委託）の例として分かりやすいの

は完成品メーカーの部品調達だろう。ただし，部品の場合，外注せずに，自社内で内製するという選択肢も考えられる。つまり，社内で作るか，社外から買ってくるか，make or buy という意思決定をしているわけである。これを内外製区分の決定ともいう。このとき，社内での階層的取引の取引コストと社外での市場取引の取引コストを比較して安い方が選択されたのだと主張するのが，ウィリアムソン（Oliver E. Williamson; 1932-）の提唱する取引コスト理論である。社内で取引されるのは，限定された合理性と機に乗じて自分に有利に運ぶように行動する機会主義がからんで市場での取引コストが高くなったからだろうというわけだ（より詳しくは，課題 14.2）。

　ただし，これはあくまでも経済学者が考えたお話で，そもそも取引コストを取引と独立に測定できていないので，限りなくトートロジーに近く，説明力に乏しい。実務の世界では，こうした場合，品質・コスト・納期（quality, cost, delivery; QCD），さらには生産能力，景気変動などに対するフレキシビリティ（柔軟性）等々さまざまな要因を考慮して，内製するか，外注するかを決めていくことになる。その際，供給元を分散するという配慮も加わる。フェッファー=サランシックの資源依存理論によれば，相手組織がパワーをもっているのは，簡単に言ってしまえば，自分たちが相手組織に資源を依存しているせいである。たとえば，基幹部品をたった一つの部品メーカーから買っていれば，その部品メーカーからの部品供給が止まった途端，工場は立ち行かなくなるので，どうしてもその会社の言うことをきかなくてはいけなくなる。こうした場合，基幹部品の供給元を複数にして，資源依存度を下げることで，そうした危険を回避できる。

　こうした要因をすべてひっくるめて取引コストだと開き直れば，何だって取引コストで「説明できる」ことになってしまうが，果たしてそれで説明になっているのだろうか。

❖参考文献

Williamson, O. E.（1975）*Markets and Hierarchies: Analysis and Antitrust Implica-*

*tions*. Free Press, New York.（浅沼萬里・岩崎晃訳『市場と企業組織』日本評
論社，1980）

---

### 課題 13.4

　何かのプロジェクトに参加するということは，単にミーティングに出席
する（顔を出す）ということを意味しているのではない。たとえば，某ゼ
ミでは「ゼミ中に 3 回以上発言しなかった者は欠席扱いにする」という
ルールが適用されていたが，こうなると「参加」と「発言パフォーマン
ス」は同じことになってしまう。しかし，本来の「発言パフォーマンス」
は，単なる参加以上のもっと別の何かではないだろうか。考えてみよう。

---

## 課題 13.4 のヒント

　高い職務満足が高い職務遂行を生むという仮説に対して，ミシガン大学の
社会調査研究所から，1950 年に保険会社に関する調査結果が，翌 1951 年に
は鉄道会社に関する調査結果が発表され，そのどちらもが否定的な調査結果
だった。正確には，生産性の高い集団の方がむしろ不満が大きいというまっ
たく逆の結果になってしまっていた。そして，早くも 1955 年には，職務満
足と生産性の関係を示す証拠はほとんどないと結論づける文献レビューも出
ている。

　こうした中でブルームは 1964 年，「期待理論」を提唱したことでも有名な
『仕事とモチベーション』の中で，職務満足と職務遂行との関連の強さにつ
いて明示している 20 の研究をレビューして，欠勤，離職，生産性との関係
について次のように結論づけている（Vroom, 1964, p.186　邦訳 p.215）：

①　職務満足と離職確率との間には一貫した負の関係がある。

②　職務満足と欠勤との間には，やや一貫性を欠くが，負の関係がみられ

---

る。

③　職務満足と生産性の相関には非常に広範囲のバラツキがあり，両変数
　　間には単純な関係は存在しないし，両者の関係の強度および方向に影響
　　する条件は不明である。

　このうち①②は「負の関係」というと回りくどいが，要するに，職務に対
する不満足が離職や欠勤という行動と結びつくようだということを意味して
いる。それに対して，③は職務満足と生産性の間には関係がないということ
を意味している。

　このことを明快に整理してくれたのは，近代組織論の金字塔的な業績であ
るマーチとサイモンの『オーガニゼーションズ』であった。彼らは，従業員
の意思決定を次のように的確に2つに分類している（March & Simon, 1993,
p.67　邦訳 p.64）：

(a)　組織に参加し続けるか，あるいは組織を離れるか，という参加の決定。
(b)　経営側が求める率（rate）で生産するか，あるいはそれを拒否するか
　　という生産の決定。

　この(a)と(b)の決定は，まったく異なる種類の行動を想起する意思決定であ
る。にもかかわらず，ワーク・モチベーションの文献では，離職・欠勤（参
加の決定）と生産性（生産の決定）とを区別しないために，議論に混乱が生
じていたと指摘した（March & Simon, 1993, p.67　邦訳 p.64）。この2種
類の決定を区別すれば，さきほどのブルームの結論①②③は，「欠勤・離職
（参加の決定）と職務満足との間には関係があったが，肝心の生産性（生産
の決定）と職務満足との間には関係がないことが分かった」ときれいに整理
することができる。

　課題11.4のヒントでも触れたが，こうして，さまざま研究が繰り返され
た結果，米国では既に1960年代には，職務満足と生産性とは直接的に関係
がないということが定説となる。実際，図11.1(d)でも分かるように，職務

227

満足と生産性との間には金銭的報酬がはさまってしまい，この生産性と金銭的報酬を完全に連動させる報酬システムの開発に，今までの人類史上，誰一人として成功していないのである。それ故，金銭的報酬を多用するシステム，社会では，前述のように生産性と職務満足の関係が消失してしまうのである。

ただし(b)の定義は間違っているかもしれない。なぜならブルームは，期待理論では，作業者がクビにならない程度に仕事をすることは説明できるが，多くの場合，作業者の可能性をはるかに下回る遂行レベルで十分に職務を維持できるとしているからである。であれば，(a)を説明できるのであれば，(b)も説明できるはずである。したがって，(b)は次のようにすべきだろう。

(b)　組織にとって，より高い率（rate）で生産する選択肢を選択するか，あるいは現状にとどまるかという生産の決定。

また「参加の決定」という名称は正しくなく，本来は「退出の決定」と呼ぶべきであることにも注意がいる。課題5.1のヒントでも触れたが，この2つの決定は，単に正負のような単純な関係にはない。試しに，①参加のメリット，②参加のデメリット，③退出のメリット，④退出のデメリットを列挙してみると良い。①≠④，②≠③であることが容易に確認できる。また，一般に，組織を退出する行動を分析することは可能であるが，参加する行動を分析することは，はるかに難しくなる。

❖参 考 文 献

Vroom, V. H.（1964）*Work and Motivation*. John Wiley & Sons, New York.（坂下昭宣・榊原清則・小松陽一・城戸康彰訳『仕事とモティベーション』千倉書房，1982）

March, J. G. & Simon, H. A.（1958; 1993）*Organizations*. John Wiley & Sons, New York. 2nd ed. Blackwell, Cambridge, MA.（初版の訳：土屋守章訳『オーガニゼーションズ』ダイヤモンド社，1977；第2版の訳：高橋伸夫訳『オーガニゼーションズ　第2版：現代組織論の原典』ダイヤモンド社，2014）

## 第 13 章のまとめ

　組織の中の意思決定には，無意識的・自動的・反応的なものもあれば，熟考・計算・思考の過程をともなっているものもある。後者の意思決定の場合，それよりも前の多くの補助決定をもとにして意思決定が行われる。この組織的意思決定の場合には，たとえ最終的な意思決定が一人の個人によって行われるものであったとしても，こうした補助決定の多くが異なる人に委譲されていることが多い。ただし，組織に貢献するかどうかという意思決定の場合には，そもそも個人の意思を決めることなので，他人に委譲することは通常ない。

# 第 **14** 章

# 連鎖する意思決定

「ビギナーズ・ラックってやつかな。今月いきなりこんなに受注ができて，うれしいよ。ほっと一息だ。」

「受注が増えるのはいいけれど，どう考えても人手が足りないね。人を雇う金はあるの？」

「とりあえず，派遣社員を増やすための資金は確保したけど，今でもきつきつのこのオフィスには，とても入りきれないな。」

「金があるのなら，もっと広いオフィスを俺が探してきてもいいけど，悪いけど，俺は就職が決まっているから，付き合うのは今年限りということで……。」

## 14.1　起業にはまず事業プランが必要

### ○ 事業プランがすべて？

　ベンチャー企業に必要なものは何か？　あるいはこれから起業するために必要なものは何か？　と問われたときに，多くの人が良い事業プランの必要性を挙げる。確かにそうだ。実際，起業のためのセミナーなどをのぞいてみると，丁寧なところでは，大学で教えているような経営組織，経営戦略，財務，マーケティング等の各論の基礎も教えてくれるようだが，大切なのは，何のために起業するのか，目的を明確にすることが起業の第一歩だと強調されることが多い。

　これは，起業セミナーに来る人の中には，会社の設立の仕方だとかの起業の方法論の勉強ばかりに終始している人が結構いるからで，中にはリピーターになって何度も何度も同じセミナーに参加しているのに，一向に起業できないなどというあきれた人もいる。こうした人々は目的と手段を混同しているのである。起業は手段であって，目的ではない。何をしたいのか，目的を明確にして，それを実現するための手段を考える。その手段の一つが起業なのである。

　こうして，どこの起業セミナーでも共通で必須になるのは，良い事業プランの立て方，書き方，そしてプレゼンの仕方である。たとえば，金曜日 8 時間・土曜日 8 時間×2 週間のセミナーで計 32 時間程度かけて，事業計画書作成からプレゼンのリハーサルまで指導してくれたりするのである。まさに，事業プランこそが起業の鍵なのだ（⇨課題 14.1）。

## ○ 事業プランを売りませんか

　実際，そんな起業家セミナーにも出席していたことのあるＡさんのお話。
Ａさんは，某大手電機メーカーのIT部門で，優秀な技術者として鳴らして
いた人物である。彼には既にお得意さんのクライアントもついていた。そし
て，よくある話。このクライアントの「悪魔のささやき」つまり「そろそろ
独立してみたら？　独立したら仕事はＡさんに直にあげるよ」とかなんと
か言われて，ついつい起業することを決心してしまう。

　そこで早速，周囲の部下や後輩を口説いてはみたものの，誰もついてこな
い。クライアントもついているし，売上だってちゃんと見通しが立っている
のに，「最近の若いやつは気概に欠ける」などとぼやきつつ，結局一人で会
社を飛び出して自分の会社を設立してしまった。

　設立後，何人か新人の技術者を雇ってはみたものの，みんな長続きしない。
もちろん，Ａさん自身は優秀な技術者なので，仕事はある。売上の数字も立
つ。経理の事務員くらいは金を出せば雇える。しかし，起業して何年もたつ
のに，今も会社は一人でやっているようなものだ。Ａさんの会社ときたら，
株式会社とは名ばかりで，いまだに個人商店にすぎない。

　あるとき，Ａさんが面白い事業プランを作成した。私が見ても有望そうだ。
良い事業プランがあるのであれば，次に必要なのはそれを実現するための資
金，このケースでは開発資金ということになる。そこで，開発資金を調達す
るために，よせばいいのに，おせっかいにも私が某ベンチャー・キャピタル
に話を持ち込んだ。私のプレゼンに対する反応は上々。聞いていた２人のベ
ンチャー・キャピタリストは
「面白い，面白い」
を連発。そうでしょう。そうでしょう。私の目に狂いはない。そこで，いよ
いよクライマックスとばかりに，
「それでは，ぜひ投資を！」
と言った途端，彼らは即座にきっぱりこう言った。

「投資するつもりはありません。」

けんもほろろとはこのことだ。

「ちょっと待ってよ。今の今まで，面白い面白いと言っていたじゃない。なんでそういう結論になるわけ？　私も子供の使いじゃないんだから，このままでは帰れない。何か考えてくださいよ。」

と食い下がると，2人は座っていた回転椅子をくるっと後ろに向けて，何やらごそごそと相談を始めた。そして，こちらに向き直るとこう言った。

「こうしませんか。事業プランは良くできているので，事業プランを他の会社に売りませんか。そうですね。○百万円スタートでも買い手が見つかると思いますよ。」

そして次の一言がすごい。

「この事業プランを買った会社になら投資する用意はあります。」

## 14.2　ベンチャー企業には何が必要か？

### ○　事業プランの次に必要になるもの

　私はすっかり大切なことを忘れていたことに気がついた。ベンチャー・キャピタルやベンチャー相手の融資担当者が，判で押したように繰り返すあの一言。

「会社を一人で飛び出して起業する人は成功しないんですよ。」

つまり，何人かの部下や後輩がついてくるような人物であれば，起業した会社も軌道に乗るのだが，誰もついてこないようでは，そもそも人望に欠けているというのである。

　ベンチャー・キャピタリストの説明は，そのことの繰り返しだった。Aさんの会社に投資するつもりはないという理由はごもっとも。そもそもAさ

んが社長では，この会社は大きくなれないというのである。

　確かに，過去数年の実績を見ただけでも，それは明らかだった。業績が好
調だったにもかかわらず，会社はまったく成長する兆しすらない。確かに，
ベンチャー・キャピタルが投資をすれば，お金はあるので，Ａさんは技術者
を雇って開発部隊を編成できるはずだ。しかし，雇った技術者は，どうせす
ぐに辞めてしまうだろう。これまでもそうだったように。うまくすれば大き
な事業に成長するプランだからこそ，Ａさん一人では，とてもこんな事業プ
ランは実現できないというのに。

　つまり，確かに起業には良い事業プランが必要なのだが，良い事業プラン
が手に入り，資金が手に入ったら，今度は，それを実現するための開発チー
ムの存在が決定的に重要になるのである。ビジネス・プランこそが決定的に
重要だと言われているベンチャーですらこうなのである。いやベンチャーだ
からこそ厳しいのだ。

## ○ 戦略的要因は連鎖していく

　普通の会社であれば，会社が人事異動を行うことで，Ａさんをリーダーと
する開発チームを組織してくれただろう。だが，ベンチャー企業ではそうは
いかない。Ａさん自らが，しかも社外からメンバー集めをする必要がある。

　このように，組織が直面している状況の中には，その要因を取り除いたり
変化させたりしてうまくコントロールすると，目的を達成できるようになる
戦略的な要因がある。しかし，このコントロールの問題を解決して，目の前
の戦略的要因のコントロールに成功すると，この要因はもはや戦略的ではな
くなり，別の要因が戦略的要因として浮上してくることになる。Ａさんの会
社の例を機会主義的に眺めてみれば，

……→事業プラン→開発資金→開発チーム→……

といった感じで，次から次へと戦略的要因が入れ替わっていき，それに応じ
て必要とされる意思決定が次々と連鎖反応的に生まれてくるのである。実際，

成功したベンチャー企業の中には，当初の事業プランとは全然関係のない事業に進出して成功した会社が結構ある。これなどは，開発チームなどの組織的要件が満たされたら，今度はまた，良い事業プランが戦略的な要因になるという好例かもしれない（⇨課題 14.2）。

## 14.3　事業の成功には何が必要なのか　よく考えてから

### ○ 何手か先を読まなくちゃ

　正直言って，私は学生が安易にベンチャーを起こすことを薦めない。彼もしくは彼女がどんなに優秀で創造性豊かな学生であっても。

　あるとき，理系の学生が飛び込みで相談にやってきた。今所属している学科や研究室は自分には合わないし，教授の薦めるような会社にも就職したくないので，起業の準備を始めたというのである。何を準備しているのかと聞いてみると，とりあえず，知り合いがやっているベンチャー企業にインターンとして入って，手伝いをしながら色々と勉強させてもらっているという。
「いやーベンチャーは面白いですよ。大学の研究室なんかにいると，いつも同じような実験ばかりしているじゃないですか。でもベンチャーは違うんですよ。僕みたいな理系の人間でも，人と会って営業活動をしたり，経理の仕事をしたり，とにかく，一人で何でもしなくちゃいけないんです。大企業に入っちゃうと，結局は歯車の一つにすぎなくなって，会社全体のビジネスなんて見えなくなるでしょう？　ベンチャーは本当に面白いです。」
「そうか。それはよかったね。でもね。起業する前に考えてみたことはあるかな？　大企業では，君と同じようなレベルの人間が，後顧の憂いなく，生活の心配をすることもなく，それこそ24時間，研究開発に没頭しているん

だ。しかも一人じゃない。チームでやっているんだ。それに比べ，君の起こすベンチャーでは，少なくとも最初は君がただ一人の開発担当者のはずだろう。にもかかわらず，君は1日のうち7~8時間も営業活動や接客，経理などの事務作業に時間をとられ，しかも毎月決まった日に決まった額の月給がもらえる保証もなく，その日その日の生活の不安を抱えながら開発をすることになる。そんな状態で研究開発をしていて，勝てるのかい？」

　するとあっさりと

「勝てませんね。無理ですね。そうか，起業したら，ハイテクから他のビジネスに切り替えないといけないんですね。」

という答が返ってきた（⇨課題14.3）。

　要するに，戦略的要因は次々と入れ替わっていくのである。起業するまでをターゲットにして人生設計をしてはいけないのだ。今の時代，特にベンチャーをやるような人間には，創造性や創造力が必要だと言われている。確かにそうだろう。しかし，それ以前に，これから遭遇する色々な事態，連鎖反応を想像する力，想像力こそが必要なのである（⇨課題14.4）。

# ■ディスカッション■

**課題 14.1**

　3段階くらいの目的の階層を作って，自分の行動（たとえば「雨も降っていないのにワンタッチ傘をもってきたこと」など）がいかに合理的なものであるのかを説明してみよう。

### 課題 14.1 のヒント

サイモンは目的の階層（hierarchy of ends）を取り上げ，合理性は，この種の目的・手段連鎖（means-ends chains）の構築に関係しているとしていた。合理的な意思決定というのは，つねに各代替的手段がそれぞれの目的に照らして比較されることを必要としており，それは目的の階層構造を通すことで各代替案は究極の目的に照らして評価されることになるからである（Simon, 1976, pp.62-65　邦訳 pp.78-81）。

❖参 考 文 献

Simon, H. A.（1947;1957;1976;1997）*Administrative Behavior: A Study of Decision-Making Processes in Administrative Organization*. Macmillan, New York. 3rd and 4th eds. Free Press, New York.（松田武彦・高柳暁・二村敏子訳『経営行動』ダイヤモンド社，第2版の訳，1965；第3版の訳，1989；第4版の訳：二村敏子他訳，2009）

---

**課題 14.2**

　組織のメンバーが少数であれば，メンバー間の取引において，各メンバーが自己の利益を悪賢いやり方で追求することを防ぐことができるようになり，市場取引よりも有利になるという主張がある。本当にそうなのかどうか，身近な例を挙げて考えてみよう。

---

### 課題 14.2 のヒント

ウィリアムソン（Oliver E. Williamson；1932-）は「機会主義」（opportunism）を次のように定義している。「経済主体は自己の利益を考慮することによって動かされるという伝統的な仮定を，戦略的行動の余地も含めるように拡張したものである。戦略的行動とは，自己の利益を悪賢いやり方で追求

することにかかわっており，種々の代替的な契約上の関係の中から選択を行う問題に対して，深い意味をもつものである。」（Williamson, 1975, p. 26 邦訳 p. 44）　そして経済主体が少数であれば，その間の交換において，組織は機会主義を弱めるのに役立つので，市場と比べて，

① 内部取引では，条件の自由度が狭い範囲に限られ，自己の利益を追求できる可能性が低い。
② 内部に対しては，より有効に監査することができる。
③ 当事者間の紛争を上位者の命令によって解決できる。

の３つの優位性を挙げている（Williamson, 1975, ch. 2）。

❖参考文献

Williamson, O. E.（1975）*Markets and Hierarchies: Analysis and Antitrust Implications*. Free Press, New York.（浅沼萬里・岩崎晃訳『市場と企業組織』日本評論社, 1980）

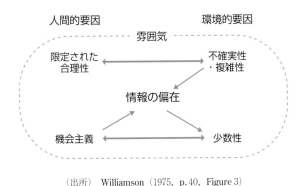

（出所）　Williamson（1975, p. 40, Figure 3）

図 14.1　市場が失敗する枠組み（なのに，なぜか「組織の失敗の枠組み」と呼んでいる）

ディスカッション

**課題 14.3**

　一つの企業の内部にいて1社分の仕事しかとれないよりは，独立した自営業者でいる方が，いくつもの企業から仕事を集めてくることができるので，専門化がより有効になることも考えられる。どんな例があるのか探してみよう。

## 課題 14.3 のヒント

　ペンローズ（Edith T. Penrose; 1914-1996）によれば，専門化は，企業の生産高が専門化を正当化するほど十分に大規模になった時にはじめて起こりうる。

　たとえば，小さな会社では，化学の知識がある人も，化学の専門家としては1日ほんの2～3時間，工程中の製品検査に化学の知識を使うだけで，残りの時間は，在庫のチェックや請求書の発行などに使われることになる。しかし，会社が大きくなれば，化学の専門家としての仕事が増えて，彼または彼女はそれに専念することができるようになる。化学の知識を必要としない在庫のチェックや請求書の発行などは別の人員を採用すれば良いのである。彼または彼女は決して遊休していたわけではないが，同じ資源でも異なる状況下では異なって使用されうるのである。このように，専門化されたサービスをできるだけフルに使用しようとする動機がある。同様にして，製造工程の中で専門化したサービスを利用する部分では，その部分の産出量を十分確保することで，専門化されたサービスをフルに使用できるようになるので，その部分を共通にもっている最終製品を増やす形での多角化が推進されることになる（Penrose, 1959, pp.71-72　邦訳 pp.92-94）。

　しかし，ペンローズは触れていないが，産業全体の拡大が緩慢で，しかもせいぜい寡占状態にとどまる場合には，そのどれかの企業の内部にいて1社分の仕事しかとれないよりは，独立した自営業者でいる方が，いくつもの企

業から仕事を集めてくることができるので，同様の理由により，専門化がより有効になることも考えられる。

❖参考文献

Penrose, E. T.（1959；1980；1995）*The Theory of the Growth of the Firm*. Basil Blackwell, Oxford. 3rd ed. Oxford University Press, Oxford.（第2版の訳：末松玄六訳『会社成長の理論　第2版』ダイヤモンド社，1980；第3版の訳：日高千景訳『企業成長の理論　第3版』ダイヤモンド社，2010）

課題14.4

　時代の最先端，業界の先頭を走っている会社は格好いい。ニュース，話題になっているそんな会社を取り上げて，今後，どんな会社が競争相手になっていくのかを考えてみよう。

### 課題14.4のヒント

　先手必勝，先発の優位とはよくいうものの，先発企業には先駆者ゆえの大変さがある。苦労して自ら市場を開拓しなくてはならないし，新製品・新サービスが革新的であればあるほど，それが一体何なのかを知ってもらうために宣伝する必要もある。インフラ整備のために投資する必要もあるだろう。しかも創成期は，業界でも規格・仕様はバラバラで，自社の規格・仕様が業界標準にならなかった場合には，初期投資が無駄になりかねない。それに比べれば，後発企業は，開拓された市場や整備されたインフラにただ乗りできるし，業界標準が固まってから投資するので投資効率も良い。これを後発の優位という。

　さらに踏み込んで模倣戦略を唱える論者までいる。先端企業と思われているマイクロソフト社だって，OSもワープロ・ソフトも表計算ソフトもみんなパイオニア企業の模倣だったが，そんな例はいくらでもある。そして，よ

くあるパターンとしては，模倣する側の後発企業が，後発の優位を生かした低コスト・低価格を武器に，コスト・リーダーシップ戦略で先発企業を出し抜くのである。日本では，模倣戦略のことを同質化戦略ということもあるが，同質化により，競争の軸を価格のみに収斂させていく。

ちなみに，ポーター（Michael Porter; 1947–）は，コスト・リーダーシップ戦略を差別化戦略・集中戦略と並んでとるべき基本戦略の一つに挙げている。業界内で最も低いコストを実現できれば，他社よりも高い利益率を上げることもできるし，他社よりも低価格で売りまくって，他社を市場から駆逐することもできる。ただし，コスト・リーダーシップ戦略と差別化戦略を同時に追求しようとすると，中途半端になり，「二兎追う者は一兎も得ず」で失敗するとされ，これをスタック・イン・ザ・ミドルと呼ぶ。なにしろポーターによれば，コストを下げるには，生産効率の良い設備を積極的に建設して量産するだけでは足りないそうで，零細な顧客との取引は切り捨て，研究開発・サービス・販売・広告などのコストを最小限に切り詰めるべしとまで主張する。ここまで来ると，ちょっと引くかも。

❖参 考 文 献

Schnaars, S. P.（1994）*Managing Imitation Strategies: How Later Entrants Seize Markets from Pioneers*. Free Press, New York.（恩蔵直人・坂野友昭・嶋村和恵訳『創造的模倣戦略：先発ブランドを超えた後発者たち』有斐閣，1996）

Porter, M. E.（1980）*Competitive Strategy: Techniques for Analyzing Industries and Competitors*. Free Press, New York.（土岐坤他訳『競争の戦略』ダイヤモンド社，1982）

## 第 14 章のまとめ

組織が直面している状況の中には，多くの要因が存在している。その中には，他の要因が不変のままで，その要因を取り除いたり変化させたりしてうまくコントロールすると，目的を達成できるようになる戦略的な要因がある。しかし，このコントロールの問題を解決して，コントロールに成功すると，

この戦略的要因はもはや戦略的要因ではなくなり，別の要因が戦略的要因として浮上してくることになる。こうして組織が直面する状況を構成する要因の中では，次から次へと戦略的要因が入れ替わっていき，それに応じて必要とされる意思決定が次々と連鎖反応的に生まれてくるのである。

# 第 Ⅳ 部

# 経営するって
# どんなこと？

# 第 **15** 章

# 経営者の仕事

「そういう込み入った新規案件は，A 部の B 課長に説明し
てくれませんかね。」

「A 部ですか？　この件とはあんまり関係がないような……。
B 課長がこの件の責任者なんですか？」

「いやいや，そうではなくて，うちの会社は B 課長が OK
だったら，上の人も含めてだいたいみんな OK なんですよ。
会社全体のことを見渡して，現場のことにも目配りしながら
考えているのは，B 課長くらいのもんだから。」

「そうそう。われわれも困ったら B 課長に相談に行くけど，
うちの常務なんかも，ときどき呼び出して意見を聞いている
もんね。」

## 15.1　君が責任者だ

## ○　責任者になるということ

　学生が管理者，経営者と呼ばれるケースは，学生時代に起業してみたというような特殊なケースに限られるだろう。しかし，「責任者」と呼ばれるケースはかなり多いに違いない。

　サークルでもゼミでもバイト先でも，あるいはちょっとした同好のグループでも，集団で行動するような場合，誰かが先導する必要は常にあり，しかも状況によって，通常のリーダーとは別の人が「係」に指名されて「責任者」となって企画から当日の運営までをこなすケースが多い（もっとも「責任者」にどんな責任があるのかは不明だが）。

　これは企業の中でも似たようなもので，たとえば学生時代同様に，会社の職場でも

「今年は君が花見の責任者だ」

などと言われてしまうと，これはもう結構大変なことになる。花見の日程決め（これは開花・満開の時期や天候が関係するので，タイミングを見計らうのが結構むずかしい）から，花見の場所取り，さらには飲み物・食べ物の調達から集金，後片付け，そして当然のことながら，当日の場の盛り上げまでを「責任をもって」担当するはめになってしまう。もちろん，作業を全部一人でやらなくてはならない，というわけではないので，同僚，後輩，知人などを上手に使いこなしながら，やればいいのである。

　ただし問題は，ほとんどの場合，「君が責任者だ」と一方的にご指名があるだけで，特に公式の権限も何もないことである。だから

「課長はいいよなぁ。部下に指示を出しておいて，それでおしまいなんだから。自分にも，そんな権限さえあれば，簡単なのに。」

という愚痴の一つも出てくるわけだ。が，そう思っているうちは，君はいつまでたっても一人前の管理者にはなれない。もうその段階で勘違いをしている。

## ○ 権限さえあれば？

　権限なんかなくたって，面白い企画を出して周到な計画を立て，巧みに周りの人をのせて動かしながら，立派に花見の責任者の務めを果たしている新人社員もいれば（そういう能力のある人間を見出すために，上司は，失敗しても会社に被害のない，こんなどうでもいいような「仕事」を部下にやらせてみているという側面もある），権限があったって，花見レベルの簡単なイベントの責任者すらろくにできない人間もいる。

　特に，人に使われた経験がなくて，いきなり起業してしまったようなベンチャー企業の経営者や，せっかく勤めた会社で，いつまでも人に使われているのが面白くないといって（会社の中で人の上に立たせてもらえなかったのには，それなりの理由があったはずなのだが……），「社長」の肩書き欲しさに起業してしまったような脱サラ経営者には，そんな教材がゴロゴロしているから観察してみると面白い。担当者を指名したり命令したりする権限さえあれば，仕事はできると思っている人はおめでたいのであって，世の中そんなに甘いものではないのである。

## 15.2　担当者を指名しておしまいなのか？

## ○ あるベンチャー企業のケース

　たとえば，ベンチャー企業 A 社（といっても従業員は数人）では，社長

249

が担当者をしかりつけていた。

「こないだやっておくようにと指示しておいた仕事，覚えているよね。先方から催促がきているけど，どうなっているんだ。君がちゃんとやらないから，私まで怒られてしまう。」

「そのときにも言いましたが，全部丸投げされてもやりようがないので，ある程度具体的な指示をして欲しいのですが。具体的に言うと，ここの作業で実際に……」

と話し始めた担当者の説明を遮って，社長は，

「私は今，忙しいんだ。君も知っているだろう。今すぐに出発しないとアポに間に合わなくなる。君一人で無理だったら，追加予算をつけてもいいから，もう1人担当者を雇って2人でやりなさい。」

と言い残して，外出してしまった。そして担当者の深いため息。

「社長は分かっていないんですよ。マンパワー不足や資金不足の問題ではないってことが。だいたい，この仕事の全体を見渡して，的確な指示をできる人間が，社長も含めてこの会社にはいないということが大問題なのに。

何しろ，うちの社長がやっていることといえば，営業で回って，受注できそうだという感触があると，なんとか先方の予算を聞き出して，それに合わせて，○人日×単価で，鉛筆舐め舐め見積書を作って受注するだけなんですから。実際の仕様の打ち合わせも，スケジュール調整も全部私に丸投げ。しかも受注した後になってからですよ。

そもそも，どこまでがうちの受けた仕事なのか，仕事の範囲も目的も明確ではないんです。打ち合わせに行って，先方の話を聞いていると驚きますよ。それで納期が心配になってスケジュールを問いただしたら，『納期から逆算して着手しろ』『自分が苦労して納期には余裕を持たせてやったんだから文句を言うな』でしょう？　今回だって，先方から催促が来るまで，私に進捗状況を聞いたことなんて一度もないんですから。あきれますよ（⇨課題15.1）。

おまけに，社長は最近外回りばかりで会社に全然いないので，打ち合わせ

のしようもない。痺れを切らして携帯に電話しても，全然出てくれない。留守番電話サービスも，最近は一杯一杯になって録音すらできなくなってる。メールを出しても返事がないか，あったとしてもレスポンスがえらく遅くて……。3〜4日たって返事をもらったって，もらったときには完全にタイミング的に終わってしまっているんですよね。コミュニケーションという言葉は，この会社では死語なんですよ。

　こんな調子で，入れ食い状態で次々と仕事をとってくれば，確かにどんどん売上高も増えてくるでしょうよ。一見，成長路線をひた走るベンチャー企業みたいに格好よく見えます。数字の上だけはね。だけど，売上数字を作ることが，この会社の目的ですか？　違うでしょう。きちんとしたシステムを作ることが，うちの会社の目的，仕事のはずなんですよ。私だって，他社に負けないような，胸を張れるようなちゃんとしたシステムを作りたい。なのに，いつもこのざまだ。なんとか納期に間に合わせて，どうにかこうにか動いていればいいとばかりに，その場しのぎの継ぎ接ぎだらけのシステムばかりを作ってきた。こんなの，お客さんだって馬鹿じゃないんだから，そのうち分かりますよ。継ぎ接ぎだらけで作っているから，後でクレームが来ても，抜本的な手直しもメンテナンスもできない代物なんです。だからメンテナンス契約がやたら高くて，どこもリピーターになってくれない。

　そして，何かというと，一方的な社長の口癖は『足りなければ人を雇え，予算をつけろ』なんです。でもね，だいたいもう1人，人を雇って担当者にしたって，たとえそいつに実務経験があったって，ここの仕事に慣れて，一人前の仕事をできるようになるまでは時間がかかるわけですよ。その間は戦力になっていないし，仕事を覚えるまでは，私がそいつの面倒をみて，色々と教えなくてはいけないわけです。はっきりいって，直近のこの仕事をする上では，単なる足手まといなんですよ。なんでそんなことも分からないのか。ばかばかしくって，やってられないですよ。」

　こうして，この担当者は，それからしばらくして，このA社を辞めてしまった。

## 15.3　経営者の仕事でしょう？

### ☐　これは担当者の仕事なのだろうか

　要するに，経営者，管理者としての仕事をするうえで，公式の権限が決定的に重要というわけではないのである。第7章でも紹介したが，バーナードは次の3条件がそろったときに公式組織は成立すると考えていた。

① 【コミュニケーション】相互に意思を伝達できる人々がいること。
② 【貢献意欲】それらの人々は行為を貢献しようとする意欲をもっていること。
③ 【共通目的】共通目的の達成をめざしていること。

　さきほどのベンチャー企業A社での担当者のぼやきは，公式組織が成立していないということの分析としては，実に見事である。そもそも，①コミュニケーションは死語となり，③目的を共有しておらず，②やってられないのである。この話をこのA社の社長に話しても，社長は
「君がちゃんとやらないから，私まで怒られてしまう。」
と再度，担当者を叱責するだけだろう。しかし，これはこの担当者の仕事なのだろうか？　いや違う。これこそが経営者の仕事，管理者の仕事なのである。

### ☐　経営者の仕事とは

　より正確に言えば，経営者の実際の仕事には，(a)経営職能（executive functions）と，(b)経営的ではない仕事が混じっている。本来の「経営者の仕事」とは前者の(a)経営職能のことであり，経営者であったバーナードは

これを「組織を維持する仕事」であると明確に指摘したのである（「組織の仕事」の中にも「組織を維持する仕事」ではないものがあるので注意がいる）。

　要するに，経営者の仕事とは，豪華な社長室に偉そうにふんぞり返って，書類にハンコを押し，部下が命令した通りにできなければ口汚く叱責する……ということでもないし，マスコミや外部の団体で華やかにもてはやされるということでもないのである。確かに，多くの場合，うまく動かないときこそ「経営者の出番」となるので，仮に会社全体が非常にスムーズに運営されて動いていれば，日常の社長の仕事はほとんどなくなるかもしれない。しかし，だからといって，社長室でパター・ゴルフをして時間をつぶしているのはどんなもんだろう。実際，好調な会社の社長は，そんなことはしていないのである（⇨課題 15.2）。

　たとえば，あるメーカーの研究開発部門で，実験に夢中になっていた若い技術者がふと気がつくと，いつのまにか横にまるで用務員のようなユニフォームを着た爺さんが座っていて，話しかけてきた。

「どんな感じだい？」

「えっ？　あっ！　社長！　いやその，○○という測定機械があれば，もっと効率的かつ精確に実験結果を測定できるのですが，ないもので苦労しています。」

「買ったら？」

「ええっ，買っていいんですか？」

「買っていいよ。だって必要なんだろう？」

この技術者がどれほど感激したことか。

　そもそも，日本のまともなメーカーでは，かなり大きな会社でも，工場長（取締役であることが多い）はおろか，社長も，会社にいるときはユニフォーム姿で仕事をしていることが多い。特に，本社工場が同じ敷地内にあるような場合，社長室にはいつもユニフォームが掛けてあり，1〜2時間，ちょいと時間が空くと，ひょいとユニフォームをひっかけ，誰にも告げず一人で

会社や工場の中を見て回るのが好きだという人も多い（⇨課題 15.3）。

　企業が不祥事を起こすたびに，テレビで謝罪の記者会見風景の映像が流される。繰り返し繰り返し見せられているうちに，最近，その後ダメになる会社の共通点があるような気がしてきた。それは，メーカーであるにもかかわらず，記者会見で，社長はもちろん，工場長までがスーツ姿で現れる会社である。スーツ姿の幹部の多くは，記者からの質問にもまともに答えられない。というか，自分の会社の工場の話なのに，記者の方が詳しかったりするのである。隠しているのか，本当に知らないのか。どちらにしても，そんな会社も経営者も信じられない。それに対して，謝罪会見に社長以下全員がユニフォーム姿で臨んでいる会社は，その場での質疑もやりとりがしっかりしているように感じられる。気のせいか？

　ということで，話を元に戻そう。先ほどのベンチャー企業 A 社の場合，あんな感じで，社長が営業でどんどん仕事をとってきたので，確かに売上高だけは順調に伸ばしていた。しかし，これは一時的なもので終わってしまう。A 社に未来はない。なぜなら，一度ついたお客さんも，その仕事ぶりを見て二度と頼まなくなっていったからである。多分，社長＋秘書兼事務員 1 人＝計 2 人になるまでは縮小を続けることになるだろう。倒産や廃業はしないかもしれないが，少なくともこれ以上大きくなることはない。

　要するに，組織を維持する能力がないのだ。いくら仕事があったって，いくらお金があったって，そして労働市場からいくら人を調達できたって，所詮一過性の風前の灯にすぎない。社長が「経営者の仕事」をしないからである。

# ■ディスカッション■

---

**課題 15.1**

　経営管理論のセオリー通りにいけば，組織をもっぱら管理している上級マネジャー達は現場から遠ざかり，学習できないまま戦略や計画を決定をし，実施担当者は言われた通りにそれを実施し，そして点検のために頻繁に報告させられる。まさに，プラン・ドゥ・シィ管理サイクルで組織を管理しているのだが何かおかしい。どこがおかしいのかを考えてみよう。

## 課題 15.1 のヒント

　第 10 章でもふれた経営管理論の始祖として知られるフランスの経営者ファヨールによると，大規模・小規模にかかわらず，工業・商業・政治・宗教・その他にかかわらず，すべての事業の経営において，管理は非常に重要な役割を果たす。上級責任者の任務の中では，管理的職能が極めて大きい位置を占めることになる。企業の活動は，①技術的職能（生産，製造，加工），②商業的職能（購買，販売，交換），③財務的職能（資本の調達と管理），④保全的職能（財産と従業員の保護），⑤会計的職能（財産目録，貸借対照表，原価，統計，など），⑥管理的職能（予測，組織，命令，調整，統制）の六つの職能に分類でき，このうち⑥が管理的職能で，「管理する」とは，予測し，組織し，命令し，調整し，統制することであるとされた。

　このように，最初は列挙されていただけだった管理的職能の諸要素も，やがて米国で経営管理論として急速に普及し，より教科書的に整理されて経営学教育に用いられるようになると，1950 年代には，順序があり，繰り返されるものだとして「管理サイクル」に抽象的に図式化されるようになった。

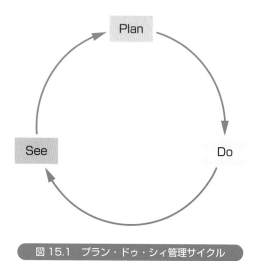

図 15.1　プラン・ドゥ・シィ管理サイクル

有名なのは，図 15.1 のような，あらかじめ計画を立て（plan）→それに基づいて行動し（do）→行動の結果が計画通りかどうかを統制し（see）→さらにその経験を生かして次の計画を立てる（plan）→……といった「計画（plan）→実施（do）→点検・統制（see）」の循環のプラン・ドゥ・シィ管理サイクルである。こうしてできた管理過程論または管理過程学派（management process school）は，1950 年代までは経営管理論といえばこの管理過程論を想起させるほどの影響力をもっていたのである。

　なお管理サイクルには，この他にも 1950 年代に品質管理で有名なデミング（William E. Deming；1900–1993）らが提唱したと言われる「計画（plan）→実施/実行（do）→点検/評価（check）→処置/改善（act）」の PDCA サイクルもある（図 15.2）。

❖参 考 文 献

Fayol, H.（1918）*Administration Industrielle et Générale*. Dunod, Paris.（佐々木恒男

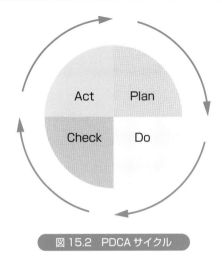

図 15.2　PDCA サイクル

訳『産業ならびに一般の管理』未来社，1972)

高橋伸夫（1995；2003；2006；2016）『経営の再生：戦略の時代・組織の時代』有斐閣。

---

**課題 15.2**

経営戦略の手法，ツール，メソッドで聞いたことのあるものを列挙してみよう。

---

### 課題 15.2 のヒント

ミンツバーグ（Henry Mintzberg；1939-）の指摘・批判は痛烈である（Mintzberg, 1989, ch. 17）。戦略的計画があれだけ売り込み攻勢をかけていた 1960 年代〜1970 年代，戦略形成に関する経験的証拠はほとんど何もな

かった。戦略のプランナーは，戦略が現実にどのようにして形成されるかについて，ほとんどまったく無知なままで，処方へと飛躍し，合理的なアプローチの方が良いと単純に仮定されていたのである。

MBA（Master of Business Administration；もともとは経営学修士の意味）のようなプロフェッショナル・マネジメントの「プロフェッショナル」は，任意の手法の寄せ集めを身につけた人は何でも経営できるという意味だと理解されている。しかし，これでは，技術者が設計する方法を知っているというだけで，より的確には CAD 用のコンピュータが机の上にあるというだけで，橋でも原子炉でも設計できると仮定しているのと同じではないか。実際，多くの「経営のプロ」は自分のオフィスにいて，財務諸表の数字とポートフォリオ・マトリックスのボックスで遊んで算出したボトムライン（利益のこと）的な業績目標を指図する権限をもつことで「経営」できると信じている。しかし，それは明らかに何かおかしくないだろうか。経営戦略論の成功例だと信じられている事例でも，実際には，一人の有能なリーダーのエネルギーと熱意が優秀な人材を惹きつけ，活気づけたこと以外に，成功要因の証拠はなかったこともある。適用されるべき文脈から遊離し，人間のイニシアティブからも遊離して機能できると信じられているプロフェッショナル・マネジメントとは一体何だったのだろう。

❖参 考 文 献

Mintzberg, H.（1989）*Mintzberg on Management: Inside Our Strange World of Organizations*. Free Press, New York.（北野利信訳『人間感覚のマネジメント』ダイヤモンド社，1991）

**課題 15.3**

身近な管理者の行動を一日だけでいいから調査してみよう。

**課題 15.3 のヒント**

　経営学では，管理過程論のような経営者の仕事についての教科書的な理解
の時代を経て，そこで描かれる経営者・管理者像に反駁するような形で，経
営者・管理者の行動の実態についての調査研究が，管理者行動論（manage-
rial behavior）と呼ばれて行われてきた。管理者行動論では，現実のトップ
またはミドルのマネジャーの日常的行動の実態についての地道で記述的な調
査を行い，管理者の行動が，一見すると，いかに非効率的で，支離滅裂であ
るかを事実として提示してきた。

　たとえば，管理者が自ら，事前にコード化されているメモ用紙に，活動が
生じるたびに，継続的従事時間，場所，参加者などを記録するダイアリー・
メソッド（diary method）と呼ばれる調査方法を用いることで，時間配分を
明確にパーセンテージで示すことができる。先駆的なスチュアート（Rose-
mary Stewart）による 160 人のイギリス人トップ，ミドル・マネジャーの調
査研究などの結果，①管理者は大半の時間を他の人々との接触に費やしてお
り，一人でデスク・ワークをしている時間はきわめて少ないこと，②対人接
触におけるコミュニケーション手段としては対面接触や電話による口頭コミ
ュニケーションのウェイトが高いこと，③部下との接触ばかりではなく，他
部門同僚との水平的接触，上司・経営上層，さらには社外の人々との接触に
もかなりの時間を費やしていること，そして，④活動の流れが驚くほど小刻
みに断片化されており，しかも個々の活動がきわめて多様で，一見すると相
互に脈絡がないことが分かってきた。

　このうち特に④は断片化（fragmentation）と呼ばれ，管理者が次々と生じ
る日常的事象や対人接触機会に対して，受動的に反応する行動様式をとって
いることが原因だとされる。ミンツバーグは，観察中ないしは観察後にカテ
ゴリー化を行う構造化観察法によって 5 人の経営者を調べたが，それによる
と，口頭での接触のうち管理者自身の側から自ら率先して行った接触は
32％ にすぎなかったという（Mintzberg, 1973）。つまり，管理者はコミュ

259

ニケーションに多くの時間を使っているものの，どれもが受動的なレスポンスで，まるで糸で操られたパペット（puppet；人形劇などで使われる操り人形）みたいだとも比喩されるほどなのである。

❖参 考 文 献

Mintzberg, H.（1973）*The Nature of Managerial Work*. Harper & Row, New York.（奥村哲史・須貝栄訳『マネジャーの仕事』白桃書房，1993）

## 第 15 章のまとめ

　経営者の実際の仕事には，経営職能（executive functions）と経営的ではない仕事が混じっている。本来の「経営者の仕事」とは前者の経営職能のことであり，バーナードはこれを「組織を維持する仕事」であると明確に指摘した。これは「組織の仕事」という意味ではない。「組織の仕事」の中にも「組織を維持する仕事」ではないものがあるからである。「組織を維持する仕事」とは短期的には，公式組織成立の3条件：①コミュニケーション，②貢献意欲，③共通目的を満たすことである。

# 第16章

# 顧客「想像」力の時代

「あっ，いたいた。悪いんだけどさ，Ａ先生が君のこと待ってるんだよ。君が来るまで講義を始めないって言うんだ。」

「えっ？　いや，あの科目はあんまり難しくて，結局，履修届も出さなかったんだよ。だって，予習して一生懸命質問してるのに，Ａ先生の答って，質問よりもかえって難しくなっているんだ。」

「そんなところが気に入られたんじゃないの？　とにかく，君のために準備してきたんだとかなんとか言ってて，君が来るまで待つって言ってるんだよ。早く来てくれよな。」

「嘘だろう〜。単位も出ないのに毎回授業に出るのかよ。」

# 16.1　イマジン

## ○ imagine

　多分私は「ビートルズ世代」と呼ばれる最後の世代だと思う。「創造性/オリジナリティーこそすべて」のような時代的な雰囲気の中で青春を過ごしてきたようにも思う。元ビートルズ，ジョン・レノンの「イマジン」を聞いたのは中学生の頃で，ラジオから流れる曲の美しさには圧倒されたが，「イマジン」が"imagine"で「想像してごらん」だと結びついたのは，雲の向こうに透けて見えるジョンの顔がモチーフになっているジャケットのアルバム（当時は LP レコード）を買ってからだった。「創造」も「想像」も同じ音「そうぞう」だということは単なる偶然なのかもしれないが，紙一重のような気がする。

# 16.2　ビジネスモデル特許

## ○ ビジネスモデル特許のブーム到来

　2000 年をピークに日本で「ビジネスモデル特許」のブームが到来した。ビジネスモデルという用語は，特許と結びつかない場合においても使用できる便利な用語であるが，この「ビジネスモデル特許」は日本のマスコミの造語だと言われている。英語では business method patent であり，日本の特許庁の用語でも「ビジネス関連発明」とされることが多い。2000 年 10 月 19日に特許庁のプレス発表「『ビジネス方法の特許』に関する対応方針につい

て」があり，直訳風の「ビジネス方法の特許」という言い方もされるように
なった。米国でのアマゾン・ドット・コム社の「ワンクリック特許」（米国
特許第 5960411 号，1999 年 9 月 28 日登録）やプライスライン社の「逆オー
クション特許」（米国特許第 5794207 号，1998 年 8 月 11 日登録）などが話
題となった。

　実際には，ビジネスの手法やアイデアを発案し，それをより具体的な情報
処理技術と組み合わせて，首尾よくビジネスモデル特許が成立すれば，特許登
録されるのは情報処理システムなのだが，同時に，この特許によってビジネ
スの手法やアイデアのようなものも間接的に保護されることになるのである。

　ところが，ビジネス手法に情報処理技術を組み合わせて出願すると，特許
の対象となりうると一気にブームとなり，ブームに乗じて出版されたおびた
だしい数のビジネス書の中には「ビジネスモデル特許」とは「新しいビジネ
スの手法を特許として保護すること」と読めるようなものまであった。そん
な中で，日本でも，凸版印刷の「マピオン特許」（特許第 2756483 号，1998
年 3 月 13 日登録）や「パーフェクト」で知られる住友銀行（2001 年から三
井住友銀行）の「振込処理システム」（特許第 3029421 号，2000 年 2 月 4 日
登録）などがビジネスモデル特許として取得されたので，騒ぎが大きくなっ
てしまった。

## 16.3　「雲」ではない顧客を想像できないと

### ○ ＩＴバブル

　一般に，ベンチャー企業の経営者は，自らの技術力や腕に圧倒的な自信を
持つが故に，すぐにスケールの大きな妄想の世界にひたりがちである。創造
をビジネスに結びつけるのは妄想ではない。創造したものを買ってくれる顧

客を想像する力なのである。

　そこに，なぜビジネスモデル特許のブームが生まれ，そして終わってしまったのかの理由がある。2000 年にビジネスモデル特許がブームになったのは，防衛特許的な連鎖出願で出願件数が膨張したという事情ももちろんあったが，ビジネスモデル特許を餌にして，ベンチャー企業が IT バブルの資本市場やベンチャー・キャピタルから資金調達をすることが可能だったという経済的な事情も大きかった。1999 年 11 月に東証マザーズが開設されると，ポートフォリオ運用（特性の異なる複数の銘柄に投資すること）で新産業・新業種に資金を割り振るファンドから資金が流入して，2000 年には IT バブルが出現したのだ。その際にビジネスモデル特許が買い材料となったのである。

　しかし，多くのビジネスモデルは，事業化しても利益を生み出せるような代物ではなく，資金調達の「手段」以上のものにはなりえなかった。多くの場合，ネット上の顧客は文字通り「雲」のような存在で（実際，システム図ではインターネットを雲の記号で表す），見た目には大きそうなのに，つかまえようとすると難しかったのである。そのため米国，日本と IT バブルが崩壊して資本市場が急速に萎むと，ビジネスモデル特許の魅力は急速に薄れてしまった。

## ○ 具体的な顧客はどこにいるか

　言い方を変えれば，たとえ株式市場で一時的に買い手が見つかったとしても，結局のところ，会社の存続は，事業から持続的に利益を生み出せる有効な仕組みを作り出せるかどうかにかかっている。そして，株式市場だけではなく，通常の商品やサービスの市場で，価格的にも品質的にも魅力的な商品/サービスを提供できるような能率的な経営こそが，具体的な顧客をしっかりとつかまえる鍵となるのである。

　経営学的な常識からすれば，もし事業化して利益を生み出せるようなビジ

ネスモデルがあるとしたら，それはノウハウに近いものではないだろうか。そうだとしたら，たとえ「技術的に」特許出願が可能だったとしても，出願して1年半で公開されてしまうような特許にすることは自殺行為に等しい。ノウハウはノウハウのまま守り通した方が賢い。ビジネスモデル特許を巡る法律家・特許関係者たちの大騒ぎの渦中で，売上を上げて利益を生み出すといった基本的かつ真っ当なビジネスの感覚がすっぽりと抜け落ちていたのである。ブームの最中，顧客をできるだけ具体的に想像することが忘れられていた。いかにインターネット・ビジネスとはいえ，やっぱり「雲」をつかまえるような話ではだめだったのである。「雲」の向こうに透けて見える具体的な顧客をつかまえなくては。

## 16.4　ライフルショット・マーケティング

### ○　大学で生まれた発明を企業に

　大学の特許を第三者に供与して（実施許諾して）ロイヤルティー（ライセンス料）を得る「ライセンシング」を行う際も同様である。日本では主要な大学では，TLO（Technology Licensing Organization；技術移転機関）が設けられていることが多い。このTLOの源流は米国の技術移転機関だが，もっともその米国でも，百数十の大学に存在する技術移転機関のうち9割以上は部門赤字になっていると言われる（⇨課題16.1）。

　そんな中で経済的に成功しているスタンフォード大学，マサチューセッツ工科大学（MIT），カリフォルニア大学などの技術移転機関が用いているモデルは「マーケティング・モデル」と呼ばれている。これは技術移転機関を法的処理や資金管理の組織ではなく，マーケティングのための組織と位置付ける。つまりTLOの活動とは，大学での発明の，①仕入れ（発明の技術評

価），②加工（特許性の評価），③販売（使用許諾を受ける側のライセンシー候補の絞込み）のプロセスであり，マーケティング・モデルは，①や②に時間をかけることをよしとせず，その代わりに迅速に③に進み，ライセンシー候補の企業とのコンタクトをとり，そのコミュニケーションの中で，①，②にフィードバックさせて同時並行的に進めることを推奨する。分かりやすくいえば，良い技術を最も広く事業化してくれそうなライセンシー候補企業を探してきて，ライフルショット・マーケティングで狙い撃ちして売るというものだ。

## ○ ライセンシー候補を想像できるか

　こうしたアプローチがとられるのは，大学で生まれる発明の多くは基礎的なものであり，特定の用途を意識して生み出されるわけではないし，複数の異なる用途が想定されるケースも多いために，その発明に適したライセンシーを探し出して，特許出願の際の請求項（クレーム）を工夫することが必要になるからである。また時間的に，出願から1年以内にマーケティングの決着をめざしていることも背景にある。特許は出願から20年間有効だが，出願から1年半たつと公開されてしまう。したがって，マーケティングをその前に決着させないと，公開されたものを見て周辺特許を固められてしまう可能性がある。そうなると，せっかくの基本特許も使用すること自体が難しくなってマーケティングがうまくいかなくなってしまうのだ（⇨課題16.2）。

　このように，特許出願の際の請求項の書き方等によって市場性も変わってくるので，ある程度ライセンシー候補が見えていることは重要である。もっとはっきり言えば，ライセンシー候補を具体的に「想像」できるかどうかが，ライフルショット・マーケティングの成否を決めるといっても過言ではない。そして，あえて強調しておきたいのは，ライセンシー候補を想像できないような発明は特許に値しないという現実である。

## ○ 特許の取得自体が目的化する問題

　特許を取得するという行為は，まぎれもなく創造や発明をビジネスとして扱う行為である。ライセンス供与をするにしろ，自分で製品化して他人に使わせないようにするにしろ，そこにビジネス・チャンスを作り出すために特許は取得される。しかし，それ以上のものではない。ビジネスをするつもりのない人にとっては，発明を特許にする意味などないし，研究者であれば，論文や学会で発表すれば充分なのである。そもそも特許取得が名誉になるのかどうかも疑わしい。極端なことを言えば，腕のいい弁理士と組めば，そこそこのアイデアや発明を特許として成立させることは「技術的に」可能なことだとも言われており，ビジネスモデル特許などは，まさにその好例といえる。

　特許として成立することはライセンス交渉をする上で，もちろん重要な前提なのだが，営業的に成り立つことはそれ以前に決定的に重要だということを，大学を核とする技術移転の場合には肝に銘ずる必要がある。ある私立大学の TLO では，ライセンス交渉に携わるライセンス・アソシエイトが「売れない」と判断したにもかかわらず，是非特許を取得したいという学内圧力に負けて，出願だけで600万円もかけて国際出願したという例まである。現在では PCT 出願という国際出願の方法があり，日本で出願して1年以内であれば，世界中の他の国でも出願できるようになっているが，国際出願にかかる費用は国内特許の比ではない。

　しかも，特許はもっているだけでは何の収入にもつながらない。日本では1999年末で約100万件もの特許があるが，そのうち利用特許（実施）は1/3にすぎず，実に2/3はもともと商品化利益が少なかったり，防衛特許的なものだったりして，未利用特許（不実施）だというのが現実である（⇨課題16.3）。

　つまり，「特許になりうる」ということとその「特許で収入が入る」ということは別なのである。特許を取得するということは，まさに発明をビジネ

スとして扱うことなのだが，本当にビジネスとして考えるのであれば，特許に金を払ってくれるライセンシー候補を一生懸命探して，ロイヤルティー収入を見込めると判断した発明だけを特許にすべきなのである。マーケティング・モデルの本質はまさにそこにある。

　かくして腕利きライセンス・アソシエイトの口癖：

「先生，『大きな需要が見込まれる』ではなくて，『誰が』買ってくれそうなのかを教えてください。そしたら私が今すぐにでも飛んで行って売ってきますから。」（⇨課題 16.4）

# ■ディスカッション■

---

**課題 16.1**

自分の大学もしくは近くの大学の TLO について調べてみよう。

---

### 課題 16.1 のヒント

　米国では 1980 年 12 月 12 日に通称「バイ・ドール法」（"The Bayh-Dole Act"）が成立し，企業と大学とが合意すれば，大学が連邦政府資金により開発した研究成果の独占的実施権を企業が獲得することが可能になった。このことで米国の大学が知的財産権に目覚めた。それを見て，日本でも，1998 年 8 月 1 日に「大学等における技術に関する研究成果の民間事業者への移転の促進に関する法律」（「大学等技術移転促進法」）が施行され，文部科学大臣と経済産業大臣が承認する TLO（Technology Licensing Organization；技術移転機関）に対して，その後制定された措置もあわせて政策的支援措置が導入された。こうして日本の大学でも技術移転ブーム，TLO 設立ブームが

到来したのである。

❖参 考 文 献

高橋伸夫・中野剛治（編著）（2007）『ライセンシング戦略』有斐閣。

---

**課題 16.2**

知っている特許や商標について調べてみよう。

### 課題 16.2 のヒント

特許情報プラットフォームのホーム・ページ https://www.j-platpat.inpit.go.jp/にアクセスして，検索してみよう。

---

**課題 16.3**

企業が競争優位を確立するために，特許は，どのような効果があるのだろうか。考えてみよう。

---

### 課題 16.3 のヒント

そもそも特許だけで守ることができるものは限られている。経営戦略論の分野では，1980 年代半ばから，リソース・ベース理論あるいは RBV（Resource-Based View）と呼ばれる一群の研究が出現した。RBV は企業の資源側の立場から，資源の特性とその変化に結び付けて，競争優位の創造と維持と再生を説明しようとする。

経営戦略論では，レント（rent）とは簡単に言ってしまえば標準以上の利益率のことだが，RBV が出現するまでは，「独占のレント」（monopolistic rent）のように，経済学同様にレントの源泉を市場に求めていた。ところが，独占のレントが産出を抑えることで発生するのに対して，当該企業のユニークな要因からの「リカードのレント」（Ricardian rent）は，希少価値のある資源を保有することから生まれると考えられる。

　こうして研究者たちは，レントの源泉を市場ではなく，企業自身に求めるようになる。たとえば「不確実な模倣可能性」は，初期異質性を作り出すと同時に，模倣による同質化の進行も妨げ，このことがレントを生むと考えた。さらに，産業レベルでの参入障壁と同様に，企業レベルでは隔離メカニズム（isolating mechanisms）が存在することで，ある企業の保有する資源の模倣や代替を困難にすると考えた。あるいは，市場取引の困難さがレントを生むという考え方もある。こうしたレントの源泉を巡る議論から，RBV の基礎構造が姿を現す。単純化してしまえば，持続的な競争優位をもたらすのは，まずは，①レントを生み出す資源のユニークさ・異質性であり，そして②その異質性を持続させるための何らかのメカニズムなのである。

❖参 考 文 献
　高橋伸夫（2005）『〈育てる経営〉の戦略：ポスト成果主義への道』講談社。

---

**課題 16.4**

　産業界と大学の産学連携の実例を探してみよう。

---

**課題 16.4 のヒント**

　かつて米国に DEC（「デック」Digital Equipment Corporation）というコンピュータ会社が存在した。1970 年代，DEC のミニコンピュータは，UNIX（「ユニックス」）という OS を搭載できることから世界中で人気を博した。大学の研究者を中心としたマニアたちは DEC の自前 OS の代わりに

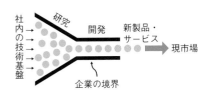

クローズド・イノベーション（従来）

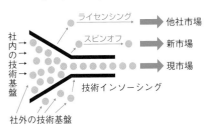

オープン・イノベーション

図 16.1　オープン・イノベーション

UNIX を載せて走らせた。世界のソフト開発・教育の中心に DEC のミニコンピュータと UNIX があったといっても過言ではない。われわれは今でもその成果の恩恵にあずかっている。しかし，当時の DEC の技術者たちは，自前開発の OS でなければサポートしないと，UNIX を拒否し続けた。こういうのを自前主義，あるいは NIH（not invented here）症候群という。DEC は，1998 年にコンパックに買収され，コンパックはさらに 2001 年にヒューレット・パッカードに吸収合併され，事業の一部はインテルに売却されてしまった。

　自前主義とは対極に，企業内外のアイデアを結合して，新たな価値を創造するやり方はオープン・イノベーションと呼ばれる。その出口も，元の会社を飛び出したり，他の会社にライセンシングしたりと多様になる。ただし，こんな風に研究開発をすると，タダ乗りを防ぐのが難しくなってしまう。現実には，最新の機密情報が漏れないように，中核の技術者が企業間を移動する際は半年とか 1 年とか時間を空けるのが普通になっているし，企業内であっても，ソフトウェア技術者が，ソース・コード公開が原則のオープン・ソース（UNIX も当初はそうだった）の開発部署から人事異動する場合には，

覚えていたソース・コードが混じると，法的に大変なことになるので，忘却期間として半年程度は空けるのが常識になっている。しかし，それでもオープンにすべきなのだと企業が本心からオープン・イノベーションを主張しているのだとすれば，称賛されるべきかもしれない。

❖参 考 文 献

Chesbrough, H. W. (2003) *Open Innovation: The New Imperative for Creating and Profiting from Technology*. Harvard Business School Press, Boston, MA.(大前恵一朗訳『Open Innovation：ハーバード流イノベーション戦略のすべて』産業能率大学出版部，2004)

## 第 16 章のまとめ

　管理過程では，2つのことが考慮されていなければならない。一つは，選択された手段が（広義の意味で）技術的に適切かどうかという有効性の問題。もう一つは，組織の参加者をはじめとしたステークホルダー（利害関係者）の貢献を持続的に引き出せるかという組織の均衡維持の問題。結局は，この2つの要因が揃わないと，長期的に組織を維持することはできない。

# 第 17 章

# 違法行為でなければ
# 何をやってもいいのか

「確かに，今後5年間の利益が多少は向上しますが，これで
は，地元のお年寄りや子供たちにゲートボール場やフットサ
ル場として開放している空き地をつぶすことになってしまい
ます。」

「そういうときには，地元の各スポーツ団体に寄付でもして
おくのが企業の社会的責任，CSRというもんだ。」

「お金なんかもらったって，半径5キロ以内には，もう空き
地なんてないんですよ。社長！」

「株主への説明責任だってある。一体，あんな老人・子供の
わがままに，どんな法的根拠があるというんだね。コンプラ
イアンス的には問題にならんだろう。」

（でもそれって，リーダーとして経営者としてどうよ。）

## 17.1　客観評価＝無責任

### ○　無責任人事の隠れ蓑

　主観評価よりも客観評価の方が良いと単純に思い込んでいる人が実に多い。ところが，主観評価よりも客観評価の方が優れているという根拠はどこにもないのだ。そもそも評価が客観的であるということ，それ自体が大問題なのである。かつて，某社の人事部の人間が

「客観評価の方が良いこともありますよ。なにしろ，マニュアルに則って客観的に点数をつけることで，客観性を装い，評価をする側の責任を回避することができるわけですから。」

と言ったので驚いたことがある。あきれた私が

「しかし，減給や降格になるような人間に対してまで，真顔で『マニュアルに則って評価していくと，君の点数は○○点ということになるんだ。文句を言うんだったら，マニュアルを作ったやつに言ってくれ。私はマニュアルどおりに，トレーナーのいう通りに点数をつけただけであって，それで君の給料が下がろうが，君の人生が台無しになろうが，そんなこと私に責任はない。』とでもいうつもりなのですか？」

と聞くと，なんと

「そう言ってみたいもんですね。」

と言ってのけたのだ。なんたる無責任。私だったら，そんな無責任な評価をする人間を上司にはもちたくないものだ。

## ○ 評価の本質は

　世の中には，「説明責任，説明責任，……」とまるで念仏のように唱えている人がいるが，いくらそんな念仏を唱えても，魂は救われない。この際，はっきりさせておこう。説明責任以前に，評価をすることは，それ自体に責任が伴うものなのだ。こんなことは当たり前のことではないか。

　本来評価というものは，おおげさに言えば，上司が己の全存在をかけてでも行うべきものなのである。ダメならダメ，良いなら良いとはっきり判断して，自分の意見として，すなわち自分の主観であることを全面的に認めた上で，自分が責任をもって伝えるべきなのだ。たとえ相手が納得しなくても，「俺の責任で」「これは私の判断だ」と言わなければいけない。最後の最後は主観的なのである。客観性では逃げられない上司の責任を伴った判断そのものなのだ。上司としての自分の責任ある判断なのだというところから逃げてしまったら，もう誰もついてこない。

　減給や降格の場合だけではない。たとえば，抜擢人事を行う場合を考えてみよう。誰かを抜擢しようとすれば，通常の昇進のケースに比べれば，それなりに一生懸命に理由を説明する努力はするだろう。しかし，そもそも抜擢なんて，まだ実績のともなわない人間を登用するからこそ「抜擢人事」と呼ばれるのであって，他人を完璧に説得できるような客観的な理由が見つかるわけがない。経営者であれ，部課長であれ，誰かを抜擢したいときには「俺が責任をとる」と言うから，周りは「しょうがないですね」と受けるわけだ。最後の最後は，自分が責任をとるから，彼もしくは彼女を抜擢したいと訴えるしか方法がないのである。上司が責任をとるというからこそ，部下は上司の決めた人事に従うのではないか（⇨課題 17.1）。

## 17.2　虚妄の目標管理

### ○　これ以上の数字はもう……

　だから，客観評価にこだわればこだわるほど，基準が客観的ゆえの副作用と障害がすぐに発生する。客観的評価基準の無責任さが，評価される側にもすぐに伝染する。たとえば，毎年査定すると明言されれば，誰だって，1年以内に「成果」の出せるような仕事ばかりをやるようになる。こんなことは当たり前のことなのだ。そして，目標管理の愚かしさよ。各人に目標を立てさせて，その達成度を見るなどと書けば，低めの目標を掲げるのが賢い人間というものであろう。高めの目標を掲げるのは馬鹿である。

　だったら，単純に高めの目標を掲げさせればいいだけではないかと言う人（現場を知らない若いコンサルタントにそういう人間が多い）がいるが，あきれてものが言えない。

　現場の人間であれば，すぐに理解できる事実だと思うが，数字なんて，1〜2年であれば，いかようにでも作れるのである。売り上げを今年度に入れるか来年度回しにするか，新規投資を控える，減価償却を抑える，アルバイトやパートの数を減らす，残業しても手当てを出さない（サービス残業を強いる）……。しかし，こんな無理を何年も続けられるわけがない。にもかかわらず，高めの目標を無理して達成した部署に対して，経営者がさらに高い目標を課す愚挙。現場からはこんな声が聞こえてくる。

「うちの社長って馬鹿じゃないの？　本当に現場のことが分かんないんだな。どの程度の売り上げ，利益が適正なのか知らないんだろう。これ以上の数字は，もう粉飾するしか手がないね。」

　そして，数字を操作をした人間は願いを出してどこかに異動してしまい。やがて，どの程度の粉飾があったのかも分からなくなってしまう（⇨課題

17.2)。

## ○ 強すぎる客観指標のインパクト

　客観指標を使えば，さらに悪いことが起こる。たとえば成約件数を基準に挙げれば，それだけをピンポイントで狙って件数を稼ごうとして採算度外視で契約をとってくる愚か者が必ず出てくる。いくらたくさん客観指標を挙げても，もののみごとにそれをピンポイントで達成する人間が登場する。しかも客観評価はインパクトが強いだけにやっかい至極。

　たとえばバブルのとき，ある保険会社では，社外・社内で保有契約高を競っていた。そのために次々と繰り出される高利回り商品。私のような素人が考えても，市場金利が低下すれば，逆ザヤが発生して収益性で大きな問題が生じることは目に見えていた。私がそう質問すると，当時の担当者はこう言ってのけた。

「いいんですよ。ウチの業界は保有契約高で競争する世界なんですから。このおかげで，わが社は業界内のランキングを上げているのです。」

そしてバブルは崩壊。数年後に同社は破綻した。業界内ランキングのむなしさよ。

　どうしても目先の数字にとらわれてしまうのは，客観指標のインパクトが強すぎるからである。客観指標と直結する特定業務の成果を上げることばかりに気をとられ，そこだけをピンポイントで狙った行動を必ず誘発する。この世の中のことはバランスが大切だなどと説いたとしても，客観的な数字の前には無力なのだ。

## ○ 目標は達成したかもしれないが

　ある中堅のソフトウェア会社の社長は目標管理が必要だと率先して導入した。このクラスの会社なら，まともな社長であれば，個々の従業員の働き方

をそれなりに見ていることができる。そして，期末の査定の時期に，すべての目標を達成したと主張する社内でも評判の札付き社員（？）に面談すると，こう言ったそうだ。

「悪いけどね，君みたいな働き方をしている人間の給料を上げているようじゃ，うちの会社はつぶれちゃうんだよね。自分で考えてみても分かるだろう。目標は達成したかもしれないけど，君のやったことは全然会社のためになっていないじゃないか。むしろ仲間の足を引っ張り，うちの会社の評判を下げるようなことばかりしている。目標を達成しましたなんていう言い訳は聞きたくないな。俺の目は節穴じゃないんだよ。」

もし，どうしても目標管理をうまく使いこなしたいのであれば，その秘訣はただ一つ。まったくもって逆説的であるが，それは，部下が目標を達成したときに，そのことを言い訳にさせないだけの上司の力量と人望，そして覚悟である（それがある上司に目標管理システムが必要だとは到底思えないが）。その自信のない人は，目標管理に手をつけてはいけないし，少なくとも，目標達成と給料を連動させるような愚（争いと面倒の種になる）だけは避けておくべきである。

## 17.3　コンプライアンス

### ○　法令遵守と企業の社会的責任の達成

21 世紀に入って日本の企業の間で流行った横文字に，コンプライアンス（compliance；法令遵守）や CSR（Corporate Social Responsibility；企業の社会的責任）がある。

コンプライアンスは，国が定めた法令を守るだけでなく，社会的規範や企業倫理を守ることまでも含むと言われ，CSR 活動の一環として捉えられる

こともあるので，両者は密接な関係があるといってもいい。しかし，CSRでは株主などのステークホルダーに対する説明責任が基本だとされる傾向があり，だとすると「ステークホルダーの圧力に屈して法を犯してしまう」といった類のコンフリクトが常に発生することになる。

そのため，コンプライアンスとCSRをうまく使い分けて，上手に説明責任を果たす経営者が賢い人間であるかのような錯覚さえ与えてしまうことがある。横文字で書くとごまかされがちだが，日本語で書くと，「法令遵守と企業の社会的責任を賢く使い分けて言い訳にする」というのは，「一人の人間としてどうなの？」という行為である。

## ○ 大不祥事のよくあるパターン

コンプライアンスはあくまでも法令遵守なのだから，たとえば「法の抜け穴」を突くような行為であっても，また，たとえ法令そのものがモラルに反していたとしても，法令さえ遵守していれば，コンプライアンス的には問題がないのだという経営者の身勝手な開き直りをわれわれは善良な一市民としてどのように考えるべきなのか。われわれは常に問題を突きつけられて暮らしている。つまり，コンプライアンスが，単に法令を遵守するという以上の何かであるのでなければ，経営学が議論する価値などないのだ。たとえば，

① 「（捕まりさえしなければ）金儲けが悪いことですか？」と開き直る某ファンド・マネジャーに向かって，コンプライアンスという概念を使って何か言ってやれないのか？

② 田舎の居酒屋が，土地が安いことをいいことに，10台以上入る立派な駐車場を完備した場合（実際にそのような例を見たことがある），これはコンプライアンス的に見てどうなのか？

③ 電機メーカー側が提示してきた部品の品質基準は，拍子抜けするほど低レベルだが，「こんな品質のものを納入していては，わが社の名が廃

る。過剰品質だと言われようが，赤字を出そうが，とにかく納得のいく高品質のものを納入しようじゃないか。」というような会社は，株主利益を無視したコンプライアンス的に問題のある会社なのか？

といった問題を扱えないのであれば，コンプライアンスには議論する価値などない（⇨課題 17.3）。

　あるいは逆に，たとえば，企業の不祥事の原因を追いかけていくと，お役所が作った非現実的な（業界の常識に照らせば）「欠陥」法規が先にあったりする。「そんなもん守っていたら商売にならん」と業界の常識人に思わせる代物だったりするので，それをついちょっと破り……，ところが，いったん破ってしまうと，どんどん慣れが出てきて癖になり，そのうち歯止めが利かなくなり，ついには大不祥事にまでいきついてしまうというパターンが多いとも言われる。そして，お役所というところは，そんな非現実的な法規を作っておきながら，いざ不祥事が起こると，それを楯にして，ことさらに叱責する役を演じ，自ら反省をしない。

## ○　どうすれば良いのか

　これは企業の問題だけではない。自動車を運転している人なら，誰でも経験があるだろうが，大通りを流れに任せて快適に走っていると，道路標識に制限速度 30 キロと書いてあったりする。すると，

「ご冗談でしょう。こんな大通りを 30 キロで走ってたら，周りの車にクラクション鳴らされちゃうよ。まあ 10 キロオーバーくらいまでなら捕まらないと言われてるし……。」

と「10 キロオーバーくらいならいいだろう」と制限速度を破って走るようになる。すると，そのうち歯止めが利かなくなり，60 キロで走り，80 キロで走り，そのうち空いていれば 100 キロ近くで走って大事故を起こすのである。

2006 年，違法行為をとがめられた某ホテル・チェーンの経営者が
「制限速度 60 キロの所を 65 キロで走ったようなもの」
と釈明（？）した光景が，何度もテレビのニュースで流された。多くの人が
「正直すぎて笑えない」けど「経営者としてはふさわしくない」と感じたの
もまた事実なのである。

　経営者に求められているものは，ひょっとするとコンプライアンスでも
CSR でもなく
「たとえ法は犯していなくても，うちの会社ではやらないのだ」
「たとえ会社の決定でも，私の首がつながっている間はやらないのだ」
という良識，品格，姿勢なのではないだろうか。そこに下の者がついてくる
（⇨課題 17.4）。

　ではどうすればいいのか。企業には何が必要なのか。そのヒントは，私の
友人のこんな話に隠されている。

「夜にほろ酔い気分で街を歩いていると，狭い交差点で，何でこんな所に信
号機があるわけ？　というような所に信号があったりするわけよ。ほとんど
車も走っていないし，右見て左見て安全を確認したら，別に赤信号でも渡っ
ちゃうわけだよね。それで事故か何かあったって，要するにそんなの自己責
任なんでしょってなもんだよ。でもね。そんな俺でも，信号をきちんと守る
ことがあるんだよね。それは子供たちが近くにいるときなんだよ。多分，塾
帰りかなんかなんだろうけど，夜の街に子供たちがいるわけよ。その子供た
ちの前では，絶対に赤信号を渡らない。たとえ車が 1 台も通ってなくても，
通りがシーンとしていても，青信号に変わるのを待つ。背筋がしゃんとする
んだ，酔っ払っててもね。」

子供たちに対して，筋を通して説明のできないようなことはしたくないのだ
この世が，不条理の支配する暗黒ではなく
一条の明確な論理が光を差す密林なのだということを
私の背で発見させるために

281

# ■ディスカッション■

　企業が不祥事を起こしたとき，テレビなどで釈明会見を見ていて，「こんな人は経営者をやるべきではないなぁ」と思ったことはないだろうか。不祥事まで至らなくても，そんな感じをもった経験が一度はあるのではないだろうか。ふさわしくない経営者像について考えてみよう。

### 課題 17.1 のヒント

　かつて米国の経済学者ナイト（Frank H. Knight; 1885-1972）は，『危険・不確実性および利潤』（Knight, 1921）の中で
「個々の人間がもっている他の人を有効に統制する力には差があり，何をなすべきか決定する知的能力にも差があるということも勘定に入れられるだろう。加えて，自らの判断と力に対する確信の程度や自らの所信に基づいて行動し冒険する気質が人によって異なることが重要になってくるはずである。この事実が組織形態におけるすべての最も根本的な変化の原因であり，こうして生まれたシステムの下では，確信と冒険心に富んだ者が，疑い深く臆病な者に対して，実際の諸結果の譲渡の見返りにある特定の収入を保証することで危険を引き受け，あるいは保険を引き受ける。（中略）この職能の多層の専門化の帰結が企業であり，産業の賃金システムなのである。」（Knight, 1921, pp. 269-271　邦訳 pp. 342-344）
と指摘した。つまり，リスクを引き受けることのできる経営者は，それなりの収入と処遇を受け，他方，リスクを望まない従業員は雇用制度の中で安定的な賃金を受け取るというのである。「自らの判断と力に対する確信の程度

や自らの所信に基づいて行動し冒険する気質」のある人間，リスクを引き受けることのできる人間が経営者をやるべきだというナイトの主張は，今日でもそのまま妥当する。

❖参考文献

Knight, F. H.（1921）*Risk, Uncertainty and Profit*. Houghton Mifflin, Boston, MA.
（奥隅栄喜訳『危険・不確実性および利潤』文雅堂書店，1959）

ディスカッション

---

**課題 17.2**

経営者が強欲な人間だったとき，いかにすれば経営者を規律づけることができるだろうか。

---

### 課題 17.2 のヒント

2001 年当時，既に世界的な展開をしていた日本を代表する某メーカーに対して，外資系コンサルタント会社がコーポレート・ガバナンス（corporate governance；企業統治）の必要性を説き，そのお手本として，売上高全米第 7 位，世界第 16 位を誇る米国企業エンロンを紹介し，「ぜひこの会社のようにしなければいけません」と勧めたという。ところが，あろうことか，その数週間後，2001 年 10 月 17 日にエンロンの粉飾会計疑惑が報じられると，それからわずか 46 日，12 月 2 日に，エンロンは連邦倒産法第 11 章の適用を申請し，事実上倒産してしまった。まるで笑い話である。

エンロンの元社員の証言やビデオ映像・音声テープによって構成されたドキュメンタリー映画『エンロン』を見ると，そこに記録されているモラルのかけらも感じさせない経営者と社員の姿は衝撃的であると同時に，あきれ果てる。エンロンはもともと天然ガスのパイプラインの会社だったが，規制緩和とガスのデリバティブで企業規模を拡大し，時価会計を悪用した利益水増し，電力のデリバティブを悪用した循環取引，さらに 1999 年に開設したイ

ンターネット上の市場「エンロン・オンライン」でのエンロン自身が売り手・買い手となった電力，ガス，石油から排ガス排出権までの取引で，表面上の売上を急激に拡大させていった。

　ただし，こんなことで安定的に利益が出るわけがない。エンロンは2,800社とも3,500社ともいわれる特別目的事業体（SPE：Special Purpose Entity）を使って，エンロンの自社株を担保にしたデリバティブ取引で損失の簿外隠蔽を行なっていた（同時にエンロンの幹部たちはSPEの役員として高額報酬も得ていた）。さらに，カリフォルニア州で1998年に自由化された電力取引で，州外に売電したり，設備を止めたりして電力価格を釣り上げて莫大な利益をあげて損失を穴埋めしていた。その犠牲となったカリフォルニア州では，2000年夏から2001年にかけて，本来は電力需要が少ないはずの冬も含めて，停電などが頻発する電力危機に見舞われた。この危機は2001年6月に米国西海岸の電力に上限価格規制が導入されてようやく終息するが，これは同時にエンロンの終わりの始まりだった。2000年8月に1株90.75ドルまで上がっていたエンロン株は，2001年8月には50ドル台まで値下がりする。

　2001年10月16日に赤字の第三四半期報告が発表され，翌17日に『ウォール・ストリート・ジャーナル』がエンロンの粉飾会計疑惑を報じると，株価は急落を始め，22日には証券取引委員会（SEC）がエンロンを調査すると発表した。そこに，エンロンの株価が下がるとSPEのせいでエンロンに巨額の債務が生じることが発覚し，加えて数々の不正経理が明るみに出て，11月28日には株価は40セントにまで下がり，12月2日にエンロンは事実上倒産した。その間，エンロンの幹部たちは，エンロン株を売り抜けてそれぞれ数億ドル（数百億円）もの莫大な利益を得ていた。

　本来エンロンの姿勢を正すべきはずの者たちも，実はただの共犯者に過ぎなかった。世界有数のビジネス雑誌『フォーチュン』は1996年〜2001年の6年連続でエンロンを「米国で最も革新的な企業」に選んでいた。証券アナリストたちは，エンロンの株価が下がり続けていた2001年8月でも18人中

17人がエンロン株に買い推奨を出し続けていた。格付け会社ムーディーズやスタンダード・アンド・プアーズに至っては，株価が40セントにまで下落した破綻寸前の11月28日まで，社債格付けを投資適格としていた。さらにひどいのは，世界5大会計事務所（Big 5）の一つアーサー・アンダーセンで，エンロンの会計監査を担当しながら，SPE取引を指南し，監査報酬（2000年で2500万ドル）を上回るコンサルティング報酬（同2700万ドル）を得ていた。そのため，エンロンの粉飾会計疑惑報道直後に，トン単位の大量の社内資料をシュレッダーにかけて証拠隠滅を図った。

ディスカッション

アーサー・アンダーセンは翌2002年6月15日に連邦地裁で証拠隠滅容疑の有罪評決を受け，解散に追い込まれた。米金融大手のJPモルガン・チェースとシティ・グループは，SPEのエンロンの持株比率を下げて，連結対象から外すための資金を提供していたため，2003年7月にSECなどと和解し，それぞれ1億3500万ドル，1億2000万ドルの事実上の罰金を支払った。さらに2005年6月には，エンロン株主による集団訴訟でも和解し，それぞれ22億ドル，20億ドルの和解金も支払った。

仮に，冒頭の外資系コンサルタント会社の説が正しく，エンロンがコーポレート・ガバナンスのお手本になるほどのものであったとするならば，このエンロン事件の教訓は明白である。邪悪で狡猾な経営者がその気になれば，いかなる外部の監視の仕組みも形骸化できるし，その不正の恩恵に浴する共犯者にできる。要するに，経営者がまともでなければ，何をやっても無駄なのだ。

❖参考文献
高橋伸夫（2010）『ダメになる会社：企業はなぜ転落するのか？』筑摩書房（ちくま新書）。

---

**課題 17.3**

ここに挙げた3つの問題について，一人の良き市民（good citizen）

---

としていかに考えるか友人と議論し，自分のスタンスを見つめ直してみよう。必ずしも CSR やコンプライアンスにこだわる必要はないし，友人と意見が一致する必要もない。大切なのは自分のスタンスなのだ。

### 課題 17.3 のヒント

　人は何に導かれて行動しているのだろうか？　人は何に導かれて行動すべきなのだろうか？　そこにリーダーはいかにかかわるべきなのだろうか？次の 2 つのエピソードは象徴的である。

【エピソード 1】

　防虫剤・芳香剤の大手メーカーの工場長を勤めていた方の話は印象的だった。このメーカーは，とある地方の田園地帯の中に新しく工場を構えた。従業員の大部分は地元で採用した人々だという。ある時，工場から出て来る産業廃棄物の処理を部下に指示したところ，しばらくすると，その従業員が工場の敷地の一部に穴を掘って埋めようとしているではないか。

「おまえ何をしているんだ。」

と聞くと，案の定，産業廃棄物の処理だという。工場長は血相を変えてこう言った。

「そんなことしたら工場の敷地が産業廃棄物だらけになってしまうではないか。」

すると地元採用のその従業員はこともなげに，こう平然と答えたという。

「そうしたら，まわりの土地でも山でも買って，そこに埋めればいい。ここらへんには安い土地が余っているんだから。」

　あっけにとられる話ではあるが，感心するのはそれから先である。その工場長はその従業員に説教を始めるのである。

「会社というのはゴーイング・コンサーン（継続企業体）というくらいで，未来永劫に続くものなんだ……。」

確かに，経済的な合理性だけを問うのであれば，もう少し正確に言えば，短期的なコスト，利益の話だけを考えるのであれば，地元の従業員の言うことにも一理ある（？）かもしれない。あっけらかんとしていて，合理的といえば合理的なのである。しかし，工場長はそうは考えなかった。「未来永劫」はオーバーとしても，あくまでも長期的な観点から物事を考えようとしている。採用間もない地元の従業員と長年会社に勤める工場長。一体，何が工場長をそう仕向けるのか。私には，組織の持つ力がそこにあるように感じられる（高橋，1996, pp. 194-195）。

【エピソード2】

まだ世の中がバブル景気後の不景気の中に沈んでいた頃，私はゼミの学生を連れて，ある大手精密機械メーカーの横浜工場へ工場見学に行った。先端技術の塊で，理工系の先生や学生さんに見せると企業機密が漏れるというほどの工場だったが，もちろん文科系を絵に書いたような私のゼミでは，そんな心配はいらない。一同，何やら良く分からないものの，先端技術の塊のような機械が，説明不能な職人芸に支えられているという現場にも触れられて，一種不思議な満足感に浸って，工場見学は無事終了した。

駅からはちょっと距離のあるその工場からの帰り，タクシーで駅まで行くことになったものの学生を乗せた数台のタクシーを見送ると，私が乗るはずのタクシーが来ない。窓口になってくれたのは，ある財団の委員会で一年ほどご一緒させていただいた人だったが，東京の本社に用事があるとかで，一緒に東京まで戻ることになった。結局，学生達とははぐれてしまい，私たち2人は話をしながらのんびりとタクシーを拾って，東京行きの電車のグリーン車に乗りこんだ。空いていてゆっくりと話ができる。辛口の近況を報告し合いながら，その人が「こんなこと言ってますけど，私も実は，そのうちすごいヤツが現れて……」と話し始めたので，私は正直言って驚いた。（中略）

つまり，組織のもつ不思議な力とは，未来を実感する力，未来をこの手に感じとる力とでもいうべきものなのだ。自分一人の一生には限りがある。しかも定年までと考えると，新入社員でさえ，せいぜい30年ちょっとしかな

い。しかし，組織はその後も続いて行く。それを自分が育てた人材が担って行く。そこまでいかなくとも自分が知っている自分よりも年少の人材が担って行くのだ。とりたてて想像力や構想力に優れている必要はない。私のような普通のおじさんや，普通のおばさんであっても，このことを実感できさえすれば，未来を実感できるのである。そして，それは未来傾斜型の組織に所属し，体感することで叶えられる。

電車の中でその人は，続けてこう言った。

「今は不景気で仕事がないんですが，いわば熟練した職人芸を継承して，後継者を育てるために，今は仕事がなくとも若い人を採用して，とにかく育てさせようと思っているんですよ。一度途切れてしまうともうおしまいですからね。」

日本の，いや世界のハイテク産業の底は意外にもろい。表面的で目先の激烈な技術開発競争だけがハイテク産業を支えているのではない。こうした未来を実感する力のある人々とそれを可能にする組織がその実現を本当に支えているのである。(高橋，1996，pp. 199–201)

❖参 考 文 献

高橋伸夫（1996；2002；2003）『できる社員は「やり過ごす」』ネスコ/文藝春秋。日経ビジネス人文庫版　日本経済新聞社。文春ウェブ文庫版　文藝春秋。

課題 17.4

EDINET（https://disclosure.edinet-fsa.go.jp/　課題 0.1）で，自分でも知っているような有名な会社何社かの内部統制報告書を検索，ダウンロードして比較してみよう。

## 課題 17.4 のヒント

　エンロン事件を経験した米国では，2002 年 7 月に「上場企業会計改革および投資家保護法」が成立する。法案を提出した二人の議員，サーベンス (Paul Sarbanes) 上院議員，オクスリー (Michael G. Oxley) 下院議員の名前から，「サーベンス・オクスリー法」(Sarbanes-Oxley Act)，略して「SOX 法」(「ソックスほう」と読む) とも呼ばれる。そして，この米国の SOX 法に倣って，日本にも J–SOX 法 (「ジェイ・ソックスほう」と読む) が導入された。

　2007 年 9 月 30 日に「証券取引法」は「金融商品取引法」と改題されたが，その中で米国 SOX 法に倣って，内部統制報告書の提出を義務づけた (同法第 24 条の 4 の 4)。具体的には，2009 年 3 月期の本決算から (同法附則第 15 条)，上場企業およびその連結子会社が適用対象となって，内部統制報告書を提出することが義務づけられた。そして，内部統制報告書を偽った場合は，5 年以下の懲役または 500 万円以下の罰金，またはその両方が科せられ (同法第 197 条の 2)，法人の場合は 5 億円以下の罰金を科せられることとなったのである (同法第 207 条)。以上のように定めた金融商品取引法の内部統制報告書の提出に関する部分が，日本の経済界，監査法人などを中心に「日本版 SOX 法」あるいは「J–SOX 法」と呼称された。

　ところで，米国 SOX 法は，外国企業であっても米国証券市場で株式公開をした場合には原則として適用されたので，米国で一足先に「SOX 法対応」を経験してきた日本企業があった。そうした会社は，米国での SOX 法対応に，なんと各社数十億円をかけ，数万ページに及ぶ書類を作成したともいわれた。米国 SOX 法では，監査法人が財務報告に関する内部統制の有効性を独自に評価することになっていたために，アーサー・アンダーセンの末路を目の当たりにした監査法人の訴訟対策，責任逃れにつき合わされたのである。この米国での SOX 法対応の徒労感と黒船来襲的な気分が，日本国内の内部統制パニックへとつながっていく。

　金融庁は 2008 年 3 月に「内部統制報告制度に関する 11 の誤解」を公表して，パニックの沈静化に努めるが，実は，日本の内部統制報告書は，まず経営者が財務報告の内部統制の有効性を自ら評価し，監査法人はその経営者の評価を監査するという簡素なものだった。金融庁は，要するに，他の誰かに責任を押し付けることなく，経営者が自分の責任で内部統制を行いましたとサインすることを求めていただけなのだ。そのため，日本の内部統制報告書は，ほとんど場合，A4 用紙 1 枚程度の分量しかない。なんだか，大山鳴動してねずみ一匹みたいな話だが，その裏には，内部統制パニックを煽って，自らの商売に結び付けようとした輩が多くいたことも残念ながら事実である。

❖参 考 文 献
　高橋伸夫（2010）『ダメになる会社：企業はなぜ転落するのか？』筑摩書房（ちくま新書）。

## 第 17 章のまとめ

　リーダーシップが，人に信念を与え，人の行動に信頼性と決断力を与え，目的に先見性と理想性を与える。リーダーシップの質が組織の存続を左右するのだ。リーダーシップの一側面として，決断力・不屈の精神・耐久力・勇気における個人的優越性が，行為の質を決定する。それは，人がどんなことを差し控えるのかを見れば分かるもので，こうした道徳性がリーダーシップの質を支えている。

# 付録:読解のための注釈

　本書は，実は経営学の古典中の古典として知られるバーナード『経営者の役割』

Barnard, C. I.（1938）*The Functions of the Executive*. Harvard University Press, Cam-
　　bridge, Mass.（山本安次郎・田杉競・飯野春樹訳『新訳　経営者の役割』ダイヤ
　　モンド社，1968）

に着想を得て執筆された。といっても『経営者の役割』を読んだことのある読者にと
っては，にわかに信じがたいかもしれない。しかし，たとえば本書の各章末にある
「第○章のまとめ」は，実は原著『経営者の役割』の「第○章のまとめ」になってい
る。
　本書の執筆作業は，難解さにおいて学界でも特に有名な『経営者の役割』の主張の
エッセンスを力の及ぶ限り平易にアレンジしてみることから始まった。結果的に，例
示がほとんどなかった原著とは対照的に，本書はエッセンスを翻案した現代風エピソ
ードを中心にすえて書くことになった。その際に，バーナードの思い描いていたよう
なストーリーを壊さないように，バーナード以降の学問的発展（その萌芽が『経営者
の役割』にあったという事実に読者の多くは驚くはずである）は「課題のヒント」と
して，あえて本文からは外していった。こうして，バーナードの『経営者の役割』の
最終章「第18章　結論」を除いた各章，すなわち序，第1章～第17章に対応して，
忠実に，本書の序，第1章～第17章が執筆された。4部構成の編成もまったく同じ
である。
　それでも信じられないという読者の意識のギャップを埋めるために，そして，本書
をきっかけにバーナードを読んでみたいと興味を持った若い読者にバーナード読解の
橋渡しをするために，付録として，この「読解のための注釈」を付けることにした。

　ところで，注釈が必要になったのにはもう一つ理由がある。バーナードはAT&T
（アメリカ電話電信会社）の子会社として1927年に新設されたニュージャージー・ベ
ル電話会社の初代社長だった人である。社長として約20年間，1948年まで在任して

いたが，そのちょうど中頃の 1938 年に，この『経営者の役割』を出版している。彼はプロの研究者ではない。忙しい仕事の合間に（暇を持て余していたとする説もあるが）金字塔とも言える『経営者の役割』を執筆したのである。そのせいか，細部を見ていくと明らかに矛盾や錯誤としか思えないものが多く見られ，何か文章を補って読まないと理解できない部分もある。つまり，原著を忠実に反映させると，解説が論理的に一貫したものにならなくなってしまうのである。それゆえ本書のようなスタイルを思いついた。しかし同時に，当然のことながら『経営者の役割』とは異なる部分も細部には出てくることになる。そこを埋めるのが（＝どこを変えたのかを示しておくのが），この付録「読解のための注釈」なのである。本書のような試みは，ベテランのバーナード研究者からは批判を受けるかもしれない。しかし私はバーナードの面白さを若い人に語り継ぐ道を選択した。これは，経営学者を志した頃から，バーナードの今日的な価値を見出した人間の一人として，いずれはやってみたかった仕事の一つだったのだ。

　なお邦訳『経営者の役割』には，原著のページが括弧つきで表示されているので，ここでは煩雑さを避けるために，引用はすべて原著のページで表示している。

## 第Ⅰ部　協働体系に関する予備的考察（Preliminary considerations concerning coöperative systems）

　第 1 部の始まる前にある「序（Preface）」も第 1 部「第 1 章　緒論（Introduction）」も，どちらも導入部であり，特に注釈はない。

## 第 2 章　個人と組織（The individual and organization）

　この章では，バーナードは，人間の特性として物的（physical）・生物的（biological）・社会的（social）要因を挙げている。ただし，物的・生物的要因と社会的要因との間の差異に比べると，物的要因と生物的要因の差異ははるかに小さく，線引きも難しくなる。実際「たとえ物的要因が生物的要因から区別されようとも，それらは，特定な有機体（organisms）の中では不可分（not separable）である。」（p. 11）とされている。両者を無理に線引きする必要はなく，むしろ非社会的要因の例示として物的要因，生物的要因があるとした方が無用な混乱を避けられるだろう。本書ではそうしている。

　それに対して，社会的要因はかなり異質である。バーナードの社会的要因の定義「2 つの人間有機体間の相互反応は，適応的行動の意図と意味に対する一連の応答である。この相互作用に特有な要因を『社会的要因』と名づけ，その関係を『社会的関

係』と呼ぶ。」（p. 11）は，後世有力となるワイクの組織化の概念（Weick, 1979）に
もつながる定義で，先駆的である（⇨課題 2.3 のヒント）。

　ところで，pp. 13-14 に人間の選択力についての重要な記述があるが，ここでのバ
ーナードの記述はまったくの言葉足らずである。この部分の記述の真意が分かるのは
第 4 章になってからで，第 2 章の議論を整理したくだりで，「個人には，限られては
いるが，重要な選択力があるものと考えた。」（p. 38）とあり，実は後になってサイ
モンが「限定された合理性」（bounded rationality）あるいは「合理性の限界」（limits
of rationality）と呼んだアイデアと同様のことを意図していたらしいことが推察され
る（⇨課題 2.1 のヒント）。ただし「選択力に限界があるために，選択の可能性を限
定する必要がある」という一文がどこにも書かれなかったために，この第 2 章の読解
は難解を極めることになる。試しに，この理解をもとにして第 2 章の pp. 13-14 を読
み返せば，どうして「意思決定の過程は主として選択を狭める技術である」（p. 14）
という結論に到達するのかが理解できるであろう。ちなみに，サイモン同様にバーナ
ードも，その「選択を狭める技術」の一つが組織だと考えていたことは，これ以降の
議論の展開で明らかになる。

## 第 3 章　協働体系における物的および生物的制約（Physical and biological limitations in coöperative systems）

　この章でのバーナードの議論は，第 2 章の話から引き継いで理解しようとすると，
用語が錯綜しているので注意がいる。前の第 2 章で，バーナードは人間の特性として
物的・生物的・社会的要因を挙げていて，この第 3 章では物的・生物的要因，第 4 章
では社会的要因を取り上げるという構成になっている。ところが，この第 3 章では，
物的要因はもっぱら「環境の物的要因」を意味し，生物的要因は「人間の生物的特
性」を意味するようになる（p. 24）。つまり本書でいう「能力」＝生物的要因，「問
題状況」＝物的要因という対応関係が暗黙の前提となっているのである。これは明ら
かな用語法上の混乱である。このような用語の転用は読者の誤解をまねく。そこで，
本書の第 3 章では，こうした混乱を避けるため，あえてバーナードの生物的要因，物
的要因という用語は使わず（つまり，この 2 つの用語については第 2 章の意味だけに
とどめておいて），新しいラベル「能力」「問題状況」を使って分類することにした。
バーナードもこのようにすべきであった。

　そのため，協働の可能性のない第 1 の経路（Series 1, p. 25）では「物的制約の識
別」しか出てこなくなる。この暗黙の前提を理解すれば，第 2 の経路（Series 2,
p. 25）で，a. 物的制約の識別，b. 生物的制約の識別，c. 協働的制約の認識，d. 協

働行為によって克服さるべき物的制約，と並べられる意味が分かる。すなわち，第2の経路は次のように解釈されるべきであろう。

 a．物的制約の識別……第1の経路と同じもの　ただし，ここでは最初のステップを構成している

 b．生物的制約の識別……個人の能力の限界を知ること

 c．協働的制約の認識……協働したときに，個人の能力を超えて能力を高められることを知ること

 d．協働行為によって克服さるべき物的制約

　そして，第1部のまとめの章である第5章の第2節で，制約に関する議論がまとめられているように，「制約は全体状況すなわち諸要因の組合せ（combination）から生ずる」（p.50；邦訳ではcombinationは「結合」と訳されているが，ここでは「組合せ」とした方が理解がしやすい）のである。つまり，制約というのは，積み上げた積み木のようなものであり，うまいことどれか一つの積み木を外せば，積み木の山全体がつぶれる（＝制約が解消する）可能性もあるのである。もちろん，一つ一つ積み木を取り除いていくというやり方もあるが。

　また，この第3章では社会的要因を扱わないということをp.23，p.25，p.36と3度繰り返して強調しているが，第Ⅱ節以降，バーナードは協働の維持の議論を始めてしまうので，必然的に能率や社会的要因の話が入ってきてしまう。これでは一貫性がない。第Ⅱ節以降の記述は，この章では無視すべきであろう。

　ちなみに「能力」「問題状況」を使って分類すると，この第3章での両者のバランスの議論が，後のゴミ箱モデル的なアイデアに相似していたことが分かる（⇨課題3.1と3.2のヒント）。

## 第4章　協働体系における心理的および社会的要因（Psychological and social factors in systems of coöperation）

　この章はたったの8ページしかない。ところが内容がこなれていない上に，無茶苦茶に言葉足らず（＝説明不足）で，実に難解である。後の近代組織論で編み出されたいくつかの概念やアイデアで補ってやらないと理解すること自体が困難である。逆に言えば，バーナードの概念体系が未熟で，そこまでの完成度には達していなかったともいえる。

　バーナードの第4章での議論の形式的な位置づけは，前章第3章では「心理的要因ならびに社会的要因を除外して協働体系を論じてきた」（p.38）ので，第4章では第3章で除外していた心理的要因と社会的要因を議論しようというものである。ただし，

ここで問題なのは，もともと第2章で人間の特性として挙げていたのは物的・生物的・社会的要因の3つであり，第3章でも社会的要因を除外すると3回言明しているのにもかかわらず，この第4章にきて，タイトルと冒頭でいきなり4つ目の心理的要因が加わってしまっているように外形的に見えてしまうことである。

実は，心理的要因自体ははじめてここで登場したわけではない。バーナード自身が第4章の冒頭で定義を再掲している部分（p.38）にも明示されているように，第2章において既に登場している。しかしそれは四つ目の「要因」としてではなかった。「いわゆる個人の行動は心理的要因の結果である。『心理的要因』という言葉は，個人の経歴を決定し，さらに現在の環境との関連から個人の現状を決定している物的，生物的，社会的要因の結合物（combination），合成物（resultants），残基（residues）を意味する。」（p.13）こんなところで「要因」という言葉を使うこと自体が紛らわしくて混乱を招くのだが，おそらくバーナード自身も混乱して整理がついていなかったのであろう。

この「心理的要因」の定義の意味するところは，この直後に，さらに第2章の議論を整理したくだりで，「個人には，限られてはいるが重要な選択力（restricted but important capacity of choice）があるものと考えた。」（p.38）とあることで，ある程度謎が解ける。つまり第2章の注釈の部分にも書いたが，「選択力に限界があるために，選択の可能性を限定する必要がある」という一文を付加すれば，後になってサイモンが「限定された合理性」あるいは「合理性の限界」と呼んだアイデアと同等のものといっていい。

こうした理解をもとにして第2章・第4章を読み解けば，バーナードが心理的要因と呼んでいたものは，後にマーチとサイモンが「状況定義」と呼ぶことになる概念と基本的に同じものであることに気がつく（⇨課題4.2のヒント）。バーナードがいうところの物的・生物的・社会的要因の3つの人間の特性が結びついて，心の中に残ったものなのである。これが選択の可能性を限定しているからこそ，選択力に限界があっても，人間は選択をすることができるのである。そして，サイモンらと同様にバーナードも，その「選択を狭める技術」の一つが組織だと考えていた。つまり心理的要因は第4の要因なのではなく，組織の参加者の心の中に形成されて残っている「選択の可能性を限定」した選択モデルなのである。

また p.40 と p.42 で繰り返して，(a) 人間を制御可能な客体とみなす考え方，(b) 人間は自ら欲求を満たすべき主体とみなす考え方があると述べられる。これはバーナードの体系の中では，それぞれ (a) が第12章「権威の理論」，(b) が第11章「誘因の経済」への伏線となっているわけだが（p.42，脚注2），後に内発的動機づけの理論で

デシが展開している考え方とも符合している（⇨課題4.4のヒント）。その意味では動機づけの理論の枠組みとして先駆的である。

## 第5章　協働行為の諸原則（The principles of coöperative action）

　第4章のタイトルと冒頭で物的・生物的・社会的要因の3つに加えていきなり4つ目の心理的要因が加わっていたのと同様に，この第5章の冒頭の文章では，今度は「心理的」に代わって「物的，生物的，個人的および社会的な諸要素や諸要因が，一つでも欠けているような協働体系はない。」と「個人的」要因が加わっている。実は第6章の冒頭の文章でも同様である。バーナードのこうしたルーズな用語法は読者を混乱させるだけである。また第1節の4つの例証は，組織の例証ではない上に，「欠けている」ことを記述するために差別的な表現や内容を含み，不適切。

　この第5章は第Ⅰ部の最後の章ということで，前の諸章をまとめる章という位置づけらしいが，能率と有効性だけに絞った方が，説明が分かりやすかったのではないだろうか。たとえば，確かに第3章で制約の話をしていたので，第2節で物的・生物的・社会的要因の組み合わせで制約が生じるという話をしたくなる気持ちは分からなくはないが，第2節の前半でストーリーが錯綜する原因となっている。少なくとも第5章のタイトルのように「協働行為の諸原則」に整理するのが目的であれば，不要である。

## 第Ⅱ部　公式組織の理論と構造（The theory and structure of formal organizations）

## 第6章　公式組織の定義（The definition of formal organization）

　この章は，具体的な組織から，共通している組織像を抽出し，それを公式組織として定義するための章である。バーナードの公式組織の有名な定義は
　「2人以上の人々の意識的に調整された活動や諸力のシステム」（p.73）
である。ただし，この「人々」は，通常，組織のメンバーと呼ばれる人々だけではなく，顧客，部品・原材料の供給業者，出資者（pp.75-77），今日的に言えば「ステークホルダー」（stakeholder；利害関係者）まで含めた広い概念なので，本書では最初から「人々」を「参加者」と読み替えている。バーナード自身は「貢献者」（contributor）と呼んでいたが，後のサイモンに倣い「参加者」（participant）とした。

　組織のすべてのサブシステムに共通し，これら他のすべてのサブシステムを全体の具体的な協働的状況に結合するものが公式組織なのである（pp.73-74）。バーナードは，この公式組織を組織現象を説明するための「構成概念」だと位置づけている

（p.75）。ここで構成概念とは，その存在を仮定することによって複雑な現象が比較的単純に理解されることを目的として構成する概念である（「構成概念」（construct）は，邦訳では「概念的な構成体」と訳されているが誤訳）。したがって少なくともこの段階では，公式組織は人の集団のような何らかの実体を指しているのではなく，この公式組織が存在するということ自体が，バーナードの「中心的仮説」（p.73）なのである。そして，公式組織が成立・存続することは，組織がシステムとして維持されることを意味している。

## 第7章　公式組織の理論（The theory of formal organization）

　この章では，タイトルにも入っている「公式組織」という用語が，なぜかほとんど使われず，代わりに「組織」が用いられる。「公式組織」が登場するのはわずか4回，しかも pp.84-85 の狭い範囲に限られ，そこには「公式的協働体系」（formal coöperative system）なる用語まで出現する。これらが修正エラーであり，この章の「組織」が「公式組織」を指していることは間違いないので（ただし，後述するように pp.84-85 だけは例外である），本書では一貫して「公式組織」で統一した。しかし，章の冒頭が，いきなり公式組織の成立条件から始まる書き方といい，この第7章の完成度は草稿の域を出ていないのではないかと思われる。にもかかわらず，内容的にはきわめて重要な章であり，バーナード理論の中核を形成している。

　もっとも，公式組織の成立条件，存続条件ともに，一つの例外を除けば，これまでの章で何度となく登場しており，この章では，既に登場し考察してきた諸条件を成立条件，存続条件の形でまとめたといった方が正しいのかもしれない。その一つの例外とは，章の冒頭で成立条件の最初に挙げられているコミュニケーションである。そのせいか，説明する順番は，②貢献意欲，③共通目的，①コミュニケーションとコミュニケーションの解説が最後に簡単に行われている。またその解説の中身も，脚注まで含め "observable feeling"（翻訳では「以心伝心」と訳されている）というバーナードの造語（p.90　脚注5）について多くを割いていることも興味深い。その意を汲んで，本書でも「以心伝心」の解説を重視した。

　ただし公式組織成立の3条件について，章の冒頭で3条件に整理した際には（p.82），「貢献意欲」（willingness to serve）であったものが，項のタイトルでは「協働意欲」（willingness to coöperate）に（p.83），「共通目的」（common purpose）はただの「目的」（purpose）になってしまっているので注意がいる（p.86）。ここらへんでも完成度の低さを感じさせる。

　ところで，前述の「公式組織」が登場する pp.84-85 は，「組織」＝公式組織，だ

と思って読んでいると理解不能になる部分でもある。すなわち

　「組織への潜在的貢献者と考えられるすべての人々を貢献意欲の順に配列すれば，その範囲は，強い意欲をもつ者から，中立的すなわちゼロの意欲を経て，強い反対意思，すなわち反抗とか憎悪にまでわたっている。何らか特定の現存組織や将来成立しそうな組織について言えば，現代社会における多数の人々は常にマイナスの側にいる。したがって貢献者となりうる人々のうちでも，実際にはほんの少数の者だけが積極的意欲をもつにすぎない。このことは，大きな国家，カトリック教会などのような，いかに大きな，またいかに包括的な公式組織についても妥当する。」（p.84）

　実は，次の第8章第1節で，国家や教会は，それをサブシステムとして包含する公式組織がもはやないという意味で最上位の公式組織「完全組織」「最高組織」と呼ばれている。つまり，バーナードは国家が公式組織だと考えているのである。そのことを踏まえて，前述の pp.84-85 の部分を読み直すと，要するに，この第7章のここの部分でのみ，「組織」＝協働体系，「公式組織」＝公式組織として使い分けられており，「大きな国民社会」（第8章第1節の冒頭）という協働システムと，それを組織として維持している国家という公式組織という対比をバーナードが行っていたと理解した方が分かりやすい。これは，マートンの逸脱的行動の分析にもつながる興味深い分析である（⇨課題 7.2 のヒント）。

## 第8章　複合公式組織の構造（The structure of complex formal organizations）

　この章では，第1節は，国家や教会のように，それをサブシステムとして包含する公式組織がもはやないという意味で最上位の公式組織「完全組織」「最高組織」の話が中心になっているが，この章の後半とのつながりがよく分からない。この章の中心は，後半の第2節・第3節で，単位組織から複合組織が作られると主張されているのだが，単位組織（unit organization）を表す用語として単純組織（simple organization）や基本組織（basic organization）なども登場し，紛らわしい。この本では，単位組織に用語を統一している。

## 第9章　非公式組織およびその公式組織との関係（Informal organizations and their relation to formal organizations）

　この章では，「非公式組織」が論じられる。第6章で，唐突に公式組織が定義され登場したが，なぜバーナードが構成概念としての組織に公式組織という名前を与えたのかは，この章で想像がつくことになる。

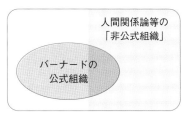

内のテキスト：
人間関係論等の
「非公式組織」

バーナードの
公式組織

**図1　公式組織と非公式組織の概念の重なり**

　実は，バーナードが公式組織（formal organization）という用語を使い始める前に，既に1930年代には「非公式組織」（informal organization）という用語が使われていたのである。それはバーナードとも近いハーバード大学の人間関係論の論者たち（p.121　脚注5）によってであり，通常の用語法通りに，「公式ではない非公式の組織」というほどの意味であった。文字通りの「非公式組織」だったのであり，構成概念でしかない公式組織とは異なり，具体的に観察可能な人間の集団を指していた。

　にもかかわらず，バーナードはこの章で，そんな俗っぽい「非公式組織」と対峙させながら構成概念としての公式組織を取り上げてしまったので，せっかくの公式組織の概念が，第6章の定義から脱線し始める。「公式組織の過程から直接生ずる公式制度と，非公式組織の過程から生ずる非公式制度」（p.116）に至っては何をかいわんやで，第6章・第7章で苦労して練り上げた公式組織の概念が，これでは台無しである。論理的な思考を行う読者を混乱に陥れるだけで，この章は書くべきではなかった（公式組織の名前の由来だけにとどめておけばよかったのに）。

　あえて，バーナードの第9章での記述を整理すれば，図1の通りになる。要するに，バーナードの公式組織の概念と人間関係論の「非公式組織」の概念とは排反な関係にはなく，一部オーバーラップしているのである。つまり，

非・公式組織≠「非公式組織」

実際，第1章でもまとめたように，バーナードが，せいぜい数時間の短命で名前もないような組織が無数にある（p.4）と記述する際，そのほとんどは公式のものであるはずもなく，「非公式組織」だと考えるべきだが，バーナードの定義によれば，そこにも公式組織の成立を主張するのである。本来，「公式組織」は別の名称を考えるべきだったのだろう。

付録　読解のための注釈

# 第 Ⅲ 部　公式組織の諸要素（The elements of formal organizations）
## 第 10 章　専門化の基礎と種類（The bases and kinds of specializations）

　この章での専門化の議論は，後のサイモンらの議論と比べるとまだ稚拙である。最後の私見（原著では a final observation）として述べられている「複合組織におけるあらゆる単位組織は一つの専門化であるから，複合組織の一般目的は組織の各単位に対する特定目的に分割されねばならない。」（p.137）は複合組織の構造を理解する上で，重要である。

## 第 11 章　誘因の経済（The economy of incentives）

　この章は，いわゆるワーク・モチベーションに関する章である。後に組織行動論の分野で開花することになる諸理論の萌芽を見て取ることができて興味深い。金銭的・物質的誘因が当時，非常に強調されていたが（⇨課題 11.2 のヒント），これらは生理的に必要な水準を超えてしまえば弱い誘因にしかならず（⇨課題 11.4 のヒント），それでも最も効果的だと考えるのは幻想（illusion）であり（⇨課題 11.1 のヒント），他の動機の力を借りる必要があるという主張（pp.143-144）（⇨課題 11.3 のヒント），そして他の動機として威信，パワー，昇進（p.145），誇りなど（p.146）を挙げていることは実に興味深い。ただし「生理的に必要な」という部分を強調すると，後のマズローの欲求段階説を連想させるが，これには科学的根拠がないという結論が出ているので注意がいる（⇨課題 11.5 のヒント）。

## 第 12 章　権威の理論（The theory of authority）

　この章では，権威あるいは権限（どちらも英語では authority）が扱われている。バーナードが主張し，後にサイモンらによって継承された考え方は権限受容説と呼ばれ，「一つの命令が権威をもつかどうかの意思決定は受令者の側にあり，権威者すなわち発令者の側にあるのではない」（p.163）と考えるのである（⇨課題 12.2 のヒント）。

　なお，翻訳では zone of indifference のことを「無関心圏」と訳しているが，これは誤訳である。実際，

　「命令が A または B，C または D など，どこへ行けというものでもあっても，それは indifference な事である。したがって，A，B，C，D その他の地方へ行くということは zone of indifference の中にある。」（p.169）

という用法を見ても，indifference は経済学で普通に使う「無差別」の意味で用いら

れており，zone of indifference も「無差別圏」と訳すべきである。

この無差別圏のアイデアはサイモンにも受諾圏（zone of acceptance または area of acceptance）として受け継がれている。また，そもそも無差別圏がいつ設定されるのかということに対して，バーナードは「このような命令は組織と関係を持ったとき，既に当初から一般に予期された範囲内にある。」（p. 169）としているが，これは後にトンプソンによって心理的契約と呼ばれるようになる（⇨課題 12.1 のヒント）。

## 第 13 章　意思決定の環境（The environment of decision）

この章では，組織の中での意思決定の過程・連鎖が扱われている。後に，サイモンが展開する意思決定を中心にした組織論の萌芽ともいえる考え方，概念が随所に散見されて興味深い。

まず冒頭で，個人の行為をプログラム化されたものとされていないものに分けて，プログラム化されていない行為に先行する過程は最後に「意思決定」と名づけうるものに帰着するとしている（p. 185）。ただし，プログラムという概念が使われるようになるのはマーチとサイモン（March & Simon, 1958）以降，さらに「プログラム化された」という概念が使われるようになるのはサイモン（Simon, 1960）以降である（⇨課題 13.1 のヒント）。

次に，バーナードは意思決定を 2 種類に分類し，一つは「個人的意思決定」（personal decisions），もう一つを「組織的意思決定」（organization decisions）と呼んでいる（pp. 187-188）。しかし，これはかなり誤解を招く用語法である。なぜなら，意思決定を行うのが個人か組織かが，この分類に決定的に重要ではないからである。正確に言えば，バーナードのいう「組織的意思決定」は個人が一人で行っていてもかまわないもので，組織的意思決定のプロセスの一部がしばしば委譲されうるという性格を指しているにすぎない。

それに対して，「個人的意思決定」は，個人が組織に貢献するかどうかの意思決定であり（p. 187），通常は他人には委譲し得ない（p. 188）ということから「個人的」なのである。つまり正確にはマーチとサイモンが「参加の決定」と呼んだものに相当している。その観点から考えれば，「組織的意思決定」はマーチとサイモンの「生産の決定」に対応していると考えた方が分かりやすい。この第 13 章の最後で，バーナードは「組織の中の意思決定の過程」（the process of decision in organizations）を社会的過程，「個人の中の意思決定の過程」（the process of decision in individuals）を社会的に条件付けられた心理的過程としていることが，そのことをよく表している（pp. 198-199）。実は，マーチとサイモンの生産の決定の定義では，参加の決定との

違いが生じなくなるという欠点があるのだが，改善してより生産性を向上させるというような現象を扱うためには，バーナードの組織的意思決定のアイデアを取り入れて，「合理的に・より効率的に生産するために組織的に行われる生産の決定」とした方が良い（⇨課題 13.4 のヒント）。

また，新しい意思決定が行われるときには，以前の条件下での以前の意思決定の結果は，既に客観的事実となっていて，新しい意思決定の一要素として扱われる（p.195）といったように，バーナードが，既に意思決定連鎖のようなものを考えていたことも注目される。後にサイモン（Simon, 1947）が意思決定前提（decisional premise）と呼ぶものは，補助決定（subsidiary decision）と呼ばれていた（p.188）（⇨課題 13.2 のヒント）。

## 第 14 章 機会主義の理論（The theory of opportunism）

この章は，「第 17 章 管理責任の性質」が組織の道徳的要因を扱うのに対して，その反対物（antithesis）として機会主義的（opportunistic）要因を取り扱う（p.201）。ウィリアムソン以降，機会主義的行動といったときには，それはしばしば，機に乗じて自分に有利に運ぶように行動することを意味し，あまり良い意味では使われないことが多い（⇨課題 14.2 のヒント）。この章の場合にも，道徳的要因の反対物であるとしているために，そのような印象を与える。しかし実際には，いわゆる機会主義的行動とはほとんど無縁の議論が続く。実は，この第 14 章は，前の第 13 章の裏づけとなっている章なのである。

バーナードの意味する道徳的要因とは，組織の未来に関係した見通し（foresight）であり（p.201），理路整然とした目的・手段連鎖を規定する管理職能において重要視されるものであるが，それに対して，環境に直面する現場では組織の機会主義的要因が重要視される（pp.210-211）。前の第 13 章で取り上げられた意思決定の連鎖のようなものは，実は，目的・手段連鎖に対応する演繹的なものではない（⇨課題 14.1 のヒント）。この章で述べるように，機会主義的に，次から次へと戦略的要因を探索して意思決定していくことから連鎖が生まれるのである。

## 第 Ⅳ 部　協働体系における組織の機能（The functions of organizations in cooperative systems）

### 第15章　管理職能（The executive functions）
### 第16章　管理過程（The executive process）

　第7章で挙げられていた公式組織の成立3条件と存続2要件のうち，「第15章　管理職能」では公式組織成立の3条件，次の「第16章　管理過程」では公式組織存続の2要件が議論される構成になっている。どちらも『経営者の役割』のまとめというか復習である。

### 第17章　管理責任の性質（The nature of executive responsibility）

　この章では，「第14章　機会主義の理論」で予告されていたように，道徳的要因や見通し（foresight）が扱われる。バーナードによれば，この本の中で「協働の道徳的側面をできるだけ避けてきた」（p. 258）ので，この実質的な最終章で「リーダーシップと管理責任の道徳的側面に論点を集中して，組織における道徳的要因を考察しよう」（p. 260）というわけである。

　この章の最初と最後に書いてあることを抜粋すれば，この章の意図は比較的明快である（ただし，途中に書いてあることは雑多な記述の寄せ集めにしか読めない）。すなわち，リーダーシップの「決断力，不屈の精神，耐久力，および勇気における個人的優越性の側面」（p. 260）に考察が限定される（⇨課題17.1のヒント）。「それは行為の質（quality of action）を決定するものであり，人がどんなことをしないか，すなわちどんなことを差し控えるかという事実から，最もよく推察されるものであり，尊敬と崇拝を集めるものである。われわれが普通に『責任』という言葉に含めるリーダーシップの側面であり，人の行動に信頼性と決断力を与え，目的に先見性と理想性を与える性質である。」（p. 260）

　こうして，リーダーシップによって，成功するだろうという信念等の信念（faith）が作り出されることで，協働的な個人的意思決定が鼓舞される（p. 259）。「組織の存続はリーダーシップの質（quality：翻訳では「良否」と訳されている）に依存し，その質は，それの基礎にある道徳性の広さ（breadth：翻訳では「高さ」と訳されている）に由来する」（p. 282）のである。

### 第18章　結論（Conclusion）

　この章は，16箇条の要約（pp. 285–289）と難解な結論からなっている。このうち要約については，16箇条という数字から，第1章のイントロダクションを除いた第2

303

章～第 17 章の 16 の章のそれぞれに対応して 1 箇条ずつ書かれている，と思いきや，実は対応関係がない。しかも，書かれているのは要約というより，コメントなので注意が要る。この期に及んで，ようやくバーナードが何を考えていたのかがはっきりするコメントがいくつもあって面白い一方で，たとえば公式組織は (5) で抽象的概念であるといっておきながら，(6) ではその公式組織の中に（具体的な）非公式組織が見出されるとしているなど，混乱している記述もあり，本書では，この章自体を取り上げなかった。

# 索　引

## た　行

## ま 行

索
引

## 著者紹介

**高橋　伸夫**（たかはし　のぶお）
1957 年　北海道小樽市に生まれる
1980 年　小樽商科大学商学部卒業
1984 年　筑波大学大学院社会工学研究科退学
同　年　東京大学教養学部助手
1987 年　東北大学経済学部助教授
1991 年　東京大学教養学部助教授
1994 年　東京大学経済学部助教授
現　在　東京大学大学院経済学研究科教授　学術博士（筑波大学）

**主要著書**

*Design of Adaptive Organizations*, Springer-Verlag, 1987（組織学会賞「高宮賞」受賞）
『ぬるま湯的経営の研究』（東洋経済新報社，1993 年）（経営科学文献賞受賞）
『日本企業の意思決定原理』（東京大学出版会，1997 年）
『鉄道経営と資金調達』（有斐閣，2000 年）（交通図書賞受賞）
『虚妄の成果主義』（日経 BP 社，2004 年）
『〈育てる経営〉の戦略』（講談社選書メチエ，2005 年）
『経営の再生 第 4 版』（有斐閣，2016 年）

ライブラリ 経営学コア・テキスト=1

# コア・テキスト経営学入門　第2版

2007 年 10 月 25 日© 　　　　　初　版　発　行
2020 年 11 月 10 日© 　　　　　第 2 版　発　行

著　者　高　橋　伸　夫　　　　発行者　森　平　敏　孝
　　　　　　　　　　　　　　　印刷者　加　藤　文　男
　　　　　　　　　　　　　　　製本者　小　西　惠　介

**【発行】**　　　　　　　　　株式会社　新世社
〒151-0051　東京都渋谷区千駄ヶ谷 1 丁目 3 番 25 号
編集☎(03)5474-8818(代)　　　　　サイエンスビル

**【発売】**　　　　　　　　　株式会社　サイエンス社
〒151-0051　東京都渋谷区千駄ヶ谷 1 丁目 3 番 25 号
営業☎(03)5474-8500(代)　　　　振替 00170-7-2387
FAX☎(03)5474-8900

印刷　加藤文明社　　　　　　製本　ブックアート
《検印省略》

サイエンス社・新世社のホームページのご案内
https://www.saiensu.co.jp
ご意見・ご要望は
shin@saiensu.co.jp まで.

ISBN 978-4-88384-317-6
PRINTED IN JAPAN